Roman Heiligenthal / Axel von Dobbeler

Menschen um Jesus

Lebensbilder
aus neutestamentlicher Zeit

Wissenschaftliche Buchgesellschaft

Einbandbild: Giandomenico Tiepolo,
Johannes der Täufer – Predigt zum Volk.
Foto Marburg.

Regina Karbig
Bernhard Rode (†)

© 2001 by Wissenschaftliche Buchgesellschaft, Darmstadt
Gedruckt auf säurefreiem und alterungsbeständigem Papier
Printed in Germany

Besuchen Sie uns im Internet: www.wbg-darmstadt.de

14545-3

Inhalt

Vorwort

Gemeinsam ein Buch zu schreiben, ist eine spannende Angelegenheit. Sie erfordert nicht nur die Bereitschaft zu intensiver Diskussion, langfristiger Planung und konzeptioneller Vorarbeit, sondern setzt auch die Fähigkeit der Autoren voraus, unterschiedliche Vorstellungen aufeinander abzustimmen und den jeweils anderen Stil sowie Differenzen in der theologischen Akzentsetzung zu akzeptieren. Ein anspruchsvolles Unternehmen – selbst wenn man schon die Schulbank gemeinsam gedrückt hat.

Die Idee, Lebensbilder aus neutestamentlicher Zeit zu schreiben, hat viele Väter: Roman Heiligenthals Jesus-Studien, Axel von Dobbelers prosopographische Skizze des Evangelisten Philippus, vor allem aber auch eine Erfahrung, die wir im Bereich sowohl der akademischen als auch der Erwachsenen-Bildung gemacht haben: Der „menschliche Faktor" hat eine nicht zu unterschätzende didaktische Qualität. Theologie, aber auch Geschichte lassen sich dort anschaulich, konkret und lebensnah vermitteln, wo sie anhand von Biographien dargestellt werden.

Wir hoffen, dass sich bei der Lektüre unseres Buches das einstellt, was wir beim Schreiben erlebt haben: Wie spannend und faszinierend es sein kann, in der Unverwechselbarkeit und einzigartigen Profilierung einzelner Lebensläufe das jeweils Exemplarische aufzuspüren. Dadurch eröffnet sich nämlich die Möglichkeit, zu den theologischen Inhalten und historischen Tatsachen, die uns ansonsten recht abstrakt begegnen, eine sozusagen „persönliche" Beziehung aufzubauen.

Wir widmen unser Buch unseren ehemaligen Lehrern am Bad Godesberger Heinrich-Hertz-Gymnasium, Regina Karbig und Bernhard Rode (†). Sie haben uns weit über das hinaus, was sie uns fachlich in Deutsch und Geschichte, Latein und Religion vermittelt haben, geprägt. Die enge Freundschaft, die uns mit Bernhard Rode bis zu seinem Tode verbunden hat und mit Regina Karbig bis heute verbindet, ist ein Resultat jener menschlichen Nähe, die sie als Lehrende zu uns aufgebaut haben. Wir hatten das Glück, mit ihnen Lehrer zu haben, denen es neben der Vermittlung ihrer Stoffe immer auch auf „Menschenbildung" ankam. Deshalb soll dieses Buch ein Zeichen des Dankes sein.

Zu danken haben wir auch Andrea Jung-Weber, die bei der Erstellung des Lay-outs mithalf, und Herrn Lars Mohr, der die Korrekturen übernahm und dem wir wichtige inhaltliche Hinweise verdanken.

Das Buch ist nach den neuen Rechtschreibregeln gesetzt. Die Zitate wurden um der besseren Lesbarkeit willen entgegen dem Original ebenfalls der neuen Rechtschreibung angeglichen.

St. Augustin/Landau, im Januar 2001   Axel von Dobbeler/
                                              Roman Heiligenthal

Einleitung

Im Mittelpunkt: der Mensch

Geschichte zu erfassen und zu verstehen, ist – gerade über große zeitliche Distanzen hinweg – ein schwieriges Unterfangen. Und doch geht ein eigentümlicher Reiz davon aus, sich mit vergangenen Zeiten zu beschäftigen, mit den Lebensumständen und den Vorstellungen, die Menschen einst geprägt und in ihrem Handeln bestimmt haben.

Vielleicht liegt der Reiz historischer Forschung mit darin, dass wir uns in der Geschichte selbst zu begegnen suchen, sozusagen in einer fremden Gestalt. Die Neugier des Historikers richtet sich – neben der Erhebung der *bruta facta* – immer auch auf die je besonderen Bedingungen menschlicher Existenz. Faszinierend ist es dabei vor allem, einen Blick dafür zu bekommen, was uns mit den Menschen anderer Zeiten verbindet und was uns von ihnen trennt. Sie lebten, liebten, arbeiteten, kämpften, hofften und verzweifelten, hingen am Leben und gingen in den Tod, freuten sich ihrer Gesundheit und litten Schmerzen, glaubten und zweifelten wie wir Heutigen – und doch war alles ganz anders. Denn sie taten dies alles in einem anderen Umfeld, im Rahmen anderer Vorstellungen von Gott und der Welt und unter anderen Lebensbedingungen. Und darin bleiben sie uns fremd. Aber es handelt sich dabei um eine Fremdheit, die uns zugleich vertraut ist, denn sie ist nicht Ausdruck eines *totaliter aliter*, sondern Kennzeichen von Variationen menschlicher Existenz. Es ist eine Fremdheit wie unter entfernten Verwandten – und der Reiz liegt darin, dieser Fremdheit zu begegnen.

Im Mittelpunkt historischen Forschens steht also der Mensch. Mit den Lebensbildern aus neutestamentlicher Zeit, die wir in diesem Buch präsentieren, möchten wir dem Rechnung tragen – und zwar in einer ganz besonderen Weise:

Im Zentrum unserer Darstellungen steht nicht die Frage nach dem allgemein Menschlichen, sondern nach *der konkreten Individualität* einzelner Personen der neutestamentlichen Zeit. Wir lassen uns nicht von der Annahme leiten, dass die Existenz von Menschen einst wie jetzt von zeitlosen, übergeschichtlichen anthropologischen

Konstanten bestimmt wird, sondern unser Interesse liegt gerade darin, die Originalität und Besonderheit der einzelnen Lebensbilder hervorzuheben und sie so als unverwechselbare und gerade in ihrer Fremdheit wertvolle Variationen menschlichen Daseins nachzuzeichnen.

Mit der Orientierung an der konkreten Individualität einzelner Personen wählen wir einen Zugang zur neutestamentlichen Zeitgeschichte, der von der Überzeugung getragen ist, dass Geschichte nicht nur auf dem Weg der Erhebung der politischen Großdaten und der allgemeinen sozialen Bedingungen einer bestimmten Epoche erfasst werden kann, sondern in *exemplarischer Weise* auch durch die Darstellung einzelner *curricula vitae*. Wir wählen also einen anderen Weg als die sozialgeschichtlich orientierte Geschichtsschreibung, ohne freilich ihre Ergebnisse unberücksichtigt zu lassen.

Wir nennen unsere Darstellungen einzelner Personen der neutestamentlichen Zeit *Lebensbilder* und verdeutlichen damit, dass es uns nicht darum geht, Biographien im klassischen Sinne zu präsentieren. Das Quellenmaterial, das uns zur Verfügung steht, ist so spärlich, dass der Versuch, Lebensgeschichten von der Geburt bis zum Tod oder auch durchgängige Entwicklungs- oder Charakterstudien zu entwerfen, von vornherein zum Scheitern verurteilt wäre. Mit dem Begriff des *Lebensbildes* möchten wir zum Ausdruck bringen, dass es sich bei unseren Darstellungen um mehr oder weniger unabgeschlossene Skizzen handelt, die nicht den Anspruch erheben, den *Bios* einer Person lückenlos nachzuzeichnen, uns wohl aber in einigen Grundzügen ihr unverwechselbares Profil erkennen lassen.[1]

Die dargestellten Lebensbilder gehen über den Bereich des Neuen Testaments und des frühen Christentums hinaus. Wir haben uns für Lebensbilder aus *neutestamentlicher Zeit* entschieden, um zum einen Personen in den Blick nehmen zu können, die paradigmatisch für die Entwicklung urchristlichen Lebens stehen, zum anderen aber auch Menschen „von außen", die für das politische, geistig-kulturelle und religiöse Umfeld des frühen Christentums stehen und für das Verstehen seiner Entwicklung von Bedeutung sind. Die ordnende Mitte bildet dabei die Person Jesu von Nazareth. Die Anordnung der übrigen Darstellungen ergibt sich von dieser Mitte her. Wir fragen in einem ersten Teil: Was führt auf Jesus hin? Was muss man wissen, um den Menschen Jesus verstehen zu können? Und in einem zweiten Teil: Was geht von Jesus aus? Welche Wirkungen des Nazareners führen nach seinem Tod zur Entstehung des Christentums? Die Darstellung von Lebensbildern aus neutestamentlicher Zeit hat – auf Grund der spärlichen Quellenlage – notwendigerweise *experimentellen Charakter*. Wir bieten keine historischen Romane, die an der fiktiven Frage, was hätte sein können, orientiert sind, sondern lassen uns vom Prinzip der *historischen Plausibilität* leiten. Das bedeutet, dass wir versucht haben, unter Ausschöpfung der vorhandenen Quellen und auf der Grundlage des gegenwärtigen Stands der wissenschaftlichen Diskussion anschauliche Darstellungen einzelner Personen zu erarbeiten.

Historische Prozesse sind einmalig. Nicht nur in dem Sinne, dass sie sich geschichtlich nicht wiederholen, sondern auch im Blick auf ihre Erfassbarkeit durch den Historiographen, der sie nie in ihrer Gänze, in ihrer Vielgestaltigkeit und Komplexität wird nachzeichnen können; auch bei größter 'Kongenialität' (Dilthey) wird es notwendigerweise immer um eine Auswahl gehen müssen, die getroffen wird, um Unüberschaubares überschaubar zu machen. Dem dienen auch die Kategorisierungen, die – dem Geschehen selbst nicht inhärent – sich erst dem analysierenden Blick des historisch Distanzierten aufdrängen. Wie sich der Naturwissenschaftler stets im Klaren darüber sein muss, dass die Naturgesetze, mit denen er operiert, nicht der Natur inhärent, sondern nur bis zu ihrer Falsifikation brauchbare Instrumente zur Erfassung des Naturgeschehens sind, so ist der Historiker gut beraten, nachgezeichnete Geschichte nicht mit geschichtlicher Wirklichkeit zu verwechseln. Bei aller Notwendigkeit zur Selektion und Kategorisierung der geschichtlichen Phänomene bleibt das Augenmerk des historisch Interessierten doch auf die unverrechenbare Besonderheit geschichtlicher Ereignisse und Prozesse gerichtet.

Die Bedeutung des Biographisch-Individuellen für die Erfassung geschichtlicher Phänomene und Entwicklungen kann von daher nicht hoch genug veranschlagt werden; sie ist freilich im Zuge einer ausschließlich sozialgeschichtlich orientierten Geschichtsschreibung lange Zeit verkannt worden. Dass soziale Interessen und gesellschaftliche Konflikte den Lauf der Geschichte mitbestimmen und die Kenntnis dieser Faktoren daher auch für das Erfassen historischer Prozesse unverzichtbar ist, steht außer Frage. Die ausschließliche Konzentration darauf birgt aber auch die Gefahr einer Schematisierung und Systematisierung der Geschichte in sich, die die Kontingenz geschichtlicher Abläufe und die konkrete Lebenswirk-

lichkeit von Menschen in ihrer individuellen Ausprägung aus dem
Blick verliert. Unseren Versuch, Lebensbilder aus neutestament-
licher Zeit nachzuzeichnen, verstehen wir daher als eine notwendige
Ergänzung zu einer rein sozialgeschichtlichen Betrachtung jener
Epoche.

Die Perspektive prosopographischer Studien (*prosopon*: Angesicht, Person) steht in der Tradition der neutestamentlichen Realien-
forschung und korrespondiert mit der Wiederentdeckung der Ar-
chäologie und der Entwicklung der Lokalkoloritforschung. Gemeinsam ist diesen Ansätzen, dass sie vornehmlich daran interessiert
sind, die Lebenswirklichkeit von Menschen in neutestamentlicher
Zeit kennen zu lernen, und zwar nicht allgemein im gesellschaft-
lichen Durchschnitt, sondern so konkret wie möglich. Die Ergebnisse solcher Studien beschreiben sehr spezielle Ausprägungen der
Lebenswirklichkeit von Menschen der alten Zeit und sind daher
natürlich nicht einfach zu verallgemeinern. Sie haben gleichwohl ex-
emplarischen Charakter, zeigen sie uns doch Menschen aus den unterschiedlichen Bereichen der damaligen Gesellschaft in ihrem
Lebensvollzug. Das hat den Vorteil, dass wir einerseits die verschiedenen Gesellschaftsbereiche und die unterschiedlichen Gruppen
und Kreise, die die Gesellschaft prägten, kennen lernen, andererseits aber durch die individuelle Perspektive dazu genötigt werden,
gegenüber jeder Form der systematisierenden Etikettierung Zweifel
anzumelden. So lässt sich z. B. durchaus beschreiben, was allgemein
das Diasporajudentum in neutestamentlicher Zeit bestimmt hat
oder wie das theologische Profil der aus diesem Bereich stammenden sog. „Hellenisten" ausgesehen hat – das konkrete Lebensbild
eines Philippus, der zur Führungsgruppe der „Hellenisten" gehörte,
zeigt freilich, dass die Wirklichkeit viel komplexer ist als die Sche-
matisierungen, die wir zu ihrer Erfassung erfinden.

An dieser Komplexität festzuhalten, ist ein wesentliches methodi-
sches Prinzip der lebensgeschichtlich orientierten Historiographie.
Die individuelle Perspektive prosopographischer Skizzen fungiert
im Blick auf die neutestamentliche Zeitgeschichte „als ein methodi-
scher Vorbehalt, als eine Art Bollwerk gegen jede Form der Schematisierung frühchristlicher Geschichte und Theologie, oder positiv
gewendet: als stete Aufforderung, Widersprüche, Ungereimtheiten,
Brüche, Spannungen als Elemente einer sie umfassenden individuellen Einheit zu verstehen" (von Dobbeler, 2000, 34). Die lebens-
geschichtliche Erschließung der neutestamentlichen Zeit nötigt
dazu, zusammenzusehen, was auf den ersten Blick widersprüchlich

erscheint. Damit „lernen wir das, was einem an 'stimmigen' theologischen Systemen orientierten Denken als unvereinbar oder zumindest beziehungslos erscheint, ... als Aspekte *einer* Person kennen" (ebd. 33).

Wir wenden uns mithin gegen das Prinzip der Widerspruchsfreiheit als leitendes Prinzip der Geschichtsschreibung. Das Kennzeichen konkreter Individualität ist gerade nicht die Widerspruchsfreiheit, sondern im Gegenteil eine oft in sich selbst widersprüchliche, durchaus unabgeschlossene, aus der Distanz manchmal sehr unharmonisch wirkende Mischung unterschiedlicher Elemente. Der große Vorzug lebensgeschichtlicher Historiographie liegt genau in dieser Erkenntnis: Durch ein Höchstmaß an Konkretion wird die Möglichkeit eröffnet, als eine erlebte biographische Einheit zu erkennen, was historisch, kulturell, politisch, religiös getrennten Bereichen anzugehören scheint.

Wir wenden uns damit gegen eine Form der Geschichtsbetrachtung, wie sie in der Geschichtsphilosophie Hegels und dann vor allem in der marxistischen Geschichtsauffassung eine besondere Zuspitzung erfahren hat. Grundlage ist hier eine Art Konflikttheorie: die Annahme, dass geschichtliche Entwicklungen nur das Produkt antagonistischer Prozesse sein können.

Das hat im Blick auf das frühe Christentum dazu geführt, dass man es „im Gegenüber" zu parallelen historischen Erscheinungen zu beschreiben versuchte, als habe sich das, was später Christentum genannt wurde, ausschließlich in Auseinandersetzung mit und Abgrenzung von zeitgenössischen Strömungen entwickelt. Diese Vorgehensweise ist in allen nur denkbaren Richtungen betrieben worden: Lange Zeit bildete das „Gegenüber" pauschal das Alte Testament oder ein phänomenologisch konstruiertes Judentum. Darunter hat sich eine Fülle von spezielleren Varianten der Gegenüberstellung und Abgrenzung entwickelt, so zum „alttestamentlichen Gottesbild", zur „frühjüdischen Apokalyptik" oder „frühjüdischen Messiaserwartung", zu essenischen Positionen oder pharisäischen Vorstellungen, zu Denk- und Glaubensformen, wie sie in den Qumrandokumenten aufleuchten, oder zur „Täuferbewegung". Als zweites Gegenüber diente der hellenistische Synkretismus, insbesondere die Mysterienkulte.

Erkenntnisleitend ist hier ein Verständnis von Originalität, das vom Selbstverständnis der „Originale" weiter entfernt sein dürfte als die postulierten Gegenpositionen. Denn Menschen und Menschengruppen definieren sich nicht über den zumeist nur sehr ungefähr zu bestimmenden Rest unverrechenbarer Besonderheit, der sie von allem und allen anderen trennt, sondern bestimmend für das Selbstverständnis ist im Gegenteil die Zuordnung zu und Teilhabe an Bestehendem, die freilich in verschiedenen Richtungen und in verschiedener Intensität gefunden werden kann. Individualität ist also gerade nicht die Konsequenz gelungener Abgrenzung, sondern Ausdruck einer je besonderen Mischung von Bindungen und Abgrenzungen. Mit anderen Worten: Das, was frühe Christen mit dem Judentum in seinen vielfältigen Erscheinungs- und Ausdrucksformen einerseits und mit den Formen des hellenistischen Synkretismus andererseits verband, war für ihr Selbstverständnis allemal entscheidender als ein je und je neu zu ermittelnder Sonderstatus. Dieser wird aber im Konfliktmodell zum Angelpunkt gemacht, liefert er doch die einzig mögliche Begründung für die Annahme eines permanenten Abwehr- und Behauptungskampfes. Historische Phänomene lassen sich durch ein solches Vorgehen nur etikettieren, nicht aber verstehen.

Auch für die Innenansicht des frühen Christentums hat man sich zumeist dieser Konflikttheorie bedient. Ausgangspunkt war hier die Erkenntnis der Pluriformität frühchristlicher Theologien und Glaubensformen; dass die Wirkungen, die von Jesus von Nazareth ausgingen, vielfältig, ja so unterschiedlich sein konnten, dass es schwer fällt, einen gemeinsamen Nenner zu sehen, muss aber keinesfalls bedeuten, dass diese verschiedenen frühchristlichen Strömungen untereinander hauptsächlich in einem Verhältnis der Konkurrenz und des Kampfes standen. Die Apostelgeschichte, einige Paulusbriefe und z.T. auch die Evangelien bezeugen uns zwar, dass es an bestimmten Punkten solche Kämpfe gab, aber das wird eher die Ausnahme und nicht die Regel gewesen sein. In der ersten Zeit scheint vielmehr der breite Strom der von Jesus ausgehenden Wirkungen noch durch nichts in das enge Bett einer wie auch immer gearteten Orthodoxie gepresst worden zu sein, sondern hat allem Anschein nach ungehindert mäandern können. Und wo kein Druck zur Orthodoxie besteht, da besteht auch kein Anlass zum prinzipiellen Konflikt. Ja, vielleicht berührte sich dieser breite Strom gar hier und da mit anderen Flussläufen, sodass es dann schwer wird zu sagen, wo denn z.B. Christentum endet und Täuferbewegung beginnt (Apg 18f.). Vielleicht konnten es frühe Jesus-Nachfolger in ganz anderem Maße, als wir dies wahrhaben möchten, ertragen, dass es neben ihnen noch andere gab, die sich auf andere Weise, mit anderen Deutungen und Konsequenzen an den Nazarener banden.

Als besonders problematisch hat sich in diesem Zusammenhang erwiesen, dass die entscheidende Demarkationslinie zwischen Christen und Nichtchristen gesucht wurde. Denn dadurch geriet völlig aus dem Blick, dass es Varianten des frühen Christentums gegeben haben könnte, die sich selbst in größerer Nähe z. B. zur Täuferbewegung verstanden haben als zu anderen frühen Christen. Auch die im Zuge des christlich-jüdischen Dialogs gewonnene Erkenntnis, dass es sich bei den Anfängen des Christentums um eine innerjüdische Entwicklung handelte, hat nicht verhindern können, dass man weiterhin stillschweigend voraussetzt, Aussagen wie Apg 4,12 („In keinem anderen ist das Heil, auch ist kein anderer Name unter dem Himmel den Menschen gegeben, durch den wir sollen selig werden") oder biographische Brucherfahrungen, wie Paulus sie Phil 3 schildert, seien symptomatisch für das gesamte frühe Christentum gewesen. Das ist alles andere als wahrscheinlich; vielmehr ist für den Anfang eine völlig offene Situation anzunehmen, in der die unterschiedlichsten Deutungen der Person und des Todes Jesu versucht wurden, und zwar ohne dass damit bereits Absolutheitsansprüche formuliert oder Trennungslinien gezogen waren.

In diesem Feld experimenteller Theologie – denn etwas anderes als Experimente ließ die Notwendigkeit, den Tod Jesu zu „bewältigen", nicht zu – herrschte zu Beginn anscheinend schier unbegrenzte Freiheit und eine dementsprechende Vielfalt von theologischen Entwürfen oder besser: von tastenden Deutungsversuchen des Geschehens um den Rabbi aus Nazareth. Hierher gehören sowohl die in den Evangelien als Ansicht der „Leute" referierten Meinungen, Jesus sei mit Johannes dem Täufer identisch, er sei (der auferstandene) Jeremia oder einer der anderen Propheten oder der für die letzte Zeit wiedererwartete Elia (Mk 8,28/Mt 16,14/Lk 9,19), wie auch „freie" Charismatiker, die sich lediglich des wundermächtigen Namens Jesu bedienten (Mk 9,38ff.; Apg 19,13ff.), ohne seinem engeren Schülerkreis anzugehören (vgl. Mt 7,22ff.), oder Magier wie Simon, die sich selbst als Repräsentation Gottes begriffen (Apg 8).

Dies alles waren keine „außerchristlichen" Bewegungen, sondern sie gehörten mit zu der reichhaltigen und vielgestaltigen Flora auf dem Feld frühchristlicher experimenteller Theologie, und es war eben zu Anfang noch keineswegs ausgemacht, ob es sich dabei um Unkräuter oder Nutzpflanzen handelte. Die Tatsache, dass schließlich doch die scharfen Pflugscharen der Orthodoxie dem Wildwuchs ein Ende bereiteten und fürderhin auf Monokultur geachtet wurde, darf unseren Blick dafür nicht trüben, dass die Anfänge bunt waren.

Der Zugang über prosopographische Studien ermöglicht es, dieser Buntheit des Anfangs ein Gesicht zu geben. Die Vielfalt der Wirkungen Jesu äußerte sich nicht in ausformulierten theologischen Systemen, sondern in verschiedenen Formen gelebten Christentums, die von sehr unterschiedlichen Faktoren bestimmt sein konnten. Das 1. nachchristliche Jh. war in mehrfacher Hinsicht eine krisenhafte Zeit. Vielfältige und tief greifende Brüche kennzeichneten insbesondere die politische und kulturell-religiöse Situation Palästinas. Die Erfolglosigkeit der Widerstandsbemühungen gegen die römische Oberhoheit gipfelte in der Eroberung Jerusalems durch Titus; dadurch waren nicht nur alle Träume von politischer Autonomie zunichte gemacht, sondern mit der Zerstörung des zweiten Tempels war das Judentum auch seines identitätsstiftenden Zentrums beraubt.

Gerade bei der Beschreibung solch krisenhafter Zeiten erweisen sich prosopographische Studien als besonders wertvoll, denn sie öffnen den Blick dafür, dass individuelle Lebensläufe sich durch anderes gegliedert erweisen als durch politische Großdaten. Vor dem Hintergrund der kolossalen Umwälzungen, die das 1. nachchristliche Jh. prägten, gilt das, was der Zeitgeschichtlicher Ulrich Herbert im Blick auf die Geschichte des nicht minder krisengeschüttelten 20. Jahrhunderts formuliert hat, mutatis mutandis auch für die neutestamentliche Zeit: Er sieht die historiographische Herausforderung darin zu zeigen, „dass die durch vielfältige und tief greifende Brüche gekennzeichnete politische Geschichte unseres Jh. durch die Lebensgeschichte der Individuen gewissermaßen zusammengehalten und anders periodisiert wurde, sodass, was historisch und politisch in der Regel ganz getrennt erscheint, doch von den Menschen selbst als biographische Einheit erlebt worden war" (Herbert, 1996, 19).

Auch für die neutestamentliche Zeit gilt, dass die tiefen politischen und religiös-kulturellen Erschütterungen und Brüche durch die Lebensgeschichte Einzelner überbrückt werden konnten. Und zwar sowohl in der diachronen Form des lebensgeschichtlichen Nacheinanders als auch in einem synchronen Miteinander uns widersprüchlich erscheinender Glaubensformen, Lebenseinstellungen, politischer Zuordnungen. Die Wahrnehmung solcher „unordentlicher" Individualitäten haben wir uns zum Ziel gesetzt. Wir hoffen, damit einen besonderen Blick auf die Zeit des sich konsolidierenden Christentums zu eröffnen.

Die politische Welt zur Zeit Jesu

Die politischen Verhältnisse in Palästina zur Zeit Jesu und des frühen Christentums waren geprägt von der mittel- oder unmittelbaren römischen Herrschaft. Die Reaktion von großen Teilen der jüdischen Bevölkerung auf diese Herrschaft beschreibt Ludger Schenke:

„An Stelle Gottes, dem das Königtum über Israel zukam, herrschte eine fremde Macht. Sie hatte das heruntergekommene hasmonäische Priesterkönigtum hinweggefegt und 'fremde Könige' über jüdisches Land eingesetzt. Zur Zeit Jesu und der frühen Urgemeinde wurde Judäa unmittelbar durch römische Prokuratoren verwaltet. Hier hatten der Hohepriester und das Synedrium wenigstens gewisse Selbstverwaltungsrechte. In Galiläa und den nordgaliläischen Gebieten aber regierten die Herodessöhne Antipas und Philippus als absolutistische orientalische Kleinfürsten. Keine dieser Regierungen besaß in den Augen der jüdischen Bevölkerung Legitimität. 'Das jüdische Volk konnte sich von ihnen weder nach außen vertreten fühlen, noch nach innen dargestellt sehen' (M. Ebertz). Ihr Regiment wurde als Versklavung des Gottesvolkes empfunden, als Verunreinigung des 'heiligen Landes'. Der ständige Wechsel der politischen Verhältnisse und der administrativen Strukturen sorgten von selbst dafür, dass mit einer Dauer des Bestehenden ohnehin nicht gerechnet wurde" (Schenke, 1990, 37).

Während mit der Herrschaft des Augustus und seiner Nachfolger große Teile der Vielvölkergemeinschaft des römischen Imperiums das „goldene Zeitalter" eines immer währenden Friedens angebrochen sahen, herrschten in Palästina innere Unruhen, teilweise bittere Not und religiöse Zwistigkeiten. Das in sich tief gespaltene Judentum schwankte zwischen assimilatorischen Tendenzen, sich an die römisch-hellenistische Kultur anzulehnen und von ihr zu profitieren, und einem religiös-politisch motivierten Abgrenzungsdenken, das seine Hoffnung auf den kommenden Messias setzte, der sein Volk von der fremden Herrschaft befreien werde. Für den Versuch, Palästina in die hellenistisch-römische Welt zu integrieren, ohne die jüdische Identität rücksichtslos aufzugeben, stehen die Herodianer. Sie lösten mit kräftiger Unterstützung der Römer das legitime hasmonäische Königshaus ab und versuchten in Kollaboration mit ihnen ein gewisses Maß an politischer Selbstständigkeit für Palästina zu erhalten. Nach dem Tod Herodes' des Großen 4. v. Chr. wurde sein Reich unter seinen Söhnen in drei Teilreiche aufgeteilt. Unter biographischen Gesichtspunkten hat neben Herodes dem Großen, den wir ausführlich vorstellen, noch dessen Sohn Herodes Antipas eine besondere Bedeutung, da er während der ganzen Lebenszeit Jesu in Galiläa herrschte (4 v. Chr.–39 n. Chr.) und für die Hinrichtung Johannes' des Täufers verantwortlich war. Ähnlich wie sein Vater Herodes I. war Herodes Antipas von der hellenistischen Kultur geprägt. Diese äußerte sich besonders in seiner Vorliebe für die Architektur, die sich in einer regen Bautätigkeit ausdrückte. Er baute das von Varus zerstörte Sepphoris als hellenistische Stadt mit einer gemischten Bevölkerung wieder auf und befestigte die Stadt mit starken Mauern. Josephus nannte sie in den ›Altertümern‹ einmal „Zierde von ganz Galiläa" (Jos. ant. XVIII,2,1). Als Residenz baute er im hellenistischen Stil Tiberias am westlichen Ufer des Sees Genezareth. Die innere Verfassung der Stadt organisierte er ganz nach römischem Vorbild mit einem Rat von 600 Mitgliedern, an dessen Spitze ein Archon stand. An Tiberias zeigen sich die inneren Probleme der herodianischen Herrschaft beispielhaft. Man hatte bei ihrem Bau übersehen, dass sie auf einem jüdischen Gräberfeld angelegt wurde. Gesetzesstrenge Juden konnten sie deshalb aus Furcht vor Verunreinigung nicht betreten. Herodes war deshalb gezwungen, eine bunt gemischte Bevölkerung dort anzusiedeln. Auch erregte der prachtvolle Königspalast wegen seiner an der Fassade öffentlich angebrachten Tierbilder Anstoß. Hierin liegt der Grund, dass er während des Jüdischen Krieges von einer fanatisierten Menge niedergebrannt wurde. Doch Herodes Antipas wollte die religiösen Gefühle des jüdischen Teils seiner Bevölkerung nicht verletzen. Er zeigte sich bei den großen Festen in Jerusalem (Lk 23,7). Die in seiner Regierungszeit geprägten Münzen sind durchweg bilderlos, auch lehnte er entschieden den Versuch des Pilatus ab, goldene Schilder mit dem Namen des Kaisers am Palast in Jerusalem anzubringen. Das Ausbalancieren der verschiedenen Strömungen in seinem Land gelang Herodes Antipas so gut, dass er über 40 Jahre lang an der Herrschaft blieb.

Herodes Antipas war in erster Ehe mit der Tochter des Nabatäerkönigs Aretas verheiratet. Sicher keine Liebesheirat, sondern politisch motiviert, da er so hoffen konnte, sein Reich gegen Angriffe von dieser Seite zu schützen. Doch verliebte er sich Jahre später in Herodias, die Frau seines Bruders. Er verstieß seine erste Frau und heiratete seine Schwägerin. Unter politischen und religiösen Gesichtspunkten war dies außerordentlich unklug. Das Verhältnis zu den Nabatäern war von nun angespannt und aus religiösen Motiven wurde seine zweite Ehe besonders von Johannes dem Täufer heftig getadelt. Herodes ließ daraufhin Johannes inhaftieren und hinrichten. 36 n. Chr. erlitt Antipas gegen seinen ehemaligen Schwiegervater Aretas eine verheerende Niederlage. Drei Jahre später wurde er von Caligula seiner Herrschaft enthoben und in das heutige Lyon in Gallien verbannt.

Galiläa wurde nicht nur während der gesamten Wirksamkeit Jesu von einem romfreundlichen und der hellenistischen Kultur aufgeschlossenen Klientelfürsten regiert, sondern war auch die Keimzelle jener ultranationalistischen religiösen Bewegung, die unter dem Namen „Zelotismus" bekannt wurde. Äußerer Anlass für eine erste Welle gewalttätigen Aufruhrs war die Absetzung des Archelaus im Jahr 6 n. Chr. Nun gerieten Judäa und Samarien unter direkte römische Herrschaft. Dies bedeutete auch, dass die Römer ab sofort direkte Steuern erhoben. Grundlage der Steuerbemessung war der berühmte Zensus, den Quirinius noch im selben Jahr durchführen ließ. Gegen diese Steuererhebung empörte sich ein Pharisäer namens Judas, der aus dem galiläischen Gamala östlich des Sees Genezareth stammte. Judas vertrat zwei Thesen. Erstens: Für ihn war allein Gott der Herrscher über Israel. Kein gläubiger Jude darf einen anderen Herrscher anerkennen. Von diesem theokratischen Standpunkt aus rief er die Menschen in Judäa zur Steuerverweigerung auf. Denn das Zahlen von Steuern bedeutet für ihn die Anerkennung des Kaisers in Rom als Herrscher. Zweitens war Judas davon überzeugt, dass durch gewalttätigen Widerstand gegen die römischen Besatzer das Kommen des Messias beschleunigt werden könne. Man kann dies einen „revolutionären Synergismus" (so Theißen/Merz, 1996, 140) nennen: Durch aktiven Widerstand hilft man Gott bei der Durchsetzung seiner Alleinherrschaft. Nach Apg 5,37 starb Judas der Galiläer eines gewaltsamen Todes. Ob er in Judäa eine Widerstandsbewegung aufbauen konnte, ist in der Forschung umstritten. Seine Gedanken wirkten jedoch im Untergrund fort und brachen im Vorfeld des Jüdischen Krieges wieder auf.

Herodes der Große

Neben Judas Ischariot wird kaum eine Gestalt der frühjüdisch-christlichen Geschichte zur Zeit Jesu derart negativ gedeutet wie Herodes („der Heldenhafte") der Große. „Herodes erlangte sein

Königreich wie ein Fuchs, er regierte wie ein Tiger und starb als Ver-
rückter" (Zeitlin, 1964, 21). In der traditionellen jüdischen Geschichtsschreibung galt er als ein verschlagener und mordlüstiger
Despot, der die jüdische Religion missachtete und das rechtmäßige
jüdische Königshaus der Hasmonäer mit Stumpf und Stil ausrottete.
In seiner ›Geschichte der Juden‹ schrieb Heinrich Graetz über das
erste Auftreten des Herodes als Statthalter von Galiläa:

„Dieser junge Mann wurde der böse Dämon für die judäische Nation und
schien dazu berufen, sie an allen Gliedern gebunden der Römerherrschaft
zu überantworten und ihr den Fuß auf den Nacken zu setzen. Gleich einer
unheilsschwangeren Wolke warf er bei seinem ersten Auftreten einen düste-
ren Schatten auf das Leben der Nation, und die Dunkelheit nahm immer zu,
bis alles mit dichter Finsternis bedeckt und jeder Glanz erloschen war und
alles in wirrem Traume strauchelte und fiel. Treu der ränkevollen Politik seines Vaters, begann Herodes damit, den Römern kriechend zu schmeicheln
und die judäischen Gemüter zu verletzen" (Graetz, 1905, 178).

Dieses und ähnliche Urteile, die kaum ein gutes Haar an Herodes
ließen, beruhen auf einer national-religiösen Sichtweise, die kultu-
relle und religiöse Isolation zum Ideal erhebt und auf politischem
Feld die realen Gegebenheiten und Handlungsspielräume nicht zu
sehen vermag. Die römisch-hellenistische Kultur wird als identitäts-
bedrohende Gegenwelt gesehen. Eine Öffnung ihr gegenüber, wie
sie die Herodianer versuchten, kann dann höchstens als politischer
Opportunismus gewertet werden. Auch die neutestamentliche Wissenschaft hat sich seit Generationen angewöhnt, die Geschichte des
Römischen Reiches aus dem Blickwinkel – wie die Althistorikerin
Helga Botermann kritisch bemerkt (Botermann, 1991, 301) – jüdischer Zeloten zu betrachten. Diese Sichtweise wirkt sich besonders
auch auf die Interpretation der Gestalt des Herodes aus.
    In den ›Altertümern‹ kommt Josephus im Rückblick auf das hero-
dianische Königtum zusammenfassend zu folgendem Urteil über den
König, das seine zunehmend national-religiöse Haltung spiegelt:
„… ein gegen alle gleichmäßig grausamer Mensch, seinem Zorn ver-
fallen und das Recht mit Füßen tretend" (Jos.ant. XVII 8,1).
    Auch in der christlichen Tradition erscheint Herodes als Anti-
typus, als Gegenspieler Jesu Christi und Kindermörder. Die Überlieferung vom Kindermord in Bethlehem findet sich ausschließlich
in den Vorgeschichten des Matthäusevangeliums:

„Danach rief Herodes die Sterndeuter heimlich zu sich und ließ sich von
ihnen genau sagen, wann der Stern erschienen war. 2,8 Dann schickte er sie

nach Bethlehem und sagte: Geht und forscht sorgfältig nach, wo das Kind ist; und wenn ihr es gefunden habt, berichtet mir, damit auch ich hingehe und ihm huldige. 2,9 Nach diesen Worten des Königs machten sie sich auf den Weg. Und der Stern, den sie hatten aufgehen sehen, zog vor ihnen her bis zu dem Ort, wo das Kind war; dort blieb er stehen. 2,10 Als sie den Stern sahen, wurden sie von sehr großer Freude erfüllt. 2,11 Sie gingen in das Haus und sahen das Kind und Maria, seine Mutter; da fielen sie nieder und huldigten ihm. Dann holten sie ihre Schätze hervor und brachten ihm Gold, Weihrauch und Myrre als Gaben dar. 2,12 Weil ihnen aber im Traum geboten wurde, nicht zu Herodes zurückzukehren, zogen sie auf einem anderen Weg heim in ihr Land ... 2,16 Als Herodes merkte, dass ihn die Sterndeuter getäuscht hatten, wurde er sehr zornig, und er ließ in Bethlehem und der ganzen Umgebung alle Knaben bis zum Alter von zwei Jahren töten, genau der Zeit entsprechend, die er von den Sterndeutern erfahren hatte" (Mt 2,7–16).

Die heutige Auslegung sieht in dieser Geschichte eine Legende, die an antike Traditionen von der Bewahrung und Rettung bedrohter Königskinder anknüpfe. (Eine tabellarische Übersicht über solche Legenden bietet Luz, 1985, 83 f.) Im jüdischen Milieu am bekanntesten war sicher die Erzählung von der Bewahrung des Mose vor den Nachstellungen des Pharao. Ähnlich können wir aber u. a. über Augustus lesen:

„Iulis Marathus berichtet, wenige Monate vor der Geburt des Augustus sei an einem öffentlichen Ort in Rom ein Wunderzeichen geschehen, durch das wiederholt verkündet wurde, die Natur sei dabei, dem römischen Volk einen König zu gebären, worauf der erschreckte Senat den Beschluss gefasst habe, es solle kein in diesem Jahr geborenes Kind aufgezogen werden ..." (Sueton, Divus Augustus 94,3).

Der Bericht des Sueton zeigt uns, dass in der Antike – wenn es um die Bedrohung der eigenen Herrschaft ging – der Versuch, mögliche Konkurrenten mit allen Mitteln auszuschalten, durchaus denkbar war und in keiner Weise ein charakteristischer Zug des grausamen Herodes gewesen wäre. Abraham Schalit geht in seiner abgewogenen Studie zu Herodes sogar noch einen Schritt weiter und erklärt den Kindermord in Bethlehem für historisch denkbar.[2] Die christliche Tradition sieht schon bald im schweren Tod des Königs die göttliche Strafe für den Kindermord, so etwa Euseb in seiner ›Kirchengeschichte‹ (Eus.h.e. I,8,16), oder aber man betrachtete ihn ganz allgemein als ein Werkzeug des Teufels (vgl. Origenes, contra Celsum 1,61).

Gegenüber der jüdischen Bevölkerung seines Reiches stand Herodes unter einem zweifachen Legitimationsdruck. Als Idumäer galt er besonders in frommen Kreisen nicht als vollwertiger Jude, da dieser Volksstamm erst im Zuge der hasmonäischen Eroberungspolitik judaisiert wurde. Von daher konnte Herodes verächtlich als „Halbjude" (Jos.ant. XIV,15,2) bezeichnet werden. Das Königsgesetz verbot in Dtn 17,15 ausdrücklich, einen Nicht-Israeliten zum König einzusetzen: „… Du sollst aber einen aus deinen Brüdern zum König über dich setzen. Du darfst nicht irgendeinen Ausländer, der nicht dein Bruder ist, über dich setzen." Herodes reagierte auf diesen Mangel an traditioneller Legitimation auf unterschiedlichen Ebenen und mit harter Konsequenz. Die Vertreter der hasmonäischen Dynastie beseitigte er im Laufe seiner Regierungszeit vollständig und schreckte dabei auch nicht vor dem Mord an eigenen Familienmitgliedern zurück. „Opfer wurden sein Schwager, der junge Großpriester Aristobul, der alte Onkel Hyrkan II, seine intrigierende Schwiegermutter, selbst seine geliebte Gattin Mariamne blieb nicht verschont" (Mayer, 1998, 32). Auch in seinen Söhnen sah Herodes Konkurrenten. So ließ der zehnmal verheiratete König die mit Mariamne gemeinsamen Söhne in einem Bad in Jericho hinterhältig ertränken, und kurz vor seinem Tod befahl er auch die Hinrichtung seines Erstgeborenen Antipater. Auch den Hohen Rat als weiteres Machtzentrum machte er sich schon zu Beginn seiner Regierungszeit dadurch gefügig, dass er große Teile seiner Mitglieder ermorden ließ. Daneben schaffte er das Großpriestertum als lebenslängliche Institution ab, indem er die Hohenpriester kurzfristig nach eigenem Gutdünken ein- und absetzte. Doch fallen diese dunklen Seiten im Leben des Herodes durchaus nicht aus dem Rahmen dessen, was uns über die Gepflogenheiten vorderorientalischer Herrscher aus damaliger Zeit überliefert ist. Man kann somit mit einem gewissen Recht sagen, dass bei aller Grausamkeit und Härte, mit der Herodes ohne Zweifel regierte, die rein negativen Darstellungen seiner Person und seines Wirkens nicht gerecht werden, wie wir in den folgenden Ausführungen skizzieren möchten:

Der Schlüssel zu einem abgewogenen Verständnis des Herodes liegt in den politischen Verhältnissen Judäas, die Herodes vorfand und die er weder verändern konnte noch aus eigenem Willen verändern wollte. Spätestens seit 40 v.Chr., dem Jahr, als Herodes aus Jerusalem vor den Parthern und dem mit ihnen verbündeten Antigonus nach Rom fliehen musste und er dort auf Grund eines Senatsbeschlusses nach Fürsprache von Antonius und Oktavian zum König von Judäa ernannt wurde (Jos.ant. XIV,14,1–5; bell. I,14,4), war ihm bewusst, dass er nur mit der Hilfe Roms bestehen konnte.

Als „verbündeter König[3] und Freund des römischen Volkes" *(socius et amicus populi Romani)* verfolgte er nun mit großem diplomatischem Geschick die Einbeziehung Judäas in die Weltkultur der hellenistisch-römischen Ökumene. Doch nicht nur machtpolitisches Kalkül ließ ihn zu einem bedingungslosen Anhänger Roms werden, sondern auch die Überzeugung von der sittlichen und kulturellen Mission des römischen Imperiums machte ihn immun gegen jedweden religiös-politischen Eigenweg, wie er besonders von den strengen Pharisäern in Judäa propagiert wurde.[4] Zahlreiche Indizien deuten darauf hin, dass sich Herodes als hellenistischer Herrscher verstand. Das Leben an seinem Hof entsprach mit seinen Gelagen und Theateraufführungen, den Gladiatorenspielen im Amphitheater und den Wagenrennen im Hippodrom ganz diesem Stil (vgl. Schalit, 1969, 403 ff.). Herodes umgab sich mit Beratern und Würdenträgern, unter diesen befanden sich Idumäer, Juden und Griechen, die dem König nicht nur Ratschläge gaben, sondern auch den königlichen Gerichtshof bildeten (vgl. ebd. 406 Anm. 895). Namentlich bekannt sind zwei Eunuchen, Bagoas und Carus (Jos.ant. XVII,2,4), dessen Schönheit Josephus ganz in hellenistischer Tradition rühmte. Zur Hofhaltung eines hellenistischen Königs gehörte auch, dass er sich mit Kulturschaffenden umgab. Der bekannteste unter ihnen war der Historiker Nikolaus von Damaskus, der nicht nur als Hofhistoriker eine Rolle spielte, sondern daneben Herodes in seinen Familienzwistigkeiten beriet und vor Augustus für ihn fürsprach (vgl. Schalit, 1969, 412 Anm. 927). Charakteristisch für die Grundhaltung des Herodes ist auch, dass die Erziehung seiner Söhne größtenteils in den Händen von Griechen lag, deren Namen (Andramachus und Gemellus) uns Josephus überlieferte. Mindestens vier seiner Söhne schickte der König zur Vertiefung ihrer hellenistischen Bildung nach Rom, wo sie bezeichnenderweise nicht bei Juden wohnten, sondern bei dem Römer Asinius Pollio, einem alten Freund des Herodes (vgl. Jos.ant. XIV,14,5).

Wir fassen an dieser Stelle zusammen: Herodes richtete seine Herrschaft an den Vorbildern der seleukidischen und ptolemäischen Königshöfe aus. Er war ein durch den Hellenismus geprägter König, der aus dieser Überzeugung heraus und aus nüchternem machtpolitischem Kalkül die bedingungslose Gefolgschaft mit Rom und die Einbindung seines Reiches in den hellenistisch-römischen Kulturkreis zum Garanten seiner erfolgreichen Regentschaft machte.

Diese Grundhaltung hatte für das Selbstverständnis des Herodes auf dem Hintergrund des unter Augustus besonders im Orient aufkommenden politischen Messianismus auch religiös-politische Implikationen. Fundament dieser religiösen Einbindung und Legitimierung seines Königtums war der Euergetismus (Prinzip der Wohltätigkeit), den Herodes zur Richtschnur seines Regierens machte. Für ihn war dies der Weg, sich Reputation und Ehre in der hellenistischen Welt, seinem eigenen Staat und vor dem römischen Princeps, der sich als universaler Wohltäter der Welt verstand, zu verschaffen. Ausführlich berichtet Josephus über die Bautätigkeit des Herodes in Israel, dem Vorderen Orient und Griechenland[5]:

„Seinen eigenen Königspalast legte er in der oberen Stadt an und benannte die zwei größten und schönsten Flügel desselben, mit denen nicht einmal der Tempel den Vergleich aushielt, nach seinen hohen Freunden: Caesareum und Agrippeum ... Doch nicht bloß einzelne Gebäude weihte er dem Gedächtnis und Namen dieser Männer, sondern er ging noch weiter und tat, um sie zu ehren, dasselbe mit ganzen Städten. So umgab er im Samariterland eine Stadt mit einer hervorragend schönen Mauer im Umfang von etwa zwanzig Stadien, versetzte achttausend Einwohner dorthin, wies denselben fruchtbare Böden zu, erbaute mitten in der neu gegründeten Stadt einen gewaltigen Tempel mit einem freien Platz von anderthalb Stadien zu Ehren des Kaisers und nannte die Stadt Sebaste (= Auguste). Ihren Bewohnern aber gab er eine ausgezeichnete Gemeindeverfassung.
Als ihm dann der Kaiser noch weitere Gebiete schenkte, erbaute ihm Herodes auch dort einen Tempel von weißem Marmor – und zwar an den Quellen des Jordan. Der Ort heißt Panium ... Auch zu Jericho ließ der König zwischen dem Kastell Kypros und dem früheren Königspalast ein neues, besseres und bequemeres Gebäude aufführen, das er nach seinen Freunden benannte. Es gab also keinen Ort in seinem Reiche, den er, falls er sich sonst dazu eignete, nicht mit Bauwerken zu Ehren des Kaisers versehen hätte" (Jos.bell. I,21,1ff.).

Deutlich wird aus diesem Abschnitt eine wesentliche Motivation für die Bautätigkeit des Herodes: Mit ihr unterstrich er seine Loyalität und Dankbarkeit gegenüber den jeweiligen römischen Herrschern, denen er seine Macht verdankte. Aber auch Herodes selbst verschaffte sich innerhalb des Prinzips des Euergetismus Ehre und Dankbarkeit als freigebiger Wohltäter:

„Als er diese großartigen Bauwerke vollendet hatte, bewies er auch einer Anzahl auswärtiger Städte seine Seelengröße. So versah er Tripolis, Damaskus und Ptolemäus mit Ringschulen, Byblus mit einer Stadtmauer, Berytus und Tyrus mit Säulengängen, Hallen, Tempeln und Märkten, Sidon und Damaskus mit Theatern, die Seestadt Laodizea mit einer Wasserleitung, Askalon mit prachtvollen Bädern und Brunnen, außerdem mit Säulenhallen von erstaunlicher Größe und Kunst ... Den abgebrannten Tempel des pythi-

schen Apoll baute er auf seine Kosten und schöner als zuvor wieder auf.
Wozu soll ich noch die Schenkungen erwähnen, die er den Lykiern und den
Samiern zukommen ließ? Oder die Freigebigkeit, mit der er in ganz Ionien
so manche Not linderte? Sind nicht Athen und Lakedämon, Nikopolis und
die mysische Stadt Pergamon voll von Weihgeschenken des Herodes? Und
hat er nicht die wegen ihres Schmutzes gemiedene Hauptstraße von Antiochien zu Syrien in einer Länge von zwanzig Stadien mit geglättetem Marmor pflastern und zum Schutz vor Regen mit einem ebenso langen Säulen-
gang schmücken lassen?
... Was übrigens seine Freigebigkeit am meisten hemmte, war die Furcht,
dadurch Neid zu erregen oder in Verdacht zu geraten, als ob er, indem er
den Städten größere Wohltaten erwies als ihre eigenen Gebieter, weiter aus-
greifende Pläne verfolge" (Jos.bell. I,21,11 f.).

In ähnlicher Weise berichtet Josephus des Weiteren über den Bau
von Caesarea, Antipatris in der Scharon-Ebene und Agrippium, von
Kastell Kypros, der nahe dabei gelegenen Stadt Phasaelis und des
Herodeions, an anderer Stelle von Masada, Machärus, Hebron, Jericho. Als Wohltäter machte sich Herodes im Vorderen Orient nicht
nur als grandioser Bauherr, sondern auch als Stifter und großzügiger
Spender einen Namen. Er beglich Schulden und Steuern, unterstützte die arg in Bedrängnis geratenen Olympischen Spiele, und Rhodos
ließ er mehrmals Geld zum Bau einer Flotte zukommen. Doch zeigt
gerade die letztere Großzügigkeit – wie Abraham Schalit bemerkt –
auch die politische Dimension, die Herodes immer mitbedachte:

„Die erste Spende an Rhodos machte Herodes im Winter des Jahres 40/39
v. Chr. (...) Josephus (d. h. eigentlich Nikolaos von Damaskus) rühmt die
Großzügigkeit des Herodes, der sogar noch unter misslichen Umständen
vornehm gehandelt habe. Die Spende hatte jedoch gerade unter diesen Umständen ihren guten politischen Sinn und zeugt von der großen staatsmänni-
schen Klugheit des Idumäers. Rhodos hatte im Kampfe gegen die Republi-
kaner schwer gelitten und war bei Antonius sehr gut angeschrieben (...)
Hilfe für die hart mitgenommene Stadt vonseiten des Herodes war gleich-
bedeutend mit einem politischen Bekenntnis zu Antonius und seiner Sache
im Osten. Es war also nicht Menschenfreundlichkeit, sondern Politik. Herodes war ein kühl berechnender politischer Kopf, der sich sein jeweiliges Ziel
etwas kosten ließ" (Schalit, 1969, 416 Anm. 941).

Herodes erwies sich auch als ein Beschützer von in Bedrängnis
geratenen Juden der Diaspora, wie sein Eintreten für die ionischen
Juden vor Agrippa deutlich vor Augen führt (vgl. Jos.ant. XVI,2,
2–5). Äußerst verdienstvoll war auch die Kolonisierung und Befrie-
dung der von räuberischen Nomaden unsicher gemachten Gebiete
östlich des Sees Genezareth. Herodes siedelte hier sowohl Idumäer

als auch babylonische Juden an (Jos.ant. XVI,9,2; XVII,2,1–3). Auch gegenüber den eigenen Untertanen konnte sich Herodes äußerst hilfsbereit und großzügig zeigen. Während dreier Hungersnöte erließ er einen Teil der Steuern. Besonders eindrücklich schildert Josephus die königlichen Maßnahmen während der großen Hungersnot im Jahr 25 v.Chr., die sich auf Grund einer vorhergehenden Dürre verheerend auswirkte:

„Herodes sann in dieser traurigen Lage auf Mittel, um die Not zu lindern. Das war recht schwierig ... Da er es aber für richtig hielt, nichts unversucht zu lassen um dem Elend abzuhelfen, ließ er alles, was sich an Gold- und Silbergerät im Königspalast fand, einschmelzen und verschonte selbst die kostbarsten und kunstvollsten Sachen nicht. Das dadurch gewonnene Geld schickte er dann nach Ägypten (der antiken Kornkammer) ... Obgleich sich nicht wenige, die in derselben Not waren, um Hilfe an (den römischen Legaten von Syrien) Petronius wandten, wollte er doch als besonderer Freund des Herodes zuerst dessen Untertanen das Leben erhalten. Er gestattete deshalb ihnen vor anderen, das Getreide auszuführen, war ihnen auch beim Ankauf und der Ausfuhr desselben in jeder Hinsicht behilflich ... Als nun die Gesandten mit dem Getreide ankamen, sorgte Herodes zunächst dafür, dass das Volk diese Hilfe nur ihm zuschrieb, und brachte dadurch nicht nur denen, die ihm früher feindlich gegenüberstanden, eine bessere Meinung bei, sondern zeigte auch offenkundig, wie sehr er auf das Wohl des Volkes bedacht gewesen war.
... Niemand wandte sich in seinem Elend an ihn, dem er nicht nach Kräften geholfen hätte. Ganze Völker und ganze Städte, ... die in Not geraten waren, erlangten Gewährung ihrer Anliegen ... Durch diese seine Fürsorge und Güte gewann sich Herodes so sehr die Zuneigung der Juden, dass sie ihn nicht genug zu loben wussten, und dass der Hass, den er sich durch seine Missachtung heimischer Bräuche zugezogen hatte, aus dem Herzen seiner Untertanen getilgt war. Allerseits war man jetzt überzeugt, er habe durch seine opferwillige Hilfe in schwerer Notzeit seine früheren Fehler wieder gutgemacht. Auch bei den Auswärtigen stieg sein Ruhm, und es scheint, dass das unsägliche Elend, das sein Reich so schwer gedrückt hatte, dazu bestimmt gewesen sei, den Glanz seines Namens zu erhöhen" (Jos.ant. XV,9,2).

Die Schilderung des Josephus zeigt auch, dass die wohltätigen Maßnahmen des Herodes nicht ohne Wirkung auf das eigene Volk geblieben sind. Man empfand auch Dankbarkeit gegenüber den guten Taten des Königs (vgl. auch Jos.bell. I,15,4). Wahrscheinlich waren die im Neuen Testament als Parteigänger des Herodes Antipas erwähnten „Herodianer" (Mk 3,6; 12,13; Mt 22,16) mit den zu Zeiten des großen Herodes bei Josephus genannten „Anhängern

des Herodes" identisch. Es handelte sich hierbei um Kreise, die der
neuen Ordnung positiv gegenüberstanden, die sich von dem aufblühenden Handel und der aufstrebenden Wirtschaft Fortschritte
erhofften und die ganz offensichtlich die Ansicht des Herodes teilten, dass das Heil Judäas in der Anlehnung an Rom bestehe. Herodes war also nicht nur ein orientalischer Despot, der den Aus-
schließlichkeitsanspruch seiner jüdischen Religion nicht respektierte und die politischen Absonderungstendenzen in Judäa durch
häufig grausame Maßnahmen bekämpfte, sondern er war auch ein
angesehener „Wohltäter", der auch im jüdischen Teil seines Herr-
schaftsgebietes Anhänger gefunden hatte. Zugleich war Herodes
ebenso ein Anhänger des aufblühenden politischen Messianismus,
der in Augustus den verheißenen Heiland sah, wie er in der berühmten Kalenderinschrift von Priene aus dem Jahre 9 v. Chr. beschrieben wurde:

„Da die Vorsehung, die alles in unserem Leben ordnet, Eifer und Ehrgeiz
beweisend, das Beste für unser Leben bestimmte, sandte sie Augustus, den
sie zum Heile der Menschen mit Würde erfüllte, und den Heiland für uns
und unsere Nachkommen schickte, der den Kriegen ein Ende macht und
alles in Ordnung bringt. Und da der Kaiser, auf Erden erschienen, die Hoffnung aller, die in ihren Hoffnungen vorausnahmen, übertraf: weil er nicht
nur alle Wohltäter, die vor ihm waren, überragt, sondern auch der Nachwelt
keine Hoffnung hinterlässt, ihn zu übertreffen. Es war aber der Geburtstag
des Gottes für die Welt der Anfang aller Dinge, die um seinetwillen Evangelien sind."[6]

Herodes war einer der Ersten, die sich durch den Bau von Tempeln, dem Aufstellen von Kaiserstatuen und dem Abhalten von
Spielen zu Ehren des Kaisers an diesem Kult beteiligten (Jos.ant.
XV,9,6; Jos.bell. I,21,7; Jos.ant. XV,8,1). Hinzu kommt ein nicht
zu unterschätzendes persönliches Moment. Der König selbst war
mehrmals in seinem Leben auf Leben und Tod der Gnade römischer Herrscher ausgeliefert. Am eindrücklichsten lässt sich dies bei
dem Besuch des Augustus nach der Schlacht von Actium auf Rhodos zeigen. Abraham Schalit beschreibt eindrücklich, was damals in
Herodes vorgegangen sein mag:

„Denn viel stärker als gegenüber Antonius im Jahr 42 v. Chr. empfand Herodes, als er auf Rhodos mit Octavianus zusammentraf und von dem neuen
Herrn der Welt wider alles Erwarten in Gnaden aufgenommen wurde, das
Vollgewicht des Begriffes 'Soter'. Damals war Herodes ..., nicht nur in Gefahr seine Herrschaft zu verlieren, sondern er fürchtete auch, sein Leben
verwirkt zu haben. Aber durch die ungewöhnliche, unverhoffte Wohltat des

Octavianus kehrte sich alles vor ihm zum Guten, und er erfuhr in greifbars-
ter Weise das 'Heil', das ihm vom Heilsbringer der Ökumene gespendet
wurde. War nicht der Heilsbringer der Welt zum persönlichen Heilsbringer
des Herodes geworden?" (Schalit, 1969, 456).

In der Tat lassen sich einige gewichtige Indizien dafür finden, dass
sich Herodes nicht nur als „Wohltäter" empfand, sondern dass er
der Überzeugung war, für seinen Herrschaftsbereich – ganz in der
Linie des politischen Messianismus Roms stehend – ein von Gott
geliebter Heilsbringer zu sein. Etwa in der Weise, wie es in einer
Rede an die jüdischen Notabeln anlässlich seines Entschlusses, den
Tempel neu zu bauen, zum Ausdruck kommt: „Ich glaube, dass ich
mit Gottes Willen das jüdische Volk zu einem solchen Glück empor-
geführt habe, wie es noch nie da gewesen ist" (Jos.ant. XV,11,1).

Herodes konnte sich dabei auf die allgemeine hellenistische Anschauung stützen, dass Menschen, die große Taten vollbracht haben,
auf einer anderen Stufe als normale Menschen stehen. Die Apotheose solcher Männer zu Göttern oder zumindest zu Halbgöttern
oder Heroen war nichts Ungewöhnliches.[7]

Interessant ist nun – da Herodes in zwei Kulturkreisen lebte –, der
Frage nachzugehen, wie sich im jüdischen und im hellenistisch geprägten Herrschaftsgebiet der messianische Anspruch des Herodes
unterschiedlich ausprägte. Offensichtlich orientierte sich Herodes
sowohl am Weltheiland Augustus als auch am jüdischen Messianismus. Wir beginnen mit einem Blick auf die hellenistisch-römische
Seite seiner Herrschaft. Bereits kurz nach seiner Einsetzung zum
König in Rom schreibt Josephus anlässlich der Belagerung Jerusalems im Jahr 37 v. Chr. über Herodes, er sei „zum Heil des Volkes
und der Stadt gekommen" (Jos.ant. XIV,15,2). Auch war das Schicksal in einer erstaunlichen Weise auf der Seite des Königs, wie ebenfalls Josephus bemerkt: „Zu den Vorzügen des Leibes und der Seele
kam hinzu, dass er immer Glück hatte; denn selten unterlag er im
Krieg, und schuld an seinen Niederlagen war nicht er selber, sondern der Verrat weniger Leute oder die Voreiligkeit seiner Soldaten" (Jos.bell. I,21,13) Ein entscheidender Text, der den Wunsch des
Herodes nach göttlicher Verehrung im hellenistisch-römischen
Sinne zumindest andeutet, findet sich in den ›Altertümern‹ des
Josephus:

„Er verfolgte mit der Zügellosigkeit seiner Leidenschaft Freunde und Verwandte nicht anders als man sonst Todfeinde verfolgt, und zwar aus dem
Grunde, weil er allein geehrt sein wollte. Wie heftig diese Leidenschaft war,
kann man aus den Ehren ersehen, die er dem Kaiser, dem Agrippa und sei-

nen anderen hohen Freunden erwies. Wie er nämlich Mächtige ehrte, so wollte auch er selbst geehrt sein. Seine eigenen großen Aufwendungen in diesem Punkt bewiesen klar, dass er auf gleiche Behandlung von anderen rechnete. Das jüdische Volk aber war seinen Gesetzen zuliebe allen derartigen Veranstaltungen abgeneigt und daran gewöhnt, Recht und Gerechtigkeit höher zu schätzen als eitlen Ruhm. Daher kam es, dass die Juden keine Gnade vor ihm fanden. Sie verstanden es eben nicht, durch Errichtung von Bildsäulen, Tempeln und ähnlichen Bauwerken dem Ehrgeiz des Königs zu schmeicheln. Darin scheint mir der Grund zu liegen, weshalb Herodes seine Angehörigen und Freunde so schlecht behandelte, während er die Auswärtigen und Fremden mit Wohltaten zu überhäufen suchte" (Jos.ant. XVI,5,4).

Der Text scheint über das Selbstverständnis eines auf Vergeltung seiner guten Taten bedachten Wohltäters hinauszugehen. Bildsäulen und Tempel sollten nach Ansicht des Herodes offensichtlich zu seinen Ehren und zu seiner Verehrung errichtet werden. Dass dies im hellenistischen Teil seines Reiches durchaus möglich gewesen war, zeigt das folgende Beispiel: Ein schlüssiger Beweis für eine göttliche Verehrung könnte eine Herodes-Statue sein, die man im Gebiet des Tempels von Sia bei Kanata, einer nabatäischen Stadt an der Ostgrenze des herodianischen Reiches, gefunden hat. Die Inschrift auf dieser Statue hat den folgenden Wortlaut: „Für Herodes, den König und Herrn ... habe ich ... auf meine Kosten dieses Standbild aufgestellt" (Inscriptiones Graecae ad Res Romanas Pertinentes III, 1243).

Vieles deutet auch darauf hin, dass sich Herodes als berechtigter Nachfolger der großen davidischen Herrscher sah. Zwei Taten stellten ihn in eine unmittelbare Tradition mit David und Salomo: die Erweiterung der Reichsgrenzen und damit die Restituierung des davidischen Großreiches und der Neubau des Tempels. Beide Leistungen gaben messianische Implikationen: Die Reichserweiterung konnte als die typisch messianische Sammlung der Zerstreuten gedeutet werden, und die Absicht, den Tempel zu bauen, deutete Herodes nach Josephus selbst in einer langen Rede messianisch aus (Jos.ant. XV,11,1). Selbst rabbinische Quellen rühmen die Schönheit des neuen Tempels (Bawa Batra 4a; Sukka 51b). Um seinen messianischen Anspruch zu untermauern, ließ Herodes seinen Stammbaum offensichtlich von seinem Hofhistoriker Nikolaos fälschen. Ein Versuch, den bereits Josephus durchschaute:

„Es hatte aber Hyrkan einen Freund namens Antipater, der, Idumäer von Geburt, sehr reich, auch von Charakter tatkräftig und verwegen war ... Nikolaus von Damaskus leitet seine Herkunft von den ersten Juden ab, die aus

Babylonien nach Judäa zurückkehrten. Doch sagt er das wohl nur, um seinem Sohne Herodes, der durch Zufall König der Juden wurde ... einen Gefallen zu erweisen" (Jos.ant. XIV,1,3).

Herodes wollte sich selbst als Heimkehrer aus Babylonien darstellen und damit seine idumäische Herkunft bestreiten. Gleichzeitig konnte er mit dieser Behauptung wahrscheinlicher machen, davidischer Abstammung zu sein, da viele Männer der deportierten Oberschicht aus dem Königshaus stammten. Eine beginnende messianische Verehrung könnten volkstümliche Geschichten belegen, die man sich von Herodes erzählte und die alle darauf hinauslaufen, dass die Herrschaft des Herodes eine göttlich legitimierte sei. Ein typisches Beispiel, das an die Bestimmung Davids zum König erinnert, findet sich im 15. Kapitel der Altertümer:

„Ein gewisser Essener namens Menachem, der wegen der Ehrbarkeit seines Wandels in gutem Rufe stand und von Gott mit der Gabe, die Zukunft vorherzusehen, ausgestattet war, sah Herodes eines Tages an und sagte zu ihm, er werde dereinst König der Juden werden. Herodes aber, der Meinung, Menachem kenne ihn entweder nicht oder aber treibe seinen Scherz mit ihm, antwortete, er sei doch nur von gewöhnlicher Herkunft. Menachem lächelte darüber, schlug ihn auf die Schenkel und sagte: Du wirst in der Tat König werden und, weil dich Gott für dessen würdig hält, eine glückliche Regierung führen. Erinnere dich dann der Schläge Menachems und lass sie dir zum Zeichen dafür dienen, dass alles Glück wandelbar ist" (Jos.ant. XV,10,5).

In diesen volkstümlichen Erzählungen erscheint Herodes als ein „Liebling der Götter" (Jos.ant. XIV,15,11), der in besonderer göttlicher Huld steht (Jos.bell. I,17,4), der sich erfüllende Träume hat und der Prodigien (Vorzeichen) erhält und versteht, diese richtig zu deuten (Jos.bell. I,17,4). So gewann das Handeln des Herodes auch in den Augen mancher jüdischer Menschen messianische Dimensionen. Er war es, der das Jüdische Reich wieder im Glanz des davidischen Großreichs erstehen ließ; er war es, der den Tempel in salomonischer Pracht neu erbaute, und von ihm erwarteten nach dem Zeugnis des Epiphanius manche Anhänger der Herodianer, dass er einst als Messias wiederkehren würde.

Herodes I. war nicht nur einer der bedeutendsten Bauherren seiner Zeit, ein großartiger Kämpfer und Stratege, ein diplomatischer Politiker, sondern auch ein Visionär. Er hatte die Vision, Israel aus seinem Partikularismus in die Weite der hellenistisch-römischen Ökumene zu führen. Er war offen für die kulturellen Entwicklungen seiner Zeit und achtete doch in einem erstaunlich hohen Maß die Gesetze und Bräuche seines Volkes. In einem gewissen Sinn trug Herodes die kriegerischen Züge eines David und besaß die „multikulturelle" Offenheit eines Salomo.

Man wird diesem Mann nicht gerecht, wenn man ihn aus dem Blickwinkel fanatischer Pharisäer beurteilt, die seine ärgsten Gegner waren. Wie richtig der von Herodes eingeschlagene Weg gewesen wäre, zeigt die Katastrophe des Jüdischen Krieges nur einige Jahrzehnte nach seinem Tod. Auf der anderen Seite muss man allerdings auch bedenken, dass die nativistischen Bewegungen des Judentums in ihrem Versuch, sich durch Abgrenzung dem großen Assimilationsdruck der römisch-hellenistischen Kultur zu entziehen, die Identität des Judentums auch durch politische Katastrophen hindurch zu wahren vermochten. Herodes hat sich dem starken „Hellenisierungsschub" seiner Zeit geöffnet. Er beförderte, dass griechische Sprache, hellenistische Lebensart und Kultur und in Ansätzen auch eine synkretistische Religiosität das Leben in Judäa teilweise überformten. Ob Herodes zu dieser Hellenisierungspolitik eine realistische Alternative hatte, erscheint uns allerdings fraglich.

Literatur: Abraham Schalit, König Herodes. Der Mann und sein Werk, Berlin 1969.

Pontius Pilatus

„Was ist Wahrheit?" (Joh 18,38): Mit dieser skeptischen Frage beendet der Statthalter Pontius Pilatus einen der vielleicht berühmtesten Dialoge der Weltliteratur. Man sieht förmlich das Achselzucken, mit dem der Skeptiker auf den Wahrheitsanspruch Jesu reagiert. Unbeeindruckt verlässt er das Prätorium, um den Juden mitzuteilen, er fände keine Schuld an diesem Menschen. Pilatus wurde so – wie es Alexander Demandt formuliert – zu einer Ikone der Aufklärung und zu einem skeptischen Intellektuellen (Demandt, 1999, 214–230). Zu einem Kronzeugen gegen religiöse Offenbarungsansprüche wird er auch bei Friedrich Nietzsche, der im ›Antichrist‹ feststellt: „Habe ich noch zu sagen, dass im ganzen Neuen Testament bloß eine einzige Figur vorkommt, die man ehren muss." Er meint Pontius Pilatus. Aber dies ist nur eine Seite seiner facettenreichen Wirkungsgeschichte. Bis heute verehren ihn die koptischen Christen in Ägypten und Äthiopien als Heiligen, als Bekenner des christlichen Glaubens. Dies ist der Höhepunkt einer christlichen Entschuldungsstrategie, die bereits in den Evangelien beginnt und die kein anderes

Ziel hat, als den römischen Statthalter als unschuldiges Werkzeug darzustellen und die gesamte Schuld an der Hinrichtung Jesu den Juden anzulasten. Pilatus wird zum Typus des schuldlosen Täters, der seine Hände in Unschuld wusch, ohne sich der konkreten Verantwortung für seine Handlung zu stellen. In ihrem 1999 in deutscher Übersetzung erschienenen Pilatusroman beschreibt Anne Bernet diese Sichtweise in der folgenden Szene präzise (Bernet, 1999, 220):

„Ein Sklave hielt mir ein Silberbecken hin; ich stand auf und tauchte meine Hände ins Wasser. Ich reinigte mich von dem Verbrechen, das man mir aufgezwungen hatte. Mit schneidender Stimme, der Stimme eines Prokurators, der Stimme Roms, die ich plötzlich wieder gefunden hatte, stieß ich hervor: 'Ich bin unschuldig an seinem Blut!' Nicht ich trug die Verantwortung dafür, weder ich noch Cäsar noch Rom. Es war das Urteil anderer, das ich unter Zwang annahm. Ich setzte nur getreu die Vorschriften und das Gesetz um. Gegen meinen Willen. Und ich wollte, dass alle das wussten."

Doch wenden wir uns der historischen Gestalt des Pontius Pilatus zu, bevor wir am Ende noch einmal auf seine Wirkungsgeschichte in Gestalt der vielen antiken Pilatuslegenden zurückkommen. Pontius Pilatus war der fünfte Präfekt über Judäa, nachdem auf jüdischen Wunsch Augustus im Jahre 6 n. Chr. den Ethnarchen Archelaus vertrieben und aus dem Land eine römische Provinz gemacht hatte. Da der Kaiser Tiberius seine Statthalter recht lange auf ihrem Posten zu belassen pflegte (Tacitus, Annalen IV,6), währte auch die Amtszeit des Pilatus fast elf Jahre von 26/27 bis zu seiner Rückberufung nach Rom im Jahr 36/37 n. Chr., wo er kurz nach dem Tod des Tiberius am 16. 3. 37 eintraf. Pilatus entstammte dem Ritterstand, und wenn wir davon ausgehen, dass er bis zu seiner Ernennung zum Präfekten die übliche Laufbahn hinter sich gebracht hatte, diente er wahrscheinlich in einer der Grenzlegionen an Rhein oder Donau in militärischer Stellung. Dies war eine notwendige Voraussetzung zur Erlangung des Präfektenamtes. Pilatus trugt die Amtsbezeichnung „Praefectus", die dem militärischen Bereich entstammt und darauf hinweist, dass er in seiner Provinz über Hilfstruppen verfügen konnte. Das wichtigste archäologische Zeugnis über ihn – die im Jahr 1961 in Caesarea Maritima entdeckte Pilatus-Inschrift – bezeichnet ihn korrekt als „Praefectus Iudaeae".[8] Neben dieser Inschrift belegen Bronzemünzen als weitere archäologische Zeugnisse die Regentschaft des Pilatus in Judäa. Neben den vier kanonischen Evangelien und einer Reihe weiterer legendarischer christlicher Quellen, auf die wir später eingehen werden, finden

sich auch außerchristliche Berichte über Pilatus. Von großem historischen Wert sind wegen ihrer Detailtreue die Bemerkungen bei
dem jüdischen Religionsphilosophen Philo und bei Flavius Josephus. Daneben existiert noch eine in der Forschung bekannte
Notiz des Tacitus (Annalen XV,44): „Der Stifter jener Sekte Christus war unter der Regierung des Tiberius durch den Procurator
Pontius Pilatus hingerichtet worden." Tacitus erwähnt hier lediglich den Christusprozess, spricht die durch Pontius Pilatus veranlasste Hinrichtung an, geht aber auf die näheren Umstände des
Prozesses nicht ein. An diesem Punkt sind wir ganz auf die Schilderungen der Evangelien in den Passionsgeschichten angewiesen.
Allgemein kann man jedoch sagen, dass die Quellenlage über den
Statthalter recht gut ist.

Pilatus residierte in der Regel in Caesarea, verlegte aber seinen
Amtssitz besonders während der großen jüdischen Feste häufig
nach Jerusalem, wo er im Palast Herodes' des Großen wohnte und
seinen Amtsgeschäften nachging. Dort stellte er auch als Zeichen
seiner Souveränität den Richtstuhl auf (vgl. Joh 19,13). In die
zehnjährige Regentschaft des Statthalters fielen sowohl das Auftreten Johannes' des Täufers als auch die Wirksamkeit Jesu bis hin
zu seiner Verurteilung und Hinrichtung. Pilatus verwaltete seine
Provinz häufig willkürlich und reagierte immer dort mit Grausamkeit, wo er durch Aufruhr die römische Herrschaft gefährdet sah.
Bereits am ersten Passafest unter seiner Verwaltung kam es
zu einem heftigen Konflikt mit Jerusalemer Juden, über den im
Rückblick der Philosoph Philo von Alexandrien berichtet. Er zitiert einen Brief, den Herodes Agrippa I. an den Kaiser Caligula
schrieb, um diesen an die religiöse Toleranz seines Vorgängers Tiberius gegenüber den Juden zu erinnern. Beide, sowohl Philo von
Alexandrien als auch Flavius Josephus erwähnen Pontius Pilatus
mehrmals ausführlich auf Grund von Konflikten zwischen Juden
und der römischen Besatzungsmacht. In einem breiten geschichts-
theologischen Rahmen thematisiert Philo in seiner Spätschrift
›Die Gesandtschaft an Caligula‹ (De legatione ad Gaium) die Auseinandersetzung zwischen Judentum und römischer Herrschaft.
Anlass dieser Schrift war, dass Philo die Leitung einer fünfköpfi-
gen Gesandtschaft von Juden aus Alexandria übernommen hatte,
die jüdische Angelegenheiten vor dem Kaiser Gaius Caligula in
Rom gegen eine alexandrinische Gesandtschaft vertreten sollte
(Näheres hierzu unter Philo v. Alexandrien). Wichtig für die uns
hier interessierende Person des Pontius Pilatus ist der bereits er-

wähnte Brief des jüdischen Königs Herodes Agrippa I. an Caligula, den Philo wiedergibt und in dem der König auch im Rückblick auf den römischen Statthalter zu sprechen kommt. Die betreffenden Passagen entwerfen ein wenig schmeichelhaftes Charakterbild des Römers und seien an dieser Stelle im Wortlaut zitiert:

„Pilatus, einer seiner (sc. des Kaisers Tiberius) Regierungsbeamten, war damals als Procurator von Judäa ernannt. Dieser ließ, weniger um Tiberius zu ehren, als um die Volksmenge zu kränken, in der Herodesburg der heiligen Stadt vergoldete Schilde anbringen. Sie trugen keine figürliche Darstellung oder sonst etwas Verbotenes, nur eine kurze Inschrift, die zweierlei nannte, den Namen des Weihenden und wem sie geweiht waren. Als aber die Menge das bemerkt, …, wählte sie zu ihren Sprechern die vier Söhne des Königs, die in Rang und Namen Königen gleichstanden … Durch diese ersuchten sie Pilatus, die verletzende Errichtung der Schilde rückgängig zu machen und die Vätertradition nicht anzutasten, die seit Urzeiten geachtet und von Königen und Kaisern unverletzt geblieben war. Pilatus lehnte es schroff ab. Er war nämlich von Natur aus unbeugsam, eigenwillig und unnachgiebig. Darauf schrieen sie: 'Errege keinen Aufstand! Entfessele keinen Krieg! Brich nicht den Frieden! Entehrung alter Gesetze bedeutet keine Ehrung für den Kaiser. Tiberius sei dir nicht Vorwand für eine Kränkung des Volkes! Der will nicht, dass ein Stück von unserer Tradition beseitigt wird. Behauptest du es aber, weise selbst einen Befehl, einen Brief oder etwas Ähnliches vor, damit wir dir nicht länger lästig sind, Gesandte wählen und unsere Bitten vor den Herrscher tragen.' Dieser letzte Vorschlag brachte ihn besonders in Erregung, denn er fürchtete, man werde wirklich eine Gesandtschaft schicken und sich über seine sonstige Amtsführung beschweren. Dabei könnte man seine Bestechlichkeit, seine Gewalttätigkeit, seine Räubereien, Misshandlungen, Beleidigungen, fortgesetzten Hinrichtungen ohne Gerichtsverfahren sowie seine unaufhörliche und unerträgliche Grausamkeit vortragen. Als boshafter und unversöhnlicher Mensch geriet er in Verlegenheit. Denn er wagte nicht, die einmal angebrachten Schilde zu beseitigen, und wollte seinen Untertanen nichts zu Gefallen tun. Auf der anderen Seite kannte er die Unbeirrbarkeit des Tiberius in solchen Dingen sehr genau. Die Bevollmächtigten sahen das und bemerkten, dass ihm sein Vorgehen leid tat, er es aber nicht zugeben wollte. Sie richteten daher an Tiberius ein dringendes Bittgesuch. Was der aber sagte, welche Drohungen er gegen Pilatus ausstieß, als er das Schreiben las, wie sehr er in Zorn geriet, obwohl er nicht zum Zorn neigte, ist müßig auszuführen, da sein Vorgehen für sich selbst spricht. Denn unverzüglich und ohne bis zum nächsten Tag zu warten, verfasst er seine Antwort. Darin tadelt er Pilatus aufs Schärfste wegen seiner ungewöhnlichen Unüberlegtheit und befiehlt, sofort die Schilde zu entfernen sowie sie aus der Hauptstadt nach Caesarea ans Meer zu schaffen, …, um sie dort im Augustustempel aufzuhängen. Das geschah dann auch. So wurde beides gewahrt, die Ehre für den Kaiser und die herkömmliche Politik gegenüber der heiligen Stadt" (Philo, LegGai. 299–305).

Die hier geschilderte Begebenheit ähnelt auffallend einem Vorfall, den Josephus sowohl im ›Jüdischen Krieg‹ (bell. II,9,2f.) als auch in den ›Altertümern‹ (ant. XVIII,3,1) überliefert. Ich zitiere aus dem ›Jüdischen Krieg‹:

„Als Pilatus von Tiberius nach Judäa gesandt worden war, ließ er die Kaiserbilder, die 'Feldzeichen' genannt werden, nachts verhüllt nach Jerusalem hineinbringen. Am kommenden Tag rief dies bei den Juden eine sehr große Unruhe hervor; die nämlich in die Nähe der Zeichen kamen, wurden nämlich durch den Anblick zutiefst bestürzt, waren sie doch überzeugt, ihre Gesetze würden mit Füßen getreten, denn diese verbieten es, dass in der Stadt ein Bildnis aufgestellt wird. Auf die Erbitterung der Stadtbevölkerung strömte auch noch das Landvolk in großen Scharen zusammen. Man machte sich nun zu Pilatus nach Caesarea auf und bat ihn inständig, die Zeichen aus Jerusalem zu entfernen und ihre väterlichen Gesetze unangetastet zu lassen. Pilatus weigerte sich; darauf warfen sie sich rings um seinen Palast auf ihr Angesicht und verharrten fünf Tage und ebenso viele Nächte in dieser Haltung, ohne von der Stelle zu weichen. Tags darauf setzte sich Pilatus in der großen Rennbahn auf seinen Richtstuhl und ließ das Volk herbeirufen, als wolle er ihm dort Antwort geben; er gab aber den Soldaten verabredungsgemäß ein Zeichen, die Juden mit der Waffe in der Hand zu umzingeln. Der unerwartete Anblick der dreifachen Schlachtreihe, die sie umstellte, machte die Juden starr vor Entsetzen; Pilatus aber drohte, sie zusammenhauen zu lassen, wenn sie die Kaiserbilder nicht dulden wollten und gab den Soldaten schon einen Wink, die Schwerter blank zu ziehen. Die Juden aber warfen sich wie auf Verabredung hin dicht gedrängt auf den Boden, boten ihren Nacken dar und schrieen, sie seien eher bereit zu sterben, als dass sie die väterlichen Gesetze überträten. Zutiefst erstaunt über die Glut ihrer Frömmigkeit gab Pilatus den Befehl, die Feldzeichen sofort aus Jerusalem zu entfernen."

Beide Ereignisse werfen ein Licht auf die Überheblichkeit und Arroganz des Statthalters, auf seine Unfähigkeit, sich den lokalen jüdischen Befindlichkeiten und Traditionen anzupassen. Trotzdem fällt jedoch auf, dass er in beiden Fällen nachgibt, obwohl ein wirklicher Verstoß gegen das jüdische Bilderverbot kaum vorlag. Offensichtlich fürchtete Pilatus in kaiserliche Ungnade zu fallen. Seit Augustus stützte sich die Religionspolitik der Cäsaren auf das Toleranzprinzip gegenüber den zahlreichen Kulten des Reiches. Dies galt besonders auch gegenüber dem Judentum. Spätere Legenden malten diesen Vorfall drastisch aus. Der Ende des 4. Jh. lebende Kirchenvater Ephraem der Syrer behauptete, Pilatus habe den Tempel dadurch geschändet, dass er in den Tempel einen Schweinekopf habe bringen lassen (EphrSyr.ComDiat. XX,16).

Gewaltsam wurde der folgende Konflikt niedergeschlagen, der ebenfalls zeigt, wie wenig sich Pilatus mit den lokalen Instanzen auch über nützliche Dinge zu verständigen wusste. Der Statthalter ließ, um die Wasserversorgung Jerusalems zu verbessern, von einer außerhalb liegenden Quelle eine Wasserleitung in die Stadt bauen (Jos.bell. II,9,4; ant. XVIII,3,2). Zur Finanzierung dieses Bauvorhabens verwendete er Mittel aus dem Korban genannten Tempelschatz und erregte damit die Empörung seiner judäischen Untertanen ob dieses Sakrilegs aufs Höchste. Gleichzeitig zeigt aber die Vorgehensweise des Statthalters auch sein Bemühen, den Konflikt nicht auf die Spitze zu treiben. Josephus berichtet, dass er unter die tumultartig zusammenströmende Menge Soldaten in Zivil einschleuste, die nicht mit Schwertern, sondern mit Knüppeln bewaffnet waren. Die Soldaten droschen kräftig auf die Protestierenden ein und konnten sie auf diese Weise zerstreuen.

Nach seinem grausamen Vorgehen gegen die Samaritaner am Berg Garizim wurde er 37 n. Chr. abgesetzt, wenige Monate später endete auch die Amtszeit des Kaiphas. Auf Grund dieses zeitlichen Zusammentreffens haben einige Forscher angenommen, dass Pilatus und Kaiphas ein gutes Verhältnis zueinander gehabt hätten. Wahrscheinlich beruhte ihr Verhältnis jedoch lediglich auf einer partiellen Interessenidentität, weniger auf persönlicher Sympathie. Pilatus war mit dem Judenhasser Seinanus befreundet und teilte dessen Vorurteile.

Über das Ende des Pilatus wissen wir nichts. Die christliche Legende stilisierte ihn später erst zum reuigen Sünder und dann sogar zum Heiligen um. Die Mitwirkung am Prozess Jesu macht Pontius Pilatus zu einer bedeutenden historischen Gestalt. Was wissen wir über die näheren Umstände?

Das von Pilatus vorgenommene Verhör hat die Charakteristika des hellenistisch-römischen Verhandlungsverfahrens. Jesus hat die Möglichkeit, sich zu verteidigen. Die Ankläger sind anwesend. Die vier Grundsätze des römischen Strafgerichtsverfahrens scheinen gewahrt zu sein: 1. Die Verhandlung ist öffentlich. 2. Die Anklage erfolgt von privater Seite. 3. Es besteht das Recht auf Verteidigung. 4. Der Urteilsspruch erfolgt durch ein Consilium. Joachim Gnilka beschreibt das Verfahren weiterführend so:

„Es kommt hinzu, dass im Fall eines Geständnisses sich ein Urteilsspruch erübrigt nach dem Rechtssatz: confessus est pro iudicato. Im Statthaltergericht zur Zeit des Augustus tritt das Verhör des Angeklagten durch den Statthalter, der als Einzelrichter fungiert, in den Mittelpunkt. So entspricht es auch seiner Stellung als oberster Gerichtsherr. Er kann sich zwar des Rates von Gerichtsassistenten bedienen, ist aber von deren Meinung unabhängig (vgl. Apg 25,12). Ankläger sind zugelassen. Für andere Provinzen ist belegt, dass der Statthalter neben sich ein Geschworenengericht einsetzte. Die Wahl seiner Mitglieder ist aber völlig ihm überlassen. Die Schuldfeststellung resultiert letztlich aus der Überzeugung, die der Richter, einerlei, ob er allein oder im Verband mit anderen fungiert, hinsichtlich des deliktischen Tatbestandes gewinnt" (Gnilka, 1997, 435).

Pilatus tritt als Einzelrichter auf, ob er sich Gerichtsassistenten bediente, ist nicht mehr auszumachen. Gleiches gilt für den Schuldspruch. Wir wissen nicht, ob er auf Grund eines Consiliums oder durch eine Einzelentscheidung des Pilatus zu Stande kam. Beides ist möglich. Im Mittelpunkt des Geschehens steht das Verhör durch den Statthalter. Obwohl die Ankläger Jesus vielerlei Dinge bezichtigen, interessiert Pilatus offensichtlich nur die Frage nach dem Königtum Jesu: „Bist du der König der Juden?" (Mk 15,2). Jesus bejaht die Frage: „Du sagst es." Gegenüber dem Verhör vor dem Synedrium hat sich also der Anklagepunkt verschoben: Pilatus interessiert einzig und allein die politische Frage, ob Jesus ein neuer König der Juden ist und damit die römische Herrschaft in Frage stellt.

Die Pilatusfrage nach dem Königtum Jesu ist als Frage nach den politisch-messianischen Ansprüchen zu verstehen. Die Formulierung „König der Juden" ist römisch, nicht jüdisch formuliert. Dies unterstreicht der biblische Befund: Jedes Mal, wenn Jesus als „König der Juden" bezeichnet wird, wird ihm dieser Titel von einem Nichtjuden zugelegt. Juden nennen ihn in der Regel „König Israels". Es handelt sich also bei dem Titel „König der Juden" um eine Fremdbezeichnung, die im jüdischen Bereich nicht üblich gewesen ist. Überdies wird der Titel bei Markus nur dort verwendet, wo Jesus und die römische Obrigkeit aufeinander treffen. „König der Juden" ist das Leitmotiv in dem von Pilatus durchgeführten Verhör und in der Kreuzigungsszene. Religiöse Gründe spielten für die römische Obrigkeit keine Rolle. Damit ist der Schuldtitel, mit dem das Verfahren bei Pilatus endet, ein grundsätzlich anderer als der Vorwurf der Gotteslästerung in dem Verhör vor den religiösen Instanzen. Dieser Sachverhalt entkräftet jede Argumentation, die Pilatus lediglich eine Bestätigung eines vorhergehenden jüdischen Urteils unterstellt. Es ging in dem römischen Prozess um eine andere Schuldfrage, die in einem Gerichtsverfahren geklärt werden musste. Diese Sicht der Dinge wird durch die Ausführungen Leopold Wengers gestützt, der in seinem Standardwerk ›Die Quellen des römischen

Rechts‹ folgendermaßen zu dem von Pilatus durchgeführten Verfahren Stellung nimmt:

„Dass das Verfahren vor Pilatus formell nicht bloß Bestätigung des Urteils der Juden war, sondern mit einem von ihm gesprochenen Todesurteil endete, ist auch bestritten worden, aber nach einem römischen Strafverfahren bei allen Konzessionen, die man der schwankend-schwächlichen Haltung des Pilatus machen muss, doch nicht zu bezweifeln. Wohl sei die Ausdrucksweise der Evangelisten unexakt …, so kann darin (sc. doch) nur ein Urteilsspruch gesehen werden … Pilatus gibt sein Urteil vom Tribunal aus ab, was die typische Formalität für den Urteilsspruch in allen nicht bloß Bagatellsachen ist … Auch die Angabe des Tatbestandes auf dem Kreuzestitel in drei Sprachen kann nur auf ein Urteil des Pilatus zurückgehen, zumal die Aufschrift den Juden ja gar nicht passte, eine Änderung aber von Pilatus kurzweg abgelehnt wurde … Das Urteil des Pilatus hatte einen anderen Tatbestand und eine andere Begründung als das der Juden; formell erscheinen diese … als Ankläger, da sie ihre Klage jetzt auf Majestätsverbrechen stützen müssen, und insofern ist das Synedrionsverfahren für den Pilatusprozess juristisch irrelevant gewesen" (Wenger, 1953, 572).

Nach der Niedermetzelung der Samaritaner am Berg Garizim verklagte der samaritanische Senat Pilatus mit Erfolg vor dem syrischen Statthalter Vitellus. Pilatus wurde abgesetzt und 36 n. Chr. nach Rom zurückgeschickt, um sich vor dem Kaiser für die von ihm begangenen Grausamkeiten zu verantworten. Doch Pilatus hatte Glück. Noch vor seiner Ankunft in Rom starb Tiberius und sein Nachfolger Caligula hatte offensichtlich kein Interesse mehr an seiner Verurteilung. Über seinen Tod berichtet Euseb (h.e. II,7), Pilatus habe sich unter Gaius das Leben genommen, andere Berichte behaupten, er sei erst unter Nero enthauptet worden. In noch späterer Zeit ranken sich weitere Legenden um sein Lebensende. Danach habe sich Pilatus, von Caligula bedroht, umgebracht. Seine Leiche sei in den Tiber geworfen worden, worauf dieser über die Ufer getreten sei und eine fürchterliche Überschwemmung bewirkt habe. Als man bemerkte, welch Unheil die Leiche stiftete, habe man sie an die Rhone verbracht und sie auch dort in den Fluss geworfen, worauf ein Sturm losgebrochen sei. Nun habe man sich nur noch so zu helfen gewusst, dass man die Leiche in den schweizerischen Alpen in einen See auf dem heutigen Pilatusberg geworfen habe. Immer, wenn man etwas in den See werfe, breche ein Ungewitter los, und am Karfreitag hole der Teufel den armen Pilatus aus seinem nassen Grab, setze ihn auf einen Thron, damit er sich die Hände wasche. So wanderte die Pilatussage von Rom in die Schweiz. Nach einer spanischen Legende sei Judas Ischariot der Knecht des Pilatus gewesen. Doch bereits der Kirchenvater Tertullian sah den Statthalter positiver; er habe ein christliches Bewusstsein gehabt. Die bereits in den Evangelien zu findende Tendenz, die Schuld des Pilatus am Tod Jesu möglichst gering zu halten, gipfelt in seiner Verehrung als Heiliger in einigen orientalischen Kirchen. Im Heiligenkalender der äthiopischen Kirche wird er jeweils am 25. Juni verehrt und die koptischen Christen lassen ihn als Märtyrer Christi sterben.

Alexander Demandt kommt über Pilatus zu dem folgenden abschließenden Urteil:

„Das Bild des Pilatus ist bei Philo und Josephus zu judenfeindlich, bei den Evangelisten zu christusfreundlich. Die Quellen zu Pilatus sind tendenziös, seine Haltung ist es nicht. Um eine persönliche Voreingenommenheit bei ihm zu entdecken, muss man sich zu einer der beiden Überlieferungen bekennen, dies aber wird der Historiker vermeiden, der wie Zeus bei Lukian (De historia 41; 49) über den Parteien stehen sollte, keinem Staat, keinem Herrscher, keinem Gesetz verpflichtet, außer dem Gebot zur Wahrheit" (Demandt, 1999, 211).

Literatur: A. Demandt, Hände in Unschuld. Pontius Pilatus in der Geschichte, Köln/Weimar/Wien 1999.

Die geistige Welt des Judentums

„Trotz seiner inneren Vielfalt hatte das Judentum zur Zeit Jesu einige gemeinsame Grundüberzeugungen und Ausdrucksformen: den Monotheismus und den Bund Gottes mit Israel; Tempel und Synagogen, Opfer- und Wortgottesdienst sowie heilige Schriften und (mündliche und schriftliche) Traditionen" (Theißen/Merz, 2000, 126). Zwei durchaus unterschiedliche jüdische Gelehrte haben zur Zeit Jesu versucht, das Judentum in seinem Grundanliegen der hellenistischen Welt zu vermitteln. Beide bestimmte also eine apologetische Tendenz: Sie wollten Vorurteile und Missverständnisse ausräumen. Flavius Josephus unternahm dies als Historiker auf dem Hintergrund der selbst erlebten Katastrophe des Judentums im Jüdischen Krieg. Seine Schriften sind für die Kenntnis der historischen, geografischen, sozialen und religiösen Verhältnisse in Palästina zur Zeit Jesu die Hauptquelle. Philo von Alexandrien (10 v. Chr.– 50 n. Chr.) ging den Weg philosophischer Vermittlung. Sein Versuch, die Grundaussagen der jüdischen Religion organisch mit den Gedanken der hellenistischen Philosophie seiner Zeit zu verbinden, gewann für das Verständnis des sich der griechisch-römischen Welt öffnenden Christentums große Bedeutung. Bedeutende Theologen wie Clemens von Alexandrien, Origenes und Augustin nahmen sein philosophisches Verständnis der biblischen Offenbarung auf und führten es weiter. Philo war Mitglied einer angesehenen jüdisch-alexandrinischen Familie. Sein Bruder und sein Neffe standen als Ritter in römischen Diensten und versahen sowohl in Ägypten als auch in Palästina hohe Verwaltungsämter. Über sein Leben wissen wir ansonsten kaum etwas. Er lebte wohl zurückgezogen in seiner Stadt mit philosophischen Studien beschäftigt. Wie hoch sein Ansehen innerhalb der jüdischen Bevölkerung gewesen sein muss, zeigt, dass man ihn 40 n. Chr. mit einer wichtigen Mission betraute. Er selbst berichtet hierüber in zwei Schriften (›In Flaccum‹ und ›De legatione ad Gaium‹). Es ging hierbei um eine grausame Judenverfolgung, die Flaccus als Statthalter der Provinz Ägypten in Alexandrien initiierte. Er hatte unter der Regentschaft des Tiberius die Verwaltung gut geführt, wollte sich nun aber offensichtlich bei Caligula, als dieser Tiberius nachfolgte, durch harte Verfolgungen der

Judenschaft beliebt machen. Anlass der Verfolgung war die Weigerung, in den Synagogen Kaiserbilder aufzustellen. Die Mission Philos blicb erfolglos; die Verfolgungen dauerten in unterschiedlicher Intensität noch Jahre an. Im frühen Christentum wirkte besonders die Lehre Philos vom Logos als eines göttlichen Mittlerwesens und die vom ihm angewandte allegorische Methode der Schriftauslegung, die auch von zahlreichen Kirchenvätern praktiziert wurde.

Flavius Josephus

Die Werke des jüdischen Geschichtsschreibers Flavius Josephus sind nicht nur eine Hauptquelle für den historischen Hintergrund des Neuen Testaments, sondern auch unersetzlich, wenn man nach dem religiösen und sozialgeschichtlichen Umfeld Palästinas zur Zeit Jesu fragt. Seine Schriften haben in einer dreifachen Weise apologetische Tendenz (vgl. hierzu grundlegend: Krieger, 1994): a) Sie verteidigen das jüdische Volk, betonen seine Friedfertigkeit, erzählen von seiner ehrwürdigen Geschichte und stellen die Juden in ihrer Gesamtheit als ein durchaus romfreundliches Volk dar. b) Die Werke des Josephus verteidigen aber auch die Römer, besonders das flavianische Kaiserhaus. Den Lesern wird suggeriert, dass die Römer den Juden grundsätzlich freundlich gesinnt waren „und den Krieg nur gezwungenermaßen mit solcher Härte geführt haben. Jerusalem und der Tempel wurden gegen den Willen des Titus zerstört, weil die Aufständischen sich so unnachgiebig und uneinsichtig zeigten und weil sie gegen die Tora frevelten, sodass Gott den Untergang der heiligen Stadt und des Heiligtums als Strafe und Züchtigung verhängte" (Krieger, 1994, 328). c) Drittens versucht Josephus auch seine persönliche Integrität zu verteidigen, indem er sich gegen den Vorwurf wehrt, sein Volk verraten zu haben, ein Überläufer und Kollaborateur der Römer in einer entscheidenden Phase des Krieges geworden zu sein. In sieben Büchern berichtet Josephus im ›Jüdischen Krieg‹ (De bello Judaico) über die Vorgeschichte und den Verlauf des jüdischen Aufstandes gegen die Römer bis zur Eroberung der Festung Masada durch Flavius Silva 73 n. Chr. Josephus schreibt als am Geschehen Beteiligter nicht nur als Augenzeuge vieler geschilderter Ereignisse, sondern er verwendet auch weitere Augenzeugenberichte und kann sich auf die ›Commentarii‹ des Vespasian und des Titus streckenweise stützen. In den 20 Bänden der ›Jüdischen Altertümer‹ (Antiquitates Iudaicae) stellt Josephus

die Geschichte des jüdischen Volkes über einen Zeitraum von 5000
Jahren von der Weltschöpfung bis 66 n. Chr. dar. Er bedient sich
dabei einer „Archälogia" genannten antiken Gattung, „die darzustellen hat, wer eine Gruppe von Anfang an war, in welchen
Staatsformen sie sich im Lauf der Zeit organisierte, auf welche Ge-
setzgeber ihre Gesetze und Sitten zurückgehen" (Mayer, 1988, 261).
Wahrscheinlich schrieb er die ›Altertümer‹ in erster Linie für Heiden. Diesem Publikum schildert er die Juden als ein romtreues Volk,
das von Beginn nichts anderes wünschte als nach den Gesetzen
ihrer Väter zu leben. „Dieser Wunsch entspricht genau den Rechten, die die (sc. römischen) Dokumente den Juden als Privileg zu-
sichern … Josephus will den Nichtjuden nachweisen, dass die Juden
nichts anderes tun und nicht mehr verlangen, als was ihnen von den
Kaisern garantiert worden ist" (Krieger, 1994, 329). Damit liefert Josephus auch seinen jüdischen Glaubensgenossen Argumente für die
Verteidigung ihrer Rechte auf ungehinderte Religionsausübung.
Neben diesen beiden Hauptwerken sind noch zwei kleinere Schriften von Bedeutung: eine „Selbstbiographie" und eine Verteidi-
gungsschrift ›Gegen Apion‹ (Contra Apionem). In der ›Vita‹ geht
Josephus in erster Linie auf seine Tätigkeit als Gouverneur und Mi-
litärbefehlshaber im Auftrag des Jerusalemer Synedriums ein (ab
66 n. Chr.). Die Tendenz dieser kleinen Autobiographie ist eindeutig:
Josephus versucht seine mäßigende und abwägende Rolle in dem
ausbrechenden Konflikt mit Rom herauszustreichen. Daneben ist
die ganze Schrift eine Art Gegendarstellung gegen das Geschichtswerk des Justus von Tiberias, in dem Josephus' Rolle in den kriegerischen Auseinandersetzungen in einem äußerst kritischen Licht beschrieben wird. In seiner letzten Schrift ›Gegen Apion‹ verteidigt
Josephus besonders gegen den ägyptischen Grammatiker Apion die
jüdische Religion in einem umfassenden Sinne. Er will „in *Contra
Apionem* griechischsprachigen, heidnischen Kritikern des Judentums den allen Vergleichen standhaltenden Rang der jüdischen Religion, vor allem den Beweis ihres hohen Alters vor Augen führen,
denn der Altersbeweis galt in der Antike diesbezüglich als bedeu-
tendstes Argument" (Schreckenberg, 1998, 778). Josephus hat besonders die in seinen Augen verzerrende heidnische antijüdische
Polemik im Blick, der gegenüber er die jüdische Religion als eine
bei den Griechen hoch angesehene Religion und Philosophie darstellen möchte. Von den auch in christlichen Kreisen hoch geschätz-
ten Schriften entstanden lateinische, slawische, syrische und armeni-
sche Übersetzungen, die teilweise erhalten und ediert sind.

Leben und Bedeutung

Ereignisreich, spannend, ein wenig schillernd und im Ganzen gesehen glücklich verlief das Leben des Josephus. Er wurde im ersten Regierungsjahr des Kaisers Gaius (37/38 n. Chr.) geboren und stammt aus einer angesehenen und wohlhabenden Jerusalemer Familie. Im ersten Kapitel seiner Autobiographie blickt er nicht ohne Stolz auf seine Abstammung zurück. Er gehört der führenden ersten Priesterklasse an und führt seine Herkunft mütterlicherseits auf das hasmonäische Königsgeschlecht zurück. Viel liegt ihm auch daran, seine Leser über seine Erziehung zu unterrichten. Josephus kann im ersten Buch der ›Vita‹ nur das Beste in dieser Hinsicht über sich berichten:

„Mit meinem leiblichen Bruder Matthias gemeinsam erzogen, eignete ich mir einen hohen Grad von Bildung an, und man glaubte von mir, dass ich die anderen an Gedächtnis und Verstand überträfe. So kam es, dass ich schon als Knabe von etwa vierzehn Jahren meiner Wissbegierde wegen von jedermann gelobt wurde, und dass selbst die Hohepriester und Vornehmen der Stadt mich besuchten, um eine besonders gründliche Auslegung des Gesetzes von mir zu erfahren" (vit. 8 + 9).

Manches von dem Berichteten sollte man vielleicht nicht allzu wörtlich nehmen, denn Josephus schreibt seinen Lebensbericht mit dem klaren Ziel, seine Leser von seiner Integrität zu überzeugen. Für eine solche Überzeugungsstrategie ist in der griechisch-römischen Rhetorik die Schilderung des eigenen Charakters vonnöten, insbesondere die Betonung der noblen Abstammung, der glänzenden Erziehung und der ruhmvollen Taten im weiteren Leben (vgl. hierzu Mason, 1997, 31–77). Im Alter von sechzehn Jahren fasste Josephus den Entschluss, die Pharisäer, Sadduzäer und Essener aus persönlicher Anschauung kennen zu lernen und zu prüfen. Auch einem asketisch lebenden Propheten namens Banus, der in seinem Habitus an Johannes den Täufer erinnert, schloss sich Josephus für drei Jahre an:

„Unter harten Abtötungen und zahlreichen Mühseligkeiten durchlief ich die drei Sekten, und als ich dann meinen Wissensdrang noch immer nicht für befriedigt hielt, wurde ich der eifrige Schüler eines gewissen Banus, der, wie ich vernahm, in der Wüste lebte, Kleider von Baumrinde trug, wild wachsende Kräuter aß und zur Reinigung sich öfters am Tage wie in der Nacht mit kaltem Wasser wusch" (vit. 10 + 11).

Wahrscheinlich greift Josephus auf diese Jugenderfahrungen zurück, wenn er später rückblickend in seinen Büchern die religiöse

Landschaft Palästinas beschreibt. In den ›Altertümern‹ und im ›Jüdischen Krieg‹ kommt Josephus auf die religiösen Strömungen des
Judentums seiner Zeit zu sprechen, die er als „philosophische Sekten" oder auch als „(Philosophen-)Schulen" ganz im Blick auf seine
griechisch-römischen Adressaten bezeichnet (Jos.ant. XIII,171–
173.297f.; XVIII,11–25; bell. II,118–166). Man erkennt in diesen
Ausführungen über die jüdischen Religionsparteien in Josephus
einen durchaus auf Vermittlung zwischen jüdischer und griechisch-
römischer Kultur bedachten Schriftsteller. So versucht er seinen
heidnischen Lesern die Essener in Analogie zu den Pythagoräern
(Jos.ant. XV,371) und die Pharisäer in Analogie zu den Stoikern
(Jos.vit. 12) näher zu bringen. Offensichtlich erregten die unter der
Leitung des Herrenbruders Jakobus in Jerusalem lebenden Judenchristen nicht das religiöse Interesse des Josephus. Man kann über
die Gründe spekulieren. Josephus selbst berichtet von der rechts-
widrigen Steinigung des Herrenbruders Jakobus durch einen Beschluss des Synedriums unter dem Hohenpriester Ananus im Jahr
62 n. Chr.; also genau zu der Zeit, da er begann, sich über die Religionsparteien aus eigener Erfahrung kundig zu machen. In dieser
kurzen Notiz scheint sich Josephus kaum für Jesus selbst zu interessieren, auch zeigt sich in dieser neutral bis freundlich gehaltenen
Bemerkung kein religiöses Interesse an den Christen oder ein ver-
tieftes Wissen über sie:

„Zur Befriedigung dieser seiner Hartherzigkeit glaubte Ananus auch jetzt,
da Festus gestorben, Albinus aber noch nicht angekommen war, eine günstige Gelegenheit gefunden zu haben. Er versammelte daher den Hohen Rat
zum Gericht und stellte vor dasselbe den Bruder des Jesus, der Christus genannt wird, mit Namen Jakobus, sowie noch einige andere, die er der Gesetzesübertretung anklagte und zur Steinigung führen ließ. Das aber erbitterte
auch die eifrigsten Beobachter des Gesetzes … Einige von ihnen gingen
sogar dem Albinus, der von Alexandria kam, entgegen und stellten ihm vor,
dass Ananus ohne seine Genehmigung den Hohen Rat gar nicht zum Gericht habe berufen dürfen" (Jos.ant. XX,200).

Josephus wird die Steinigung des Jakobus als Erlebnis seiner Ju-
gendzeit im Gedächtnis behalten haben. Rückblickend diente die
Hinrichtung als ein Hinweis auf das rechtswidrige und antirömische
Verhalten sadduzäischer Kreise in Jerusalem.
    Vielleicht erschien es ihm nicht opportun, sich dieser umstrittenen
Gruppierung zeitweilig anzuschließen. Wahrscheinlicher ist es jedoch, dass die christliche Gemeinde in Jerusalem nach der Hinrichtung ihres maßgeblichen Leiters so marginalisiert war, dass sie auch

dem jungen Josephus nicht weiter auffiel. Die Christen finden also bei Josephus kaum Erwähnung; allerdings findet sich im 18. Kapitel der ›Altertümer‹ ein Bericht über Jesus und die Christen, der wegen seiner umstrittenen Echtheit bis heute in der Forschung heftig diskutiert wird. Dieser in allen überlieferten Josephushandschriften mit geringen Abweichungen tradierte Text wird das „Testimonium Flavianum" genannt:

„Um diese Zeit lebte Jesus, ein weiser Mensch, wenn man ihn überhaupt einen Menschen nennen darf. Er war nämlich der Vollbringer ganz unglaublicher Taten und der Lehrer aller Menschen, die mit Freuden die Wahrheit aufnahmen. So zog er viele Juden und auch viele Heiden an sich. Er war Christus. Und obgleich ihn Pilatus auf Betreiben der Vornehmsten unseres Volkes zum Kreuzestod verurteilte, wurden doch seine früheren Anhänger ihm nicht untreu. Denn er erschien ihnen am dritten Tag wieder lebend, wie gottgesandte Propheten dies und tausend andere wunderbare Dinge von ihm vorherverkündigt hatten. Und noch bis auf den heutigen Tag besteht das Volk der Christen, die sich nach ihm nennen, fort" (Jos.ant. XVIII,63f. Übersetzung nach G. Theißen/A. Merz, 1996, 75).

Ist es denkbar, dass Josephus diesen Text verfasste? Nicht nur in seiner Apologie, sondern auch in den anderen Büchern wirbt Josephus für das Judentum und verteidigt es gegen Vorurteile der heidnischen Umwelt. Der Text enthält zumindest drei eindeutig christliche Positionen, die so ein bekennender Jude nicht unkommentiert wiedergegeben hätte: Nur ein von der Göttlichkeit Jesu überzeugter Mensch stellt einleitend die zweifelnde Frage, ob man Jesus überhaupt einen Menschen nennen dürfe. Auch hätte Josephus nie festgestellt, dass Jesus der Messias war und auch die Auferstehung am dritten Tag wurde bereits von Juden zur Zeit Jesu heftig bezweifelt und als ein Betrug der Jünger ausgegeben. Auch betrachtet Josephus in seiner römischen Zeit die Christen offensichtlich nicht mehr als eine jüdische Sekte unter anderen, sondern sieht in ihnen ein eigenes Volk bzw. eine eigene Sippe. Wenn man also davon ausgehen muss, dass Josephus den Text in dieser Fassung nicht selbst geschrieben hat, kann man sein Vorkommen in den ›Altertümern‹ auf zweifache Weise erklären: Entweder man geht von einer christlichen Interpolation in den ursprünglichen Text aus oder aber man rechnet mit einer christlichen Überarbeitung des ursprünglichen Textes. Geht man von Letzterem aus, kann man die Urform entweder als „jesusfeindlich" oder aber als neutral gegenüber den christlichen Positionen rekonstruieren.[9] Wahrscheinlich wusste Josephus schon in seiner Jerusalemer Zeit von der Hinrichtung Jesu unter Pontius

Pilatus und erwähnte sie deshalb auch, als er auf die Amtszeit des Statthalters in Palästina in den ›Altertümern‹ zu sprechen kam. Einiges über die Lebensform und die Lehren der frühen Christen wird ihm wohl zusätzlich in Rom zu Ohren gekommen sein, sodass das ›Testimonium Flavianum‹ ursprünglich wohl eine neutrale kürzere Notiz über Jesus und die frühen Christen gewesen sein mag.

Während Josephus die Christen nicht als eine jüdische Sekte abhandelt, kommt er neben den Pharisäern, den Sadduzäern und den Essenern noch auf eine vierte Richtung zu sprechen: die zelotische Widerstandsbewegung, die er auf Judas Galilaios (um 6 n. Chr.) als deren Gründer zurückführt (bell. II,117 f.; ant. XVIII,4 ff.23–25). Josephus betont deren Freiheitswillen und die theokratischen Züge in ihrer Lehre, d. h. den Willen, nur Gott als Herrn und König anzuerkennen. In den Zeloten sieht Josephus die Verantwortlichen für den Ausbruch des Aufstandes gegen die Römer (66 n. Chr.): „Diese Tollkühnheit war es, die das Volk in Aufruhr brachte, als der Landpfleger Gessius Florus durch den Missbrauch seiner Amtsgewalt dasselbe so zur Verzweiflung trieb, dass es von den Römern abfiel" (Jos. ant. XVIII,1,6). Wir haben es hier mit einer apologetischen rückblickenden Sicht der Ereignisse zu tun, in die Josephus aufs Engste verwickelt war. Die Tendenz seiner Geschichtsschau ist in allen Texten eindeutig: Die Zeloten waren wegen ihrer theologischen Konzeption und ihres Römerhasses die unmittelbar Verantwortlichen für den Ausbruch des Krieges. Auf der anderen Seite provozierte jedoch auch der Machtmissbrauch der römischen Prokuratoren zu Recht den Unmut des Volkes, sodass die Propaganda der Zeloten auf einen fruchtbaren Boden fallen konnte. Er, Josephus, habe zusammen mit den Pharisäern jedoch von Anfang an die Aussichtslosigkeit des Unterfangens erkannt und von daher mit allen taktischen und politischen Mitteln versucht, mäßigend auf das Geschehen einzuwirken. In der ›Vita‹ liest sich dies so:

(Ich) hielt mich zu den Hohepriestern und den einflussreichsten Pharisäern. Unsere Besorgnis hatte übrigens schon einen hohen Grad erreicht; sahen wir doch das Volk in Waffen, uns selbst aber in gänzlicher Ratlosigkeit und außer Stande, dem Aufstand Einhalt zu tun, während uns die offenkundigste Gefahr bedrohte. Zum Schein stimmten wir deshalb dem Vorhaben der Empörer bei, rieten aber zur Mäßigung, da wir hofften, Gessius werde binnen kurzem mit bedeutender Truppenmacht heranziehen und den aufständischen Bewegungen ein Ende machen" (Jos. vit. 22 f.).

Doch es ist keineswegs so gewesen, dass zu Beginn des Jüdischen Krieges Josephus ausdrücklich mäßigende und konfliktvermeidende

Positionen vertreten hat, ja von Beginn an das Scheitern des Aufstandes innerlich wünschte. Denn wie lässt sich erklären, dass der angeblich so friedliebende Josephus von der Volksversammlung der Aufständischen zum Strategen, d. h. zum Oberbefehlshaber der Truppen an der in der ersten Kriegsphase wichtigsten Front gegen die Römer, nämlich in Galiläa gewählt wurde?[10] Schauen wir auf die Fakten, ohne uns sofort deren Bewertung durch Josephus anzuschließen: Ein erster Hinweis, dass Josephus in antirömischen Kreisen in Ansehen stand, liegt einige Jahre zurück: Ungefähr 62 n. Chr. unternahm Josephus eine Schiffsreise nach Rom, um die Freilassung einiger dorthin deportierter Priester zu erwirken. Die Schiffsreise an sich gestaltete sich übrigens genauso abenteuerlich wie die Reise des Paulus nach Rom. Das Schiff sank in der Adria und Josephus wurde erst nach einer Nacht im offenen Meer gerettet. Jene Priester wurden angeblich nur wegen „einer ganz unbedeutenden Ursache" vom Statthalter Felix nach Rom geschickt, um sich dort vor Nero zu verantworten. Dies klingt nicht besonders glaubwürdig, denn gewöhnlich wurde man nicht wegen Nichtigkeiten vor das kaiserliche Gericht geschickt. Hierzu musste man schon eines Kapitalverbrechens verdächtig sein. Wahrscheinlich sollten sich jene gesetzesstrengen Priester wegen antirömischer Umtriebe verantworten. Offensichtlich sympathisierte Josephus bereits Anfang der 60er Jahre mit aufständischen Priestern, ob aus persönlicher Freundschaft, wie er selbst sagt, oder aus politischem Kalkül, mag dahingestellt bleiben. Dass die Mission auch noch durch die Gunst, die er sich bei Neros Frau Poppea erworben hatte, zu einem Erfolg wurde, belegt seine Fähigkeit, sich in römischer Umgebung zurechtzufinden; Josephus hatte eine diplomatische Begabung. Es liegt andererseits auf der Hand, dass dieser Coup sein Ansehen bei den zum Aufstand entschlossenen Kreisen in Jerusalem steigerte. Es gibt einen zweiten ganz konkreten Hinweis darauf, dass Josephus Teil der Aufstandsbewegung gewesen war. In der ›Vita‹ und im ›Bellum‹ werden die entscheidenden Tage zu Beginn des Aufstandes in Jerusalem von Josephus widersprüchlich geschildert (vgl. Krieger, 1997, 97 f.). In der ›Vita‹ berichtet Josephus, er habe sich aus Furcht vor den Aufständischen in das Innere des Tempels zurückgezogen. Nach der Schilderung im ›Jüdischen Krieg‹ war jedoch der Tempel zu dieser Zeit bereits in den Händen der Zeloten um El'azar ben Hananja. Wahrscheinlich gehörte Josephus dieser Aufstandsgruppe an. K.-S. Krieger zieht folgendes Resümee: „Diese Beobachtung erlaubt die Schlussfolgerung, dass Josephus sich in Wahrheit deshalb im Tempel aufhielt, weil er der Aufstandsgruppe El'azars angehörte oder mit ihr sympathisierte. Nachdem er im ›Bellum‹ das Faktum, dass er sich damals im Tempel aufhielt, einfach überging, konnte er es in der ›Vita‹ offenbar nicht (mehr) leugnen. Daher suchte er es durch die Behauptung, er sei prorömisch eingestellt gewesen, zu entschärfen" (1997, 97f.).

Zusammenfassend können wir davon ausgehen, dass zu Beginn des Jüdischen Krieges Josephus auf der Seite der Aufständischen stand, zumindest mit ihnen sympathisierte. Deshalb und wegen seines Einsatzes für inhaftierte antirömische Priester wurde er, der sich den Pharisäern angeschlossen hatte, zum Strategen für Galiläa gewählt. Dort bemühte er sich, für den Kampf gegen Rom Soldaten auszuheben, befestigte Städte, geriet aber in einen ständigen Konflikt mit den zelotischen Aufständischen unter der Führung des Jochanan. Der gebildete und griechisch erzogene Jerusalemer Josephus galt den Galiläern als Romfreund. Während sich die jüdischen Aufständischen in Uneinigkeit ergingen und selbst ihre eigene Widerstandskraft lähmten, eilten die Römer unter Vespasian von Sieg zu Sieg. Josephus hatte sich nach Jotapata mit seinen Truppen zurückgezogen. Die Stadt wurde nach sechswöchiger Belagerung von den römischen Legionen eingenommen. Josephus versteckte sich in einer tiefen Zisterne mit getreuen Anhängern, die zum Selbstmord entschlossen waren, vor der Ergreifung. Nachdem das Versteck verraten wurde, entschloss sich Josephus, nicht für eine aussichtslose Sache zu sterben; er lief 67 n. Chr. zu den Römern über. Nicht nur moderne Wissenschaftler haben Josephus diesen Übertritt als Verrat übel genommen. Als sein Vorhaben ruchbar wurde, kam es zu einer dramatischen Szene zwischen Josephus und seinen Mitstreitern:

„Als nun die Juden, die mit ihm das Versteck teilten, merkten, dass Josephus dem Zureden der Römer nachgebe, stellten sie sich dicht gedrängt um ihn herum und riefen: 'Wahrhaftig, die väterlichen Gesetze würden gewaltig aufseufzen und Gott, der den Juden Herzen geschaffen hat, die den Tod verachten, würde die Augen niederschlagen. Liebst du das Leben so sehr, Josephus, dass du es über dich gewinnst, als Sklave das Licht der Sonne zu schauen? Wie schnell hast du doch dich selbst vergessen! Wie viele Menschen hast du überredet, für die Freiheit zu sterben! Eitel Lüge war also der Ruhm deiner Tapferkeit; eitel Lüge auch der deiner Einsicht! Denn ist es weise, von denen Rettung zu erhoffen, die du so bekämpft hast, und ist es mannhaft, falls sie zugesichert würde, sie aus ihrer Hand anzunehmen? Aber wenn du auch über dem Waffenglück der Römer dich selbst vergessen hast, so müssen wir für den Ruhm der Väter sorgen. Wir leihen dir Arm und Schwert:

Stirbst du freiwillig, dann als Feldherr der Juden, stirbst du unfreiwillig, dann als Verräter!' Mit diesen Worten zückten sie ihre Schwerter gegen ihn und drohten, ihn niederzustoßen, falls er sich den Römern ergäbe" (Jos.bell. III,355–360).

Diese Szene hat Josephus wohl authentisch überliefert, denn sie trifft die innere Einstellung und die Parolen zelotischer Freiheitskämpfer gut. Wie genau sich Josephus retten konnte, bleibt im Dunkeln. Nach seiner eigenen Darstellung geht sie zurück auf Gottes Führung und seine Überredungskunst. Doch wichtiger für die Einschätzung der Person des Josephus sind die Verteidigungsargumente, die er im ›Bellum‹ rückblickend anführt. In III,350 lesen wir die Schlüsselszene:

„Als Josephus auch dem Nikanor (sc. dem Josephus bekannter Tribun) gegenüber noch schwankend blieb, stürmten die Soldaten im Zorn heran, um die Höhle auszuräuchern; der Feldherr hielt sie jedoch zurück, weil ihm viel daran lag, den Mann lebendig in die Hand zu bekommen. Als nun Nikanor ihn weiterhin beständig bat, und Josephus die Drohungen der feindlichen Menge hören musste, stieg in ihm die Erinnerung an die nächtlichen Träume auf, durch die ihm Gott die über die Juden hereinbrechenden Schicksalsschläge und das künftige Geschick der römischen Kaiser gezeigt hatte. Josephus verstand sich nämlich auf die Deutung von Träumen und auf die Auslegung von Gottessprüchen, die zweideutig geblieben waren. Da er selbst ein Priester war und aus einem priesterlichen Geschlecht stammte, waren ihm die Weissagungen der heiligen Schriften gut bekannt. Als er nun zu derselben Stunde durch diese in das Geheimnis Gottes versenkt war und die Furcht erregenden Bilder der erst kurz zurückliegenden Träume in sich hervorholte, brachte er Gott insgeheim ein Gebet dar und sprach: 'Da es dir gefällt, dass das Volk der Juden, das du geschaffen hast, in die Knie sinkt, und alles Glück zu den Römern übergegangen ist, und du ferner meine Seele erwählt hast, die Zukunft anzusagen, so übergebe ich mich aus freien Stücken den Römern und bleibe am Leben. Ich rufe dich zum Zeugen an, dass ich diesen Schritt nicht als Verräter, sondern als dein Diener tue."

Offensichtlich fühlt sich Josephus als ein durch sein Priesteramt legitimierter neuer Prophet wahrscheinlich in der Traditionslinie des Jeremia, der ja ebenfalls einen ausländischen Herrscher als Werkzeug und Zuchtrute Gottes für sein Volk ankündigte. Josephus deutet die bekannte Weissagung, dass der Weltherrscher aus Judäa komme, nicht auf das eigene Volk wie die Zeloten, sondern auf Vespasian und seinen Sohn Titus, die von Judäa aus als Kaiser nach Rom zurückkehren werden. In diesem Sinne schreibt Josephus:

„Was sie (sc. die Juden) aber am meisten zum Krieg aufstachelte, war eine zweideutige Weissagung, die sich ebenfalls in den heiligen Schriften fand,

dass in jener Zeit einer aus ihrem Land über die bewohnte Erde herrschen
werde. Dies bezogen sie auf einen aus ihrem Volk, und viele Weise täuschten
sich in ihrem Urteil. Der Gottesspruch zeigt vielmehr die Herrscherwürde
des Vespasian an, der in Judäa zum Kaiser ausgerufen wurde" (bell. VI,5,4).

Diese Weissagung, von der Josephus behauptet, er habe sie Vespasian in richtiger Auslegung überbracht, ist in der Antike allgemein
bekannt gewesen. Auch Sueton und Tacitus erwähnen sie unter
Bezug auf die Thronbesteigung des ersten Flaviers:

„... die Mehrzahl (sc. der Juden) war überzeugt von dem in den alten priesterlichen Aufzeichnungen enthaltenen Wort, dass zu eben dieser Zeit das
Morgenland erstarke und dass man von Judäa aus sich der Weltherrschaft
bemächtigen werde. Dieser rätselhafte Ausdruck hatte auf Vespasian und
Titus hingedeutet, die Volksmenge aber legte menschlicher Begehrlichkeit
entsprechend diese so hoch wichtige Weissagung zu ihren Gunsten aus und
ließ sich nicht einmal durch allerhand Misserfolge zur Anerkennung der
Wahrheit bekehren" (Tacitus, Historien 5,13).

„Im ganzen Orient war der alte, sich hartnäckig behauptende Glaube verbreitet, es sei vom Schicksal bestimmt, dass zu dieser Zeit Leute aus Judäa
die Herrschaft erlangen würden. Wie die Ereignisse nachher zeigten, bezog
sich diese Voraussage auf einen römischen Kaiser. Die Juden aber bezogen
sie auf sich, machten einen Aufstand ..." (Sueton, Über Vespasian 4).

Josephus sah in Vespasian ganz offensichtlich ein Werkzeug göttlichen Geschichtsplans, dem sich ein Mensch nicht zu widersetzen
habe. Dass er zu dieser Einsicht wahrscheinlich nicht nur durch
Träume, sondern auch durch eine nüchterne Analyse der militärischen Situation in Galiläa gekommen ist, steht auf einem anderen
Blatt geschrieben. Unwahrscheinlich erscheint uns allerdings, dass
Josephus in Vespasian einen römischen Messias sah, etwa in dem
Sinne, wie vom Weltheiland Augustus in der berühmten Inschrift
von Priene gesprochen wird. Die Position des Josephus ist eher
pragmatisch: Die Juden sollen sich mit den Römern friedlich arran-
gieren, um durch diese konforme Haltung ihre freie Religionsausübung zu schützen. In all seinen Schriften war Josephus jedweder
politische Messianismus fremd; er lehnte ihn strikt ab. So gleicht er
in diesem Punkt dem Christen Lukas, der unter ähnlichen Vorzeichen sein Evangelium verfasste.

Josephus legte die Weissagung als Kriegsgefangener Vespasian
in seinem Sinn aus und wurde, nachdem sich die Prophetie erfüllte, von dem künftigen Kaiser freigelassen. Den weiteren jüdischen Krieg erlebte Josephus auf der Seite der Römer. Er betätigte
sich besonders als Dolmetscher für Kriegsgefangene und nahm

70 n. Chr. zusammen mit Titus an der Eroberung Jerusalems teil. 71 n. Chr. traf Josephus im Gefolge des Titus in Rom ein. Er erhielt das römische Bürgerrecht, ein Haus und eine jährliche Dotation. Auch größere Ländereien in Palästina wurden ihm übertragen. So verbrachte er als angesehener und wohlhabender Mann sein restliches Leben hauptsächlich in Rom. Josephus blieb ein der Tora verpflichteter Jude, vielleicht in pharisäischer Tradition. Die apokalyptisch-eschatologischen Strömungen im Judentum seiner Zeit lehnte er ab. Das Kommen des Messias erwartete er auf Grund des Toragehorsams seines Volkes. Ein nationalistischer Glaube war ihm in seiner römischen Zeit fremd. Ganz aus seiner aristokratischen Herkunft und Gesinnung heraus erhoffte er eine Gottesherrschaft (Contra Apionem 2,165), in der durch eine philosophische Gesetzesauslegung Juden und Griechen im Glauben an den einen Gott einen messianischen Frieden verwirklichen können (Schreckenberg, 1998, 770).

Literatur: Steve Mason, Flavius Josephus und das Neue Testament, Tübingen 2000.

Die religiöse Welt zur Zeit Jesu

Die religiöse Welt des Judentums, die Jesus und die ersten Gemeinden von Jesus-Anhängern in Palästina prägte, war alles andere als homogen.[11] Seit den Eroberungsfeldzügen Alexanders des Großen war Palästina immer mehr unter den Einfluss hellenistischer Kultur und Lebensart geraten. Die Frage, wie diese Entwicklung einer zunehmenden Hellenisierung zu beurteilen sei, spaltete die jüdische Gesellschaft. Je nach sozialer Stellung und Frömmigkeitsrichtung reagierte man auf die hellenistische Kultur mit restaurativen Abschottungs- oder reformfreudigen Assimilations-Tendenzen. Insbesondere in der Jerusalemer Oberschicht war die Bereitschaft groß, sich gegenüber dem Hellenismus zu öffnen. Die hellenistisch orientierten Juden sahen dabei in der Übernahme griechischer Denk- und Lebensweise keineswegs eine grundsätzliche Infragestellung ihrer angestammten Kultur und Religion. Dies war umso leichter möglich, als der Hellenismus selbst ja bereits eine Kulturmischung darstellte.

Die Faszination, die vor allem für Intellektuelle von der neuen Denk- und Lebensart ausging, war aber nicht nur geistiger Art. Vielmehr bot der Hellenisierungsprozess vielen auch die Chance des sozialen Aufstiegs und des wirtschaftlichen Wohlstands. Wer zur Öffnung gegenüber der hellenistischen Kultur bereit war, bekam damit die Möglichkeit eines Zugangs zu einem höheren sozialen Status. Ein schönes Beispiel dafür ist die romanhafte Erzählung über den *Tobiaden* Josef und seine Söhne, die Flavius Josephus uns im 12. Buch seiner ›Jüdischen Altertümer‹ überliefert hat. Sie beschreibt den kometenhaften Aufstieg einer vom hellenistischen Geist geprägten, „bürgerlichen" jüdischen Familie zu Macht und Reichtum. Josef, der Held des Romans, wird als Bringer wirtschaftlichen und kulturellen Fortschritts gepriesen. Der Rückhalt, den die Tobiaden zunächst am ptolemäischen und später am seleukidischen Hof genossen, machte sie zu ernsthaften Konkurrenten des in Jerusalem herrschenden Priesteradels, der *Oniaden*. In den Augen der hellenistisch orientierten Juden verkörperten die Tobiaden wirtschaftlichen Aufstieg und Fortschritt, während die Oniaden als konservativ und rückständig angesehen wurden.

Die dem Hellenismus gegenüber offenen Juden bildeten keineswegs eine einheitliche Gruppe. Ihre Mitglieder gehörten zwar alle der jüdischen Oberschicht an, doch zählten zu ihr sowohl Angehörige des Priesteradels (wahrscheinlich auch die später als „Sadduzäer" bezeichnete Gruppe) als auch Mitglieder des Geldadels (wie die Tobiaden).

Die harsche Religionspolitik des Seleukiden Antiochus IV. Epiphanes (175–164 v. Chr.) hatte freilich in den Augen vieler Juden die Unvereinbarkeit von Hellenismus und jüdischer Religion belegt. In einer antihellenistischen Gegenbewegung sammelte sich die Gruppe der *Hasidäer* bzw. *Chassidim* (nach dem griechischen *asidaioi* = „Fromme" als Übersetzung des hebräischen *chassidim*). Diese Gruppe jüdischer Frommer schloss sich zunächst dem antiseleukidischen Freiheitskampf der Makkabäer an. Die „Damaskusschrift", eine Textrolle aus Qumran, gibt in ihrer Einleitung Auskunft darüber, dass in der Zeit der Hochblüte der Hellenisierung Jerusalems (175–170 v. Chr.) die Sammlung der *Wurzel der Pflanzung* erfolgt sei (CD I,7), und spielt damit wohl auf die Entstehung der Chassidim an.

Die recht spärlichen Nachrichten über die Chassidim aus den Makkabäerbüchern, den Qumranschriften und apokalyptischen Texten wie dem Danielbuch und dem äthiopischen Henochbuch lassen keinen Zweifel daran, dass ihre religiöse Vorstellungswelt prophetisch-apokalyptischen Charakter hatte. Die durch Zwangshellenisierung gekennzeichnete Gegenwart sahen sie als Unheilszeit und erhofften vom Anbruch der eschatologischen Zeit die Wiederherstellung der alten religiösen Ordnungen, insbesondere die Restitution von Tempel und Tora.

In bewusster Opposition zur hellenistisch orientierten Jerusalemer Oberschicht setzten sich die Chassidim vom Jerusalemer Tempel ab und gingen vermutlich in die Höhlen der Wüste Juda, wie sich aus 1Makk 2,29f.31.41 schließen lässt.

Die rigorose Strenge ihrer Tora-Observanz zeigt sich nicht zuletzt darin, dass sie es sogar ablehnten, sich am Sabbat zu verteidigen (1Makk 2,32–38).

Die Allianz zwischen dem politischen Freiheitskampf der Makkabäer und den Chassidim endete, als unter Judas Makkabäus die Religionsfreiheit wiederhergestellt war. In den Folgejahren entstanden aus den Chassidim die für die Zeit Jesu wichtigen Gruppen der *Essener* und der *Pharisäer*.

Woher der Name *Essener* kommt, ist bis heute unklar, die Zahl der in der Forschung vorgeschlagenen Etymologien entsprechend groß (vgl. dazu Bietenhard, 1979, 730 ff.). Philo von Alexandrien und Flavius Josephus, denen wir wichtige Nachrichten über die Essener verdanken, werden den Namen schon ihrer Quelle, dem uns leider nicht mehr erhaltenen Geschichtswerk des Nikolaus von Damaskus entnommen haben. Die Essener werden seit den Textfunden in den Höhlen am Toten Meer meist mit der Qumrangemeinde identifiziert, waren aber eine über ganz Israel verbreitete Gruppe, die zur Zeit Jesu zahlenmäßig die größte der religiösen Gruppierungen gewesen sein dürfte (4000 Mitglieder). Zum religiösen Profil der Essener gehörten vor allem die Konzentration auf die Tora und die Orientierung am priesterlichen Ideal. Josephus beschreibt sie uns als eine Art Philosophenschule (wie die Pythagoräer) mit strenger Organisation und mysterienhafter Arkandisziplin. Die Nachrichten des Josephus über die Essener fasst Johann Maier wie folgt zusammen:

„Strikter Determinismus, Annahme einer unsterblichen Seele, besonders betonte Reinheitspraxis, weiße Kleidung, auffälliges Schweigen (wie im Kultdienst), kultische Mähler am Mittag und Abend und strikte Sabbat-Heiligung kennzeichnen die fest organisierte Gruppe, in die man stufenweise (1 und 2 Jahre) aufgenommen wird. Sie lebt von Landwirtschaft, übt Gütergemeinschaft und hält keine Sklaven, und zwar beides aus sozialen und grundsätzlichen Gründen (Bedürfnislosigkeits- und Gleichheitsideal). Sie verzichtet in ihrem einen Zweig auf Eheschließung und Fortpflanzung und adoptiert Kinder für ihren Nachwuchs, und zwar aus frauenfeindlicher Einstellung ... Sie brachten angeblich ihre Opfer auf eigene Art dar und sandten dem Jerusalemer Tempel nur Weihegaben" (Maier, 1990, 274).

Bei dem Kirchenvater Hippolyt finden wir Hinweise auf eine zelotische Mentalität der Essener, die in vieler Hinsicht durch die Zeugnisse aus Qumran bestätigt wird. Ihre Gründergestalt, der „Lehrer der Gerechtigkeit", entstammte aller Wahrscheinlichkeit nach priesterlichen Kreisen.

Dass sich in der Anhängerschaft Jesu auch Essener befunden haben werden, ist mehr als wahrscheinlich; ebenso offensichtlich sind die Querverbindungen, die sich zwischen den Kreisen Johannes' des Täufers und den Essenern nachzeichnen lassen.

Auch die *Pharisäer*, die in den Evangelien zumeist als die Gegenspieler Jesu erscheinen, werden eine besondere Nähe zur Jesusbewegung gehabt haben (aus der sich dann eben auch Reibungsflächen und Konflikte ergaben); dass es auch christliche Pharisäer gab, wissen wir u. a. aus der Apostelgeschichte (15,5). Der Ursprung der pharisäischen Bewegung wird in frühmakkabäischer Zeit zu suchen sein.[12] Die Phariäser teilten – anders als die Essener – nicht die apokalyptische Naherwartung der Chassidim. Ihr setzten sie „einen Gesetzespragmatismus entgegen, der es ermöglichte, ein am Gesetz orientiertes Leben in Einklang zu bringen mit den Bedingungen einer fortdauernden Weltzeit" (von Dobbeler, 1997, 27).

Der aus dem NT und den Schriften des Flavius Josephus bekannte griechische Begriff *pharisaios* ist möglicherweise eine Fremdbezeichnung (zurückgehend auf das hebräisch-aramäische *parush/ perushim*: „die Abgesonderten") gewesen. Auf Grund ihrer Gesetzesvorstellung erscheinen die Phariäser Außenstehenden als eine Gruppe, die sich vom übrigen jüdischen Volk absonderte.

Es sind vor allem zwei Dinge, die den Pharisäismus kennzeichnen: Er war erstens eine Laienbewegung. Die korporative, von Laien geführte Gliederung dieser Gruppe, für die es im sakralen Bereich kein Vorbild gibt, kannte keine Vorherrschaft von Priestern. Leider wissen wir nur wenig über die Organisationsform der Pharisäer in vorchristlicher Zeit, zwei Notizen bei Josephus (ant. XIII,13,5; 15,5 und bell. I,5,2–3) legen aber die Annahme nahe, dass sie sich in Verbänden zusammengeschlossen haben. Spätere rabbinische Quellen bezeichnen diese Verbände als Genossenschaften (hebr. *chabura*) und deren Mitglieder als Genossen (hebr. *chaberim*).

Das eigentliche Merkmal der pharisäischen Bewegung liegt aber in ihrer besonderen *Gesetzesauffassung*. Ihr Ziel „war eine Verwirklichung des am Tempel praktizierten priesterlichen Gesetzes im Alltag zum Zweck der Heiligung des Volkes" (von Dobbeler, 1997, 28). Dazu musste die Tora von pharisäischen Schriftgelehrten für den Alltag ausgelegt werden. So entstanden neben der Tora religionsgesetzliche Sammlungen, die so genannte „mündliche Tora", der in pharisäischen Kreisen nahezu dieselbe Autorität zukam wie der schriftlichen Tora. Dadurch gerieten sie in Konflikt mit Kreisen, die nur die Autorität der schriftlichen Tora gelten ließen, wie die *Sadduzäer* und die Frommen von Qumran – ein Konflikt, den die Pharisäer auf Grund der größeren Flexibilität ihrer Lehre von einer dem schriftlichen Gesetz gleichwertigen mündlichen Tradition letztlich für sich entschieden haben.

Die Herkunft der Pharisäer aus der chassidischen Frömmigkeit zeigt sich nicht zuletzt auch in der Hoffnung auf eine leibliche *Auferstehung der Toten*.

Nach der Zerstörung des zweiten Tempels durch die Römer im Jahr 70 n. Chr. haben sich die Pharisäer innerhalb des Judentums als dominante Gruppe durchgesetzt. Das rabbinische Judentum setzte die pharisäische Tradition fort. Unter den frühen Rabbinen ragen vor allem Hillel und Schammai und die von ihnen begründeten Schulen heraus.

Auch *priesterliche Kreise* prägten das Bild der religiösen Welt Jesu. Sie sind aber – namentlich seit der Schreckensherrschaft Antiochus' IV. – nicht als eine einheitliche religiöse Gruppe hervorgetreten. Das hatte z. T. soziale Ursachen – so gehörten zu den *Zadokiden* (die uns im Neuen Testament als „Sadduzäer" begegnen) die einflussreichen Jerusalemer Priestersippen, durchweg vornehme und wohlhabende Familien, die sich im Unterschied zur „aaronidischen" Priesterschaft von dem im ersten Königsbuch erwähnten Priester Zadok herleiteten (1Kön 2,35). Die schon erwähnten *Oniaden* bildeten die Führunsggruppe der Zadokiden und stellten in hellenistischer Zeit die Hohenpriester. Die Landpriesterschaft, aus der auch die Familie Johannes' des Täufer gestammt haben dürfte, gehörte einer niedrigeren sozialen Schicht an.

Im Zuge der Religionsverfolgung unter Antiochus IV. und der Hellenisierungsvorhaben des Hohenpriesters Jason kam es zu Spaltungen innerhalb der Zadokiden: Der von Jason aus seinem Amt verdrängte zadokidische Hohepriester Onias IV. gründete nach seiner Flucht einen jüdischen Tempel im ägyptischen Leontopolis, sodass zadokidische Tradition in Ägypten fortlebte. Ebenfalls aus Protest gegen die Einsetzung eines Nichtzadokiden (des Hasmonäers Jonatan) zum Hohenpriester brachen die Essener unter ihrem „Lehrer der Gerechtigkeit" endgültig mit dem Jerusalemer Tempel. Da ein Teil ihrer Mitglieder aus zadokidischen Kreisen stammte, lebte auch am Toten Meer priesterliche Tradition weiter fort. Die in Jerusalem verbliebenen Zadokiden haben anscheinend das Hellenisierungsstreben des Hohenpriesters Jason und seiner Anhänger unterstützt oder zumindest toleriert (1Makk 1,11; Dan 11,23); jedenfalls können wir bei ihnen mit einer gewissen Offenheit gegenüber der Hellenisierung der jüdischen Kultur rechnen. Das primäre Interesse der Zadokiden/Sadduzäer lag in der Einhaltung des Priestergesetzes und der Wahrnehmung des Tempeldienstes. Dafür waren sie bereit, einiges an „Neuerungen" hinzunehmen. Ihr theologisches Hauptanliegen bestand in der „Wahrung von Reinheit, heilsamer Ordnung *(Shalom)* und Gerechtigkeit" (Maier, 1990, 257). Eschatologische Hoffnungen, wie sie für *Pharisäer* und *Essener* gleichermaßen kennzeichnend waren, waren ihnen fremd. Vielmehr versuchten sie, Heil innergeschichtlich durch strikte Gesetzesobservanz und Kultpraxis zu verwirklichen. Dementsprechend lehnten sie auch

die u. a. von den Pharisäern vertretene Vorstellung von der Auferstehung der Toten ab und beharrten gegenüber der von den Pharisäern entwickelten „mündlichen Tora" auf der Begrenzung der
verbindlichen Offenbarung auf das geschriebene Gesetz.

Bei allem Facettenreichtum der religiösen Landschaft Palästinas
zur Zeit Jesu bleiben aber auch gemeinsame Grundlinien erkennbar. Zum einen wäre hier die Orientierung an der *Tora* zu nennen,
die von allen Gruppen geteilt wurde – strittig war hingegen, was
denn verbindliche Tora genannt werden durfte. Zum anderen kann
man als eine zweite gemeinsame Grundtendenz „die Auffassung
von Israel als kollektiv verpflichteter Erwählungsgemeinschaft" benennen, „in der jeder Einzelne sowohl seine besonderen Tora-gebo-
tenen Pflichten, aber auch jene Rechte hat, die ihm die Erfüllung
der Pflichten ermöglichen" (Maier, 1990, 236).

Johannes der Täufer

Herkunft – Geburt – Kindheit

Im Westen Jerusalems, in einer Talmulde, von bewaldeten Hängen
umgeben liegt der kleine Ort En Kerem („Quelle des Weinbergs"),
der seit byzantinischer Zeit als die Geburtsstätte Johannes' des Täufers gilt.[13] Dieser legendarischen Überlieferung folgend meint man
sogar noch den genauen Ort benennen zu können, an dem das Haus
stand, in dem Johannes geboren wurde – dort nämlich, wo sich
heute auf einem Felsplateau die Johanneskirche erhebt.

Tatsächlich aber wissen wir nur wenig über Herkunft, Geburt,
Kindheit und Jugend des Täufers. Die einzige biblische Notiz über
seinen Herkunftsort ist denkbar knapp: In Lk 1,39f. erfahren wir,
dass Maria sich, um Elisabeth und Zacharias, die (späteren) Eltern
des Johannes, zu besuchen, ins Gebirge aufmachte und in „eine
Stadt in Juda" ging; möglich ist auch die Übersetzung: „in eine Stadt
(namens) Juda". Die recht ungenaue Formulierung hat zu mancherlei Spekulationen geführt: Man hat an die alte Priesterstadt Juta/
Jutta (Jos 15,55; 21,16) gedacht (vgl. Zahn, 1920, 94 Anm. 20), an Hebron oder gar an Jerusalem oder Bethlehem (vgl. Dalman, 1924, 59).
Aber das sind reine Vermutungen ohne konkreten Anhalt an den
Quellen. Sicher ist nur, dass Johannes aus dem Bergland von Judäa
stammte.

Sein Vater, Zacharias, war Priester „von der Ordnung Abija" (vgl.
1Chr 24,10); Elisabeth, seine Mutter, entstammte dem Geschlecht

Aarons, des ersten Hohenpriesters (Lk 1,5). Johannes wuchs mithin
in einem Milieu auf, das durch und durch von jüdisch-priesterlicher
Frömmigkeit geprägt war. Kein Wunder also, dass die uns bei Lukas
überlieferte Geburtsgeschichte förmlich Tempelfrömmigkeit „at-
met" (Schürmann, 1984, 30). Der Priesterdienst am Tempel, den der
Vater versieht, wird in allen Einzelheiten geschildert und bildet
ebenso wie die Betonung der familiären Frömmigkeit den Rahmen,
in dem Johannes gesehen und erkannt werden soll. Dass die priesterliche Herkunft des Täufers nur eine spätere Erfindung seiner Anhänger war, die ihn als jenen priesterlichen Messias[14] kennzeichnen
sollte, den man neben dem Messias aus dem Hause Davids erwartete, ist möglich, aber nicht sehr wahrscheinlich. Denn für eine solche
Kennzeichnung hätte der Hinweis auf die priesterliche Abstammung genügt – die ganze „Tempelatmosphäre", die in der Erzählung mitschwingt und sie prägt, wäre nicht nötig gewesen. Mithin
werden wir den Berichten über die Herkunft des Täufers aus pries-
terlichem Geschlecht und Milieu einige historische Zuverlässigkeit
zubilligen können, und es bleibt festzuhalten: „Johannes der Täufer
ist in der Welt des jüdischen Priestertums zu Hause" (Ernst, 1989,
270).

Welcher priesterlichen Richtung der Vater des Täufers zuzurech-
nen ist, muss offen bleiben. Allenfalls könnte der Lobgesang des
Zacharias (Benedictus) einen Hinweis geben (Lk 1,67–79). Der
Geist frommer Friedfertigkeit, der dieses Lied durchweht, könnte
auf eine Zugehörigkeit zu jener armen Landpriesterschaft deuten,
die sich in einer latenten Opposition zur Priesterschaft Jerusalems
befand. Seit der Makkabäerzeit wurde diese vom Geschlecht der
Hasmonäer gestellt, und hier beherrschten die makkabäischen Ideale vom Freiheitskampf das Denken. In der ländlichen Priesterschaft
dagegen setzte man ganz auf Gewaltlosigkeit und ersehnte jenen
„Propheten des Höchsten", der „Erkenntnis des Heils" und „Vergebung der Sünden durch die herzliche Barmherzigkeit unseres
Gottes" vermitteln (Lk 1,77f.) und „unsere Füße auf den Weg des
Friedens" richten würde (Lk 1,79). Ob es aber wirklich das geistig-
geistliche Milieu der jüdischen Friedenspartei war, welches das Elternhaus des Täufers prägte, bleibt ungewiss. Die Tatsache, dass in
der Forschung auch die geradezu gegensätzliche These einer Zugehörigkeit zu zelotischen Kreisen, also zu aktiven Widerstandgrup-
pen, vertreten wird, zeigt, wie schwer es ist, hier zu klaren Urteilen
zu kommen. Vielleicht ist eine eindeutige Zuordnung auch nicht
mehr möglich, und wir müssen uns mit der Annahme begnügen,

dass die geistliche Herkunft des Täufers irgendwo im Kreis jener pietistisch-konventikelhaften Splittergruppen zu suchen ist, die in nachmakkabäischer Zeit entstanden und durch rigorose Gesetzesauffassung und apokalyptische Neigungen gekennzeichnet waren (Hengel, 1988, 327). Die Geburt des Täufers fällt in die Regierungszeit Herodes' des Großen (Lk 1,5), also in die Jahre zwischen 37 und 4 v. Chr. Die parallel gestalteten Erzählungen von der Geburt des Johannes und von der Geburt Jesu im Lukasevangelium suggerieren eine zeitliche Nähe dieser beiden Ereignisse und eine verwandtschaftliche Verbindung zwischen den Müttern, Elisabeth und Maria. Vom Engel Gabriel, der ihr ihre Schwangerschaft ankündigt, erfährt Maria, dass „Elisabeth, deine Verwandte" ebenfalls ein Kind erwartet und „jetzt im sechsten Monat" ist (Lk 1,36). Die auf diesem Bibelvers basierende Annahme, Johannes sei ein halbes Jahr älter gewesen als Jesus, spiegelt sich bis heute in der liturgischen Datierung der Geburten des Johannes (24. Juni) und Jesu (25. Dezember). Es ist jedoch fraglich, ob wir dem von Lukas übermittelten Bericht entnehmen dürfen, Johannes sei ein halbes Jahr älter gewesen als Jesus. Ein solches „Hochrechnen" der knappen Bemerkung, Elisabeth sei zu Beginn der Schwangerschaft Marias im sechsten Monat gewesen, entspricht unserem modernen Geschichtsverständnis, nicht aber jenem der alten Erzähler. Vermutlich sollte lediglich zum Ausdruck gebracht werden, dass Johannes gegenüber Jesus der Ältere war.

Welcher Art die verwandtschaftlichen Beziehungen zwischen den beiden Müttern waren, lässt sich nicht sagen. Sicher ist es denkbar und historisch möglich, dass Elisabeth die Tante Marias war – erweisen lässt sich dies aber an den Quellen ebenso wenig wie die These, es habe sich bei den beiden Frauen um Kusinen oder Schwägerinnen gehandelt. Vielleicht ist die Kennzeichnung der Elisabeth als „Verwandte" Marias auch nur ein literarischer Ausdruck der historisch nicht zu bezweifelnden Tatsache, dass die Lebenswege Jesu und Johannes' aufs Engste miteinander verbunden waren und beide vermutlich einem ähnlichen (verwandten) theologisch-religiösen Milieu entstammten.

Ähnlich wie die Geburt Jesu ist auch die des Täufers im Lukasevangelium als ein wunderhaftes Geschehen geschildert, das nicht einfach das Resultat eines natürlichen Zeugungsvorgangs ist, sondern sich dem Handeln Gottes verdankt. Gabriel, „der vor Gott steht" (Lk 1,19), jener Engel, der später auch Maria ihre Schwangerschaft ankündigen wird, erscheint dem Zacharias während des Tempeldienstes und sagt ihm die bevorstehende Geburt eines Sohnes an, der „groß" sein wird vor dem Herrn, schon vom Mutterleibe an erfüllt mit dem Heiligen Geist, auf Wein und starkes Getränk verzichten wird und „im Geist und in der Kraft Elias" sein Volk zu seinem Gott bekehren wird (Lk 1,15–17). Wie bei Jesus (Lk 1,31) geht auch bei Johannes sein Name auf diese Engelserscheinung zurück („du sollst ihm den Namen Johannes geben", Lk 1,13), was bei der Namensgebung anlässlich der Beschneidung am achten Tag nach seiner Geburt in der versammelten Verwandtschaft zu erheblichen Irritationen führt: Während alle den Neugeborenen nach seinem Vater Zacharias benannt sehen wollen, beharren die Eltern auf dem in der Verwandtschaft sonst nicht vorkommenden Namen Johannes (Lk 1,59–63).

Das Wunderhafte der Geburt des Johannes wird noch durch die Hervorhebung des Alters von Elisabeth und Zacharias gesteigert. Der Ankündigung der bevorstehenden Schwangerschaft seiner Frau hält Zacharias entgegen: „Woran soll ich das erkennen? Denn ich bin alt, und meine Frau ist betagt" (Lk 1,18). Innerbiblisch mag dieses Motiv der betagten Eltern an Abraham und Sara erinnern, die Isaak, das Kind der Verheißung, ebenfalls in hohem Alter geschenkt bekommen. Vor allem aber steht der Einwand des Zacharias parallel zu dem, den Maria dem Engel Gabriel entgegenhält: „Wie soll das zugehen, da ich doch von keinem Mann weiß?" (Lk 1,34). Wie die Jungfrauenschaft Marias dient die Hervorhebung des hohen Alters von Elisabeth und Zacharias dem Ziel, die bevorstehende Geburt als ein Geschehen zu kennzeichnen, in dem Gott selbst auch über die Grenzen natürlicher Möglichkeiten hinweg am Werk ist.

Keine Parallele in der Geburtsgeschichte Jesu hat das Strafwunder, mit dem Gabriel Zacharias belegt: Weil Zacharias an den Worten des Engels gezweifelt hat, wird ihm Stummheit auferlegt (Lk 1,20), die erst nach der Geburt des Johannes und vollzogener Namensgebung wieder gelöst wird (Lk 1,64). Die zum Fest der Beschneidung versammelten Nachbarn und Verwandten erleben dies weniger als ein wunderbares Geschehen an Zacharias als vielmehr als Zeichen für die Bedeutsamkeit des Neugeborenen: „Was, meinst du, will aus diesem Kindlein werden? Denn die Hand des Herrn war mit ihm" (Lk 1,66).

Die Parallelen zwischen den Geburtsgeschichten Jesu und des Johannes sind unübersehbar und keineswegs zufällig, sondern das Resultat bewusster literarischer Gestaltung. Wichtiger als die Frage nach dem historischen Gehalt dieser Erzählungen, die schon aus methodischen Gründen kaum zu beantworten sein dürfte, ist die Beobachtung, dass Johannes offenbar auch aus der Sicht eines christlichen Erzählers eine Bedeutsamkeit beigemessen werden konnte, die kaum hinter der Jesu zurücksteht. Die ineinander verwobenen Geburtserzählungen im Lukasevangelium lassen zwar keinen Zweifel an einer Vor- und Überordnung Jesu – deutlich wird dies vor allem beim Zusammentreffen der beiden werdenden Mütter, als Elisabeth Maria „die Mutter meines Herrn" nennt (Lk 1,39–45) –, dennoch ist es erstaunlich, dass von der Geburt des Täufers so breit und in einem solchen Gleichklang mit der Geburt Jesu erzählt wird.

Man kann diese literarische Gestaltung unterschiedlich interpretieren. Häufig begegnet man in der Forschung der Konkurrenzhypothese, die von der Annahme ausgeht, dass die Anhänger des Täufers für Johannes einen ähnlichen Messiasanspruch erhoben, wie es die Jünger Jesu für ihren Meister taten, und dass es daher zwischen den beiden „Schulen" zum Streit um die Messianität der Schulhäupter kam. Dann wäre die ausführliche Würdigung des Johannes bei gleichzeitiger Unterordnung unter Jesus ein geschickter literarischer Schachzug: Indem man Johannes einerseits die größtmögliche Bedeutung zubilligte und damit die Sichtweise seiner Anhängerschaft weitgehend übernahm, diese Bedeutsamkeit andererseits aber deutlich unterhalb derjenigen Jesu ansiedelte, konnte man den konkurrierenden Messiasansprüchen der Johannesjünger den Wind aus den Segeln nehmen und dadurch den zwischen den „Schulen" bestehenden Streit zu Gunsten Jesu und seiner Anhänger entscheiden.

Es ist allerdings keineswegs sicher, ob das Verhältnis zwischen der Anhängerschaft Jesu und der des Johannes wirklich in einem solchen Maße durch Konkurrenz und Streit gekennzeichnet war. Ebenso gut vorstellbar ist auch die Annahme, dass die Beziehungen der beiden „Schulen" zueinander durchaus positiver Natur waren, dass sie vielleicht sogar freundschaftlich verbunden waren, standen sie sich doch in vielerlei Hinsicht theologisch sehr nahe. Dann wären die parallel gestalteten Geburtsgeschichten im Lukasevangelium ein Ausdruck eben jener Nähe.

Wie dem auch sei, sowenig wir die Frage nach dem historischen Gehalt der Geburtserzählung werden beantworten können, so sehr ist doch ihre besondere – zur Geburtserzählung Jesu parallel verlaufende – Gestaltung als ein Reflex der Bedeutung zu werten, die Johannes historisch zweifelsohne gehabt hat und die derjenigen Jesu nahe gekommen sein dürfte.

Über die Kindheit des Täufers wissen wir nichts. Die abschließende Bemerkung der Geburtsgeschichte, dass das Kind wuchs und stark im Geist wurde (Lk 1,80a), betont nochmals die pneumatische Ausstattung des Täufers vom Mutterleib an (Lk 1,15), ist aber so allgemein, dass sie uns keinerlei Aufschluss gibt. Zu mancherlei Spekulationen hat allerdings der darauf folgende Satz geführt: „Und er war in der Wüste bis zu dem Tag, an dem er vor das Volk Israel treten sollte" (Lk 1,80b). Wann hat man sich diesen Wüstenaufenthalt des Täufers vorzustellen und welche Hintergründe hatte er? „Der Priestersohn aus behütetem Hause in der unwirtlichen und öden Einsamkeit – diese Vorstellung wirft Fragen auf" (Ernst, 1989, 276). Ob Johannes mit sieben Jahren in die Wüste ging, wie Augustin vermutet hat (Serm. 289), ja ob die Wüstenzeit überhaupt in seine Jugendjahre fiel, ist durchaus ungewiss. Am weitesten geht wohl die Vermutung, Johannes sei in der Wüstengemeinde von Qumran aufgezogen worden (vgl. z. B. E. Stauffer, Jerusalem und Rom im Zeitalter Jesu Christi, Bern 1957). In der Tat scheinen die Essener – nach einem Bericht des Flavius Josephus – Kinder zur Erziehung bei sich aufgenommen zu haben; im zweiten Buch seines Werks über den Jüdischen Krieg schreibt Josephus: „Und über die Ehe herrscht bei ihnen (sc. den Essenern) ein geringschätziges Urteil, die fremden Kinder aber, die sie in einem für die Bildung aufnahmefähigen Alter aufnehmen, schätzen sie als Angehörige und prägen sie nach ihren Sitten" (bell. II,8,2). Man kann sich vorstellen, dass Johannes, dessen Eltern bei seiner Geburt ja schon hoch betagt waren, Vater und Mutter früh verlor und dann in die Obhut der Essenergemeinschaft von Qumran kam, dort erzogen und geistig geprägt wurde. Konkrete Hinweise darauf, dass sein Weg wirklich nach Qumran führte, fehlen uns allerdings.

Das Wirkungsfeld: Wüste und Jordan
Immerhin ist es bemerkenswert, dass das spätere Wirkungsfeld des Täufers „in der Wüste" und „am Jordan" in geografische Nähe zum Wüstenkloster führt. Die Angaben der Evangelien sind zwar nicht sehr präzise, aber man kann doch mit einem gewissen Grad an Wahrscheinlichkeit annehmen, dass Johannes an den Jordanfurten südöstlich von Jericho gepredigt und getauft hat. Jedenfalls konnte er hier mit einigem Publikum rechnen: Die Jordanübergänge wurden von vielen Reisenden benutzt, denn hier kreuzten sich die Straßen, die von den judäischen Städten nach Osten führten. Außerdem passt zu dieser Lokalisierung seines Auftretens auch die Nach-

richt, „das ganze jüdische Land und alle Leute von Jerusalem" seien zu Johannes gekommen (Mk 1,5), denn die Furten im unteren Jordantal sind sowohl von der Hauptstadt aus wie auch aus ganz Judäa gut zu erreichen. Man wird den Wirkungsraum des Täufers aber wohl nicht auf diese Gegend beschränken können. Wenn es im Lukasevangelium heißt, Johannes habe sich „in der ganzen Gegend um den Jordan" aufgehalten (Lk 3,3), so ist damit wohl der gesamte Bereich zwischen dem Toten Meer und dem See Genezareth gemeint.

Dass Johannes anders als Jesus nicht die Siedlungen der Menschen aufsuchte, sondern die Einöde und die Jordanfurten für sein öffentliches Auftreten wählte, mag verschiedene Gründe gehabt haben. So sind die in allen Überlieferungen wiederkehrenden Stichworte „Wüste" und „Jordan" nicht nur topografische Begriffe, sondern wecken darüber hinaus eine ganze Fülle biblischer Assoziationen. Die Wüste galt für die Zeitgenossen des Täufers in Erinnerung an die Wüstenwanderung nach dem Auszug Israels aus der ägyptischen Sklaverei als ein Ort besonderer Gottesnähe: In der Wüste hatte Israel die bewahrende Fürsorge und Leitung seines Gottes erfahren, die Wüste ist der Ort des Bundesschlusses und der heilvollen Gabe der Tora. Zugleich ist die Wüste aber auch ein Ort äußerster Bedrohung, und zwar sowohl in einem ganz kreatürlichen Sinn als auch in spiritueller Hinsicht, galt sie doch als Heimstatt der dämonischen Mächte. Gerade in dieser Ambivalenz wird die religiöse Bedeutung der „Wüste" greifbar: Das schlechthinnige Angewiesensein des Menschen auf Gott angesichts äußerster Gefährdung ist nirgends so existenziell erfahrbar wie in der Wüste. „Für den frommen Juden ist die Erinnerung an die Wüste der tragende Grund seines Glaubens" (Ernst, 1989, 279).

Auch der Jordan hat seine heilsgeschichtlichen Konnotationen; der Fluss erinnert an den Einzug Israels in das Gelobte Land (Jos 3), an die wunderbare Heilung des aussätzigen Syrers Naaman (2Kön 5), an die großen Propheten der frühen Zeit, Elia und Elischa, die den Jordan trockenen Fußes durchschritten (2Kön 2).

Wenn in den Berichten über den Täufer sein Wirkungsfeld durch die Begriffe „Wüste" und „Jordan" umrissen wird, dann ist dies also nicht nur im geografischen Sinne zu verstehen, sondern Johannes wird damit in den weiten Horizont der Heilsgeschichte Israels gestellt. Seine religiöse Bedeutung spiegelt sich eben auch darin wider, dass er an Orten wirkte, die heilsgeschichtlich „aufgeladen" waren. Ob dies erst ein Resultat der Johannesdarstellung ist oder Johannes selbst diese Orte mit Bedacht gewählt hat, ist nicht mehr zu klären.

Es spricht aber einiges dafür, dass Letzteres der Fall war; denn Taufpraxis und Predigt des Johannes stehen in einer engen Beziehung zu diesen beiden Stätten seiner Wirksamkeit. Wie in der Wüste Bedrohung und Errettung nahe beieinander liegen und in scharfen Gegensatz zueinander treten, so in der Täuferpredigt das Gericht und das Erbarmen Gottes (vgl. von Dobbeler, 1988). Und dass Johannes den Jordan für seine Taufpraxis wählte, mag neben der Bedeutung des Flusses in der Erwählungsgeschichte Israels vor allem auch damit zusammenhängen, dass die Johannestaufe (s. u.) sich typologisch an der Heilung Naamans durch siebenmaliges Untertauchen im Jordan orientierte.

Die Lebensform: Härener Mantel, Heuschrecken und wilder Honig
Neben seiner Verkündigungs- und Tauftätigkeit, von der noch zu reden sein wird, erfahren wir über Johannes zwei auf den ersten Blick nebensächliche Details, die sich freilich als besonders einprägsam erwiesen haben: „Johannes aber trug ein Gewand aus Kamelhaaren und einen ledernen Gürtel um seine Lenden und aß Heuschrecken und wilden Honig" (Mk 1,6). Warum wird über die Kleidung und die Nahrungsgewohnheiten des Täufers berichtet? Von Jesus erfahren wir Ähnliches nicht. Waren Kleidung und Nahrung des Täufers vielleicht so außergewöhnlich, dass sie einfach mit zu seinem Bild gehörten? Was das Gewand aus Kamelhaaren und den ledernen Gürtel betrifft, so wird man eher von einer der Wüste durchaus angemessenen und für Wüstenbewohner gewöhnlichen Kleidung zu sprechen haben. Kamelhaar ist ein auch in der Wüste stets verfügbares Material und diente den Beduinen zur Herstellung ihrer Mäntel und Zelte. Das Kamelhaargewand des Täufers könnte also nichts anderes gewesen sein als der gewöhnliche – vor Hitze wie Kälte schützende – Burnus der Beduinen. Auch der Ledergurt gehörte zur beduinischen Kleidung; man trug den meist aus Gazellenleder gefertigten Riemen zum Schutz um den Leib geschlungen.
Auch die Essensgewohnheiten des Täufers entsprechen durchaus den Lebensformen von Wüstenbewohnern. „Heuschreckennahrung ist zwar keine Feinkost, aber durchaus auch nicht so ausgefallen, wie es auf den kulinarisch verwöhnten Zeitgenossen heute wirken mag" (Ernst, 1989, 288). Heuschrecken ließen sich zu bestimmten Zeiten ohne Mühe in großen Mengen fangen und konnten geröstet, gedörrt, eingesalzen oder auch gemahlen und zu Brot verbacken werden. Auch Honig stand selbstverständlich auf dem Speiseplan von Beduinen. Flavius Josephus berichtet über die Gegend um Jericho:

„Von den ... Dattelpalmen gibt es viele an Geschmack und Heil-
kraft verschiedene Arten. Werden die fettesten von den Datteln mit
den Füßen zertreten, so liefern sie auch eine reichliche Menge
Honig. Übrigens gibt diese Gegend auch Bienen ihre Nahrung"
(bell. IV,8,3). Johannes könnte sich also wie andere Wüstenbewohner auch durchaus von Heuschrecken und dem Honig der Datteln
oder wilder Bienen ernährt haben. Freilich handelte es sich wegen
des ungewissen Vorkommens der Heuschrecken und der wilden
Bienenschwärme kaum um regelmäßige oder gar ausschließliche
Nahrungsmittel.

Sagt die knappe Notiz über Kleidung und Nahrung des Täufers,
die sich vor allem in Bilderbibeln so markant niedergeschlagen hat,
also im Grunde nichts anderes, als dass Johannes dieselben Lebensformen hatte wie jeder andere Wüstenbewohner auch? Das ist
höchst unwahrscheinlich, denn dann wäre nicht einzusehen, warum
solche für die Wüste „normalen" Lebensformen eigens hervorgehoben wurden.

Das schlichte Gewand und die karge Nahrung könnten als Ausdruck einer asketischen und kulturfeindlichen Lebenshaltung gewertet werden. Dazu würde auch der Wüstenaufenthalt des Täufers
passen. Immerhin kennzeichnet ihn Jesus als einen Gegentypos zu
denen, die üppig leben, weiche Kleider tragen und an den königlichen Höfen leben (Lk 7,25), und ebenfalls aus dem Munde Jesu
hören wir, dass Johannes kein Brot aß[15] und keinen Wein trank
(Lk 7,33). Schließlich könnte auch die Nachricht, dass seine Jünger
im Unterschied zu den Anhängern Jesu eine ausgeprägte Fasten-
praxis hatten (Mk 2,18ff.), auf eine asketische Lebensform deuten.
Wir hätten Johannes dann als einen Menschen zu sehen, der in Analogie zu anderen asketischen Strömungen der Antike ein apotro-
päisches Fasten übte, das vor dämonischen Mächten schützen sollte,
und durch seine enthaltsame Lebensweise und seinen härenen Mantel eine oppositionelle Haltung gegenüber der städtischen (höfischen) Kultur zum Ausdruck brachte. Eine solche Deutung ist
nicht ganz von der Hand zu weisen, lässt doch auch der gewaltsame
Tod des Täufers (s. u.) auf einen massiven Konflikt mit dem Königshaus schließen.

Dass Johannes deswegen als „Gottgeweihter" *(Nasiräer)* zu gelten hat, ist freilich nicht anzunehmen. Die Nasiräer verpflichteten
sich durch Gelübde, sich für eine begrenzte Zeit „des Weins und
starken Getränkes zu enthalten", ihr Haupthaar nicht zu schneiden
und sich vor Verunreinigung zu bewahren (Num 6,1ff.). Über einen

Verzicht auf das Haareschneiden hören wir bei Johannes nichts, und die von ihm geübte Enthaltsamkeit im Blick auf Brot/Fleisch ist wiederum im Nasiräergelübde nicht vorgesehen. Interessant ist, dass die Heuschrecken- und Honignahrung des Täufers uns erneut auf die Essener und Qumran weisen. In der Damaskusschrift aus Qumran findet sich eine Anweisung zur kultischen reinen Zubereitung von Heuschrecken, aus der wir schließen können, dass Heuschrecken hier regelmäßig auf dem Speiseplan standen: „Heuschrecken aller Art sollen ins Feuer oder Wasser kommen, während sie noch leben, denn das ist die Bestimmung für ihre Natur" (CD XX,14f.). Und aus einer Notiz Philos wissen wir, dass die Essener u. a. auch Bienenzüchter waren (Apologie 11,8). Diese kurzen Hinweise sind aber kaum ausreichend, um Johannes auf Grund seiner Ernährungsweise den Qumranessenern zuzuordnen.

Die schlichte Kleidung und die karge Kost des Täufers werden wir wohl am besten verstehen, wenn wir sie im Kontext eines prophetischen Selbstverständnisses deuten. Israels Propheten hatten seit je nie nur mit dem Wort verkündet, sondern ihre Botschaft darüber hinaus durch Zeichenhandlungen oder auch durch bestimmte Lebensweisen verdeutlicht. So könnte die Bußpredigt des Täufers (s. u.) durch seine Lebensweise unterstrichen worden sein. Kleidung und Nahrung stellen die gewöhnliche Lebensweise infrage und signalisieren damit die Notwendigkeit zur Umkehr. Der härene Mantel und der Ledergürtel erinnern zudem an die Bekleidung von Propheten (Sach 13,4) und speziell an die des Elia, des großen Propheten der Vorzeit (2Kön 1,8), der nicht gestorben, sondern in den Himmel entrückt worden war (2Kön 2,11) und dessen Wiederkunft man vor dem Endgericht erwartete (Mal 3,1.23). Johannes wird sich durch seine Lebensweise in die Tradition der Propheten Israels eingereiht und vielleicht bewusst an Elia orientiert haben. In jedem Falle „benutzte" er wohl seinen Habit und seine Essensgewohnheiten, um die Radikalität seiner Umkehrforderung zu unterstreichen.

Der Prophet der letzten Stunde
Daran, dass Johannes als Prophet gewirkt hat oder wenigstens als ein solcher gesehen wurde, lassen die neutestamentlichen Berichte keinen Zweifel. „Um einen Propheten zu sehen" (Mt 11,9), waren die Menschen hinaus an den Jordan gezogen, „denn sie hielten alle Johannes wirklich für einen Propheten" (Mk 11,32). Auch wenn nach Joh 1,21 der Täufer nicht nur leugnet, der Christus oder der

wiedergekommene Elia zu sein, sondern auch die Bezeichnung Prophet für sich zurückweist, so besagt dies noch nicht, dass er im Volk nicht doch als ein solcher gesehen wurde. Die anfänglichen Skrupel des Herodes, Johannes zu töten, werden jedenfalls recht glaubhaft damit begründet, dass das Volk ihn für einen Propheten hielt (Mt 14,5; vgl. 21,26). Interessant ist nun aber, dass Jesus ihn offenbar aus der Traditionslinie der Propheten Israels herausragen sah („Ja, ich sage euch: er ist mehr als ein Prophet!", Mt 11,9); er nennt ihn den Größten unter allen, die von einer Frau geboren wurden, und zugleich den Kleinsten im Himmelreich (Mt 11,11) und identifiziert ihn schließlich ganz eindeutig mit „Elia, der da kommen soll" (Mt 11,14; vgl. Mk 9,11–13/Mt 17,10–13). Es kann kein Zweifel darüber bestehen, dass eine der umlaufenden Meinungen über Johannes war, er sei der Elia redivivus, der wiedergekommene Elia, von dem es beim Propheten Maleachi heißt: „Siehe, ich will meinen Boten senden, der vor mir her den Weg bereiten soll ... Siehe, ich will euch senden den Propheten Elia, ehe der große und schreckliche Tag des Herrn kommt. Der soll das Herz der Väter bekehren zu den Söhnen, auf dass ich nicht komme und das Erdreich mit dem Bann schlage" (Mal 3,1.23f.). Immerhin passte das Auftreten des Täufers als Bußprediger, der angesichts des nahen Gerichts zur Umkehr ruft, in diese Elia-Erwartung hinein. Und auch in der Geburtsgeschichte schlägt sich eine solche Sichtweise nieder, wenn es in der Ankündigung seiner Geburt von Johannes heißt, dass er das Volk Israel zu Gott bekehren und vor Gott hergehen werde „im Geist und in der Kraft Elias" (Lk 1,17). Ob Johannes sich selbst als Elia redivivus verstanden hat, muss freilich offen bleiben; es spricht aber einiges (wie z.B. seine Kleidung) dafür, dass er sich zumindest sehr stark auf Elia bezogen hat.

Nach Joh 1,23 hat Johannes auf die Frage, was er denn von sich selbst lehre, mit einem Zitat aus dem Jesajabuch geantwortet: „Ich bin die Stimme eines Predigers in der Wüste: Ebnet den Weg des Herrn!" (Jes 40,3). Damit hätte er sich in Analogie zu dem vor Gott einhergehenden Heilsboten gesehen, von dem der zweite Jesaja sagt, dass er das geschlagene Volk tröstet, ihm das Ende des Exils und die Vergebung seiner Schuld zusagen und die Offenbarung der Herrlichkeit Gottes vorbereiten wird. Da wir demselben Zitat auch am Beginn des Johannesberichts im Markusevangelium begegnen (Mk 1,3), wird es zumindest in der Fremdeinschätzung des Täufers (durch seine Jünger?) eine Rolle gespielt haben. Vielleicht hat er aber auch selbst sich schon als „Stimme in der Wüste" verstanden.

Auch im Blick auf das Prophetentum des Täufers lassen sich wieder Verbindungslinien zur essenischen Gemeinschaft von Qumran entdecken, namentlich wenn man Johannes mit der zentralen Figur der Wüstengemeinde, dem „Lehrer der Gerechtigkeit", vergleicht (vgl. hierzu Becker, 1972, 56–62). Beide verstehen sich als Bußprediger, die vom Geist Gottes beauftragt und inspiriert sind, angesichts des in Kürze erwarteten Gottesgerichts die Umkehr als letzte Möglichkeit der Rettung zu verkünden; beide geraten auf Grund ihres Bußernstes in scharfen Konflikt zu den bestehenden Ordnungen und Lebensformen; beide führt dieser Konflikt in die Wüste; und beide beanspruchen für sich selbst eine heilsmittlerische Funktion: Johannes vermittelt durch die Taufe Sündenvergebung; der Lehrer der Gerechtigkeit ist „Heilung allen, die umkehren von Sünde" (1QH II,8 f.). Dadurch dass sie sich je in exklusiver Weise als Mittler des Heils sehen, desavouieren beide in ungeheurer Weise den Jerusalemer Tempel.

Die zwischen Johannes und dem Lehrer der Gerechtigkeit bestehenden Ähnlichkeiten lassen beide als „prophetische Charismatiker" erscheinen, die „bei aller Verschiedenheit den gleichen Grundtyp eines von Gott als letzten gesandten Propheten mit mittlerischer Funktion im Gegensatz zu Israels Heilsanspruch repräsentieren" (Becker, 1979, 60). Das muss keineswegs heißen, dass die beiden Männer sich begegnet sind oder auch nur einander kannten. Es kann auch sein, dass wir in Johannes dem Täufer und dem Lehrer der Gerechtigkeit zwei unabhängig voneinander wirkende Propheten zu sehen haben, die lediglich durch ein ähnliches theologisch-religiöses Milieu beeinflusst und geprägt waren.

In jedem Fall wird Johannes sich als der „Prophet Gottes in letzter Stunde" (Ernst, 1989, 300) verstanden haben, der in der Tradition der alttestamentlichen Gerichtspropheten stehend doch als letzter Künder der Umkehr vor dem Gericht über sie hinausragt. Dass sein Denken und Wirken dabei auch vom essenischen Geist beeinflusst war, ist genauso wenig von der Hand zu weisen wie die Prägungen durch apokalyptisches Gedankengut. Man muss deswegen in Johannes nicht gleich einen Qumran-Essener oder einen ausgesprochenen Apokalyptiker sehen. In seinem Auftreten mischen sich vielmehr unterschiedliche geistige Strömungen seiner Zeit in einer sehr individuellen und sehr prägnanten Weise.

Jedenfalls müssen seine Zeitgenossen davon so beeindruckt gewesen sein, dass sie sich in großer Zahl aufmachten, um die Stimme des Rufers in der Wüste zu hören. Dass „das ganze jüdische Land und alle Leute von Jerusalem" (Mk 1,5) zu Johannes in die Wüste gepilgert seien, wird zwar eine Übertreibung sein, aber dass der Täufer in der Tat die Massen bewegte, zeigt schon der Umstand, dass sich selbst der Königshof des Herodes Antipas von diesem Bußprediger beeindruckt zeigte.

Die Predigt: Das Gericht und das Erbarmen Gottes

Dabei sagte Johannes seinen Zuhörern alles andere als Nettigkeiten. Es ist zwar für uns nur noch schwer erkennbar, was genau der Täufer gepredigt hat, weil die Evangelien uns nur einen Blick „durch die christliche Brille" gestatten und Flavius Josephus, unsere einzige nicht-christliche Quelle zu Johannes, sich in dieser Hinsicht vollkommen ausschweigt. Wenn man sich aber der Mühe unterzieht, alle denkbaren christlichen Interpretationen, Änderungen und Ergänzungen abzutragen (vgl. von Dobbeler, 1988, 45–82), erhält man einen möglichen Grundbestand der Täuferpredigt.

Wie viele seiner Zeitgenossen ist Johannes überzeugt, dass die Geschichte auf ihr Ende zuläuft und das letzte Gericht bevorsteht. Im Unterschied zu anderen apokalyptischen Visionären radikalisiert er diesen Gedanken jedoch in einer charakteristischen Weise. Zum einen deuten die sprachlichen Bilder von der „Axt, die den Bäumen schon an die Wurzel gelegt ist" (Mt 3,10/Lk 3,9), und vom Mann mit der Worfschaufel, der bereits im Begriff ist, die Spreu vom Weizen zu trennen (Mt 3,12/Lk 3,17), auf die absolute Unausweichlichkeit und die unmittelbare Nähe des Gottesgerichts. Zum anderen kombiniert Johannes diese radikale Gerichtserwartung mit einer konsequenten Destruktion aller Heilssicherheiten Israels. Niemand kann sich angesichts des bevorstehenden Gerichts mehr darauf berufen, Abrahamskind, also Teil jenes Volkes zu sein, dem die Erwählungszusagen Gottes gelten: „Denkt nur nicht, dass ihr bei euch sagen könntet: Wir haben Abraham zum Vater. Denn ich sage euch: Gott vermag dem Abraham aus diesen Steinen Kinder zu erwecken" (Mt 3,9/Lk 3,8).

Darin unterscheidet sich Johannes in signifikanter Weise von anderen Apokalyptikern seiner Zeit. Das zu erwartende Gottesgericht lässt keinen Raum mehr für Heilssicherheiten, die in der Erwählungsgeschichte Israels gründen; vielmehr wird „jeder Baum, der nicht gute Frucht bringt, abgehauen und ins Feuer geworfen" (Mt 3,10/Lk 3,9). Johannes demaskiert konsequent alle, die sich als Abrahamskinder in Sicherheit wähnen; er nennt sie „Schlangenbrut" (Mt 3,7/Lk 3,7) und qualifiziert sie damit als Kinder jener

„alten Schlange" (Offb 12,9), die als Realsymbol für die gottfeind-
lichen Mächte schlechthin steht. Die Kompromisslosigkeit, mit der Johannes das letzte Gericht
ankündigt, ist ein wesentliches Merkmal seiner Predigt und wird
durch seine Lebensweise und durch die Wüste als Ort seines Auftretens noch unterstrichen. Er ist freilich kein reiner Untergangspro-
phet. Sein besonderes theologisches Profil liegt vielmehr gerade
darin, dass er das Gericht und das Erbarmen Gottes zusammenzusehen vermag (vgl. von Dobbeler, 1988, 77 ff.). Es gibt eine letzte
Chance der Rettung. Wer bereit ist zur Umkehr, seine Sünden be-
kennt und „rechtschaffene Frucht der Buße" (Mt 3,8/Lk 3,8) er-
bringt, darf sich zwar keineswegs seines Heils gewiss sein, kann aber
doch auf den erbarmenden Gott hoffen. Das Entscheidende ist
dabei die innere Erneuerung des Menschen, deren Ernsthaftigkeit
sich freilich erst durch die äußere Umkehr, d. h. durch eine radikale
Lebenswende erweist.

Dem Zorn Gottes zu entgehen, ist für Johannes keine menschliche Möglichkeit mehr; nur Gott selbst kann angesichts der endgültigen Zuspitzung der Geschichte noch Rettung gewähren. Es gibt
diese Hoffnung, weil Gott ein erbarmender Gott ist. Aber sie gilt
nur denen, die vorbehaltlos ihre Sünden bekennen, ihr Leben konsequent ändern und sich ganz der Barmherzigkeit Gottes anheim
stellen.

Was Johannes mit „Umkehr" oder „Lebenswende" konkret gemeint haben könnte, spezifiziert die im Lukasevangelium überlieferte sog. „Standespredigt" (Lk 3,10–14). Neben der an alle gerichteten Mahnung zum Teilen von Nahrung und Kleidung werden hier
zwei Berufsgruppen besonders in den Blick genommen: Zöllner sollen nicht mehr Zoll einfordern, als ihnen zusteht, und Soldaten werden aufgefordert, niemandem Gewalt oder Unrecht anzutun und
sich mit ihrem Sold zufrieden zu geben. Angesichts der Radikalität
der johanneischen Gerichtsankündigung und der Schärfe seines
Umkehrrufs klingen diese Anweisungen seltsam harmlos und mode-
rat. Auf eine konsequente Lebenswende jedenfalls scheinen sie
nicht abzuzielen. Es ist daher anzunehmen, dass die „Standespredigt" nicht auf Johannes selbst zurückzuführen ist, sondern einen
späteren Versuch (durch seine Jünger?) der Aktualisierung und
Konkretisierung der Umkehrpredigt des Täufers darstellt.

Als Prophet der letzten Stunde sieht sich Johannes als direkten
Vorläufer eines „Stärkeren", der kommen wird, um „mit dem heiligen Geist und mit Feuer" zu taufen (Mt 3,11/Lk 3,16). Die christ-

liche Interpretation der Evangelien hat diese Ankündigung eines nach Johannes kommenden Stärkeren auf Jesus von Nazareth bezogen und den Täufer damit zum Vorläufer Jesu stilisiert. Johannes selbst aber wird mit dem Stärkeren, dessen Schuhriemen zu lösen er sich nicht für wert hielt (Lk 3,16), Gott gemeint haben, den zum Gericht erscheinenden Richter. Das Bild der Geist- und Feuertaufe, die der kommende Stärkere spenden wird, zeigt, dass Johannes das letzte Gericht als ein Vernichtung und Rettung umschließendes Geschehen versteht. Verzehrendes Feuer und Leben spendender Geist gehen vom Richter aus, und die metaphorische Verwendung des Begriffs der Taufe setzt das rettende und richtende Handeln Gottes zugleich in enge Beziehung zu der Wassertaufe, die Johannes vollzieht. Nur wer sich jetzt von Johannes mit Wasser taufen lässt, wird der Feuertaufe entgehen und in den Genuss der Geisttaufe kommen können. Damit gewinnen Taufe und Täufer eine heilsmittlerische Funktion.

Die Taufe des Johannes

Johannes ist „der Täufer". Dieser Beiname macht ihn nicht nur gegenüber Namensvettern identifizierbar, sondern weist auf die zentrale Bedeutung der Taufe in seinem Wirken hin. Selbst Flavius Josephus nennt ihn „den Täufer" (ant. XVIII,5,2). Seine Taufpraxis zeigt uns Johannes zugleich als ein Kind seiner Zeit und als eine originelle und unverwechselbare Persönlichkeit. Denn zum einen ist die Taufe des Johannes „eingebettet in eine breite Taufbewegung des Vorderen Orients mit einer weit reichenden Vor- und Nachgeschichte" (Ernst, 1989, 339), zum anderen lässt sich das Typische der Johannestaufe eben gerade nicht aus diesem allgemeinen Rahmen ableiten.

Den Ablauf einer von Johannes vorgenommenen Taufe müssen wir uns vermutlich so vorstellen: Die Taufwilligen äußerten dem Täufer gegenüber – als Reaktion auf seine Bußpredigt – ihren Wunsch, getauft zu werden; der Taufe voraus ging ein Sündenbekenntnis, mit dem der Täufling die Ehrlichkeit und Ernsthaftigkeit seiner Bußbereitschaft dokumentierte; zur Taufe selbst stieg Johannes vermutlich mit dem Täufling in die Wasser des Jordan und tauchte ihn darin vollständig unter; abgeschlossen wurde die Taufhandlung durch ein stilles Gebet des Getauften am Jordanufer.

Im Neuen Testament wird die Johannestaufe „Taufe der Buße zur Vergebung der Sünden" genannt (z.B. Mk 1,4/Lk 3,3).[16] Diese sprachlich etwas überladene Wendung zeigt gleichwohl die inhaltlichen Kernpunkte der Johannestaufe: Sie ist ein symbolischer Akt, mit dem der Täufling sein Sündenbekenntnis und seinen Umkehrwillen besiegelt; sie ist zugleich ein symbolischer Akt, mit dem der Täufer die Zusage an den Täufling besiegelt, dass Gott einem bußfertigen Sünder sein Erbarmen zeigen und ihm im unmittelbar bevorstehenden letzten Gericht die Sünden vergeben wird. Als eine eschatologische Versiegelung, die ein Bestehen im Zorngericht Gottes ermöglicht, steht die Taufe im Zentrum dessen, wozu Johannes sich gesandt sieht. Sie ist zwar noch nicht „sakramental" verstanden, aber doch als eine unabdingbare Voraussetzung für die Rettung im Gericht. Und Johannes ist zwar nicht im strengen Sinne direkter Mittler des Heils/der Sündenvergebung; aber die Taufe als ein für den Erhalt der Sündenvergebung unabdingbarer Akt ist doch exklusiv an ihn als den Täufer gebunden.

Wenn wir nach dem besonderen Standort fragen, den die Taufe des Johannes innerhalb des Judentums und insbesondere im Rahmen verschiedener Taufformen und Waschungen innehatte, so steht zunächst einmal außer Frage, dass die kultische Kategorie der Reinheit und die daran orientierten Reinheitsvorschriften des Alten Testaments als *Hintergrund* für das Verständnis der Johannestaufe wichtig sind. Denn hier wie dort geht es um die Wiedererlangung eines Zustands, der ein Stehen vor Gott (im Tempel/im Gericht) erlaubt. Aber selbst da, wo in Reinigungsvorschriften Waschungen vorgesehen sind, sind diese doch schon durch ihre Wiederholbarkeit von der Johannestaufe grundsätzlich unterschieden. Außerdem handelte es sich dabei um Selbstwaschungen, die eines Täufers nicht bedurften.

Ob das sog. Proselytentauchbad, mit dem Heiden, die sich zum Judentum bekehrt hatten, in den jüdischen Gemeindeverband aufgenommen wurden, bereits zur Zeit des Johannes praktiziert wurde, ist ungewiss, denn die ältesten Zeugnisse dafür stammen aus dem 1. nachchristlichen Jh. (vgl. Strack/Billerbeck, 1986, 102–108). Aber selbst „wenn die jüdische Proselytentaufe schon bestand, als Johannes seine Tauftätigkeit begann, ist es mehr als unwahrscheinlich, dass er an das Tauchbad bei der Aufnahme eines Heiden ins Judentum angeknüpft hat und von da seinen eigenen Taufritus herleitete" (Sint, 1964, 88). Zwar sind beide Taufformen einmalige Akte, die durch vollständiges Untertauchen des Täuflings vollzogen werden. Aber die Johannestaufe richtet sich nicht an bekehrungswillige Heiden, sondern an das Volk Israel und ist daher im Unterschied zur Proselytentaufe kein Initiationsritus. Und andererseits spielt das

Sündenbekenntnis des Täuflings, das für die Johannestaufe konstitutiv ist, beim Proselytentauchbad keine wesentliche Rolle. Johannestaufe und Proselytentaufe gehören demselben Komplex von Vorstellungszusammenhängen und damit demselben Traditionsstrom an, repräsentieren jedoch durchaus unterschiedliche Ausformungen jüdischer Tauftradition.

Ähnliches wird man auch von den Tauchbädern der essenischen Gemeinde von Qumran sagen müssen. Die schon mehrfach erkenntliche Nähe des Täufers zu den Qumranleuten zeigt sich im Blick auf die Taufpraxis in einer überraschend großen Zahl von Gemeinsamkeiten zwischen der Johannestaufe und den Tauchbädern von Qumran. Neben dem priesterlichen Milieu, der Wertschätzung der Wüstentraditionen, der Distanz zu Jerusalem sowie zur Tempelaristokratie sind vor allem der Ruf zu Umkehr und Sündenbekenntnis und die Vorstellung einer Läuterung durch Feuer und Geist Elemente, die die Johannestaufe und die Qumrantauchbäder verbinden. Aber auch hier ist die zu beobachtende Nähe wohl nicht im Sinne einer Abhängigkeit der einen von der anderen Taufform zu erklären. Die Qumranessener und Johannes verbindet ein gemeinsamer Mutterboden jüdischer Traditionen – eben auch im Blick auf die Reinheitsvorstellungen. Aber die Besonderheiten der Johannestaufe, wie z. B. ihre Einmaligkeit und ihr enger Bezug zur Sündenvergebung im Gericht, werden dadurch noch nicht erklärt; die Tauchbäder von Qumran sind auf Wiederholung angelegt und als Symbol der Läuterung durch Geist und Wahrheit, keineswegs als einmalige eschatologische Versiegelung.

Am ehesten wird man den Besonderheiten der Johannestaufe gerecht, wenn man sie als originäre Phänomene betrachtet und vom prophetischen Selbstverständnis des Täufers her interpretiert. Dann bekommt die Taufe den Charakter einer prophetischen Zeichenhandlung und es wird deutlich, dass Taufe und Predigt des Johannes so eng aufeinander bezogen sind, dass das eine ohne das andere nicht verstanden werden kann. Die Wassertaufe, die Johannes spendet, ist in gewissem Sinn schon eine Vorwegnahme jener Feuer- und Geisttaufe, die im letzten Gericht Vernichtung oder Leben bewirken wird. Denn die von Johannes mit Wasser Getauften gelten als Versiegelte und damit als solche, die im Gericht Vergebung und Rettung erfahren werden. Wer sich dagegen der Predigt und der Taufe des Johannes verweigert, hat sich der allerletzten Chance begeben, im Gericht zu bestehen.

Die Orientierung an der prophetischen Tradition, die für Johannes kennzeichnend war, und speziell seine Ausrichtung an den beiden großen Prophetengestalten Elia und Elischa könnten für sein Taufverständnis entscheidend gewesen sein. Dann bekäme eine Erzählung aus den alttestamentlichen Königsbüchern geradezu paradigmatischen Charakter: In 2Kön 5 wird berichtet, wie Elischa den Syrer Naaman, der vom Aussatz befallen ist, heilt, indem er ihn anweist, in die Wasser des Jordan zu steigen und siebenmal unterzutauchen. Naaman wird nicht nur vom Aussatz geheilt, sondern bekehrt sich auch von den Göttern zu dem einen Gott Israels. Es ist kaum anzunehmen, dass Johannes seine Tauftätigkeit nicht auch von dieser Geschichte her verstanden hat. Daneben spielten aber wohl auch prophetische Worte eine Rolle, die von der rettenden Reinigung durch Wasser sprechen; so heißt es z. B. beim Propheten Jeremia: „So wasche nun, Jerusalem, dein Herz vom Bösen rein, damit du gerettet wirst!" (Jer 4,14; vgl. Jes 1,16; Ez 36,25 u. ö.). In seiner Verkündigung und in seiner Taufpraxis spitzt Johannes die prophetische Tradition, der er sich verpflichtet weiß, zu auf die Situation der letzten Zeit vor dem Erscheinen Gottes zum Endgericht. Weil Johannes die Taufe als der letzte Prophet spendet, ist sie eng an seine Person gebunden; sie ist „Taufe des Johannes", wie es mehrfach im Neuen Testament heißt. Als ein Symbol der Umkehr und der endzeitlichen Rettung hat die Taufe eine nicht zu überschätzende Bedeutung im Wirken und in der Wirkung des Johannes gehabt.

Die Taufe Jesu

Zu denen, die zu Johannes an den Jordan hinauszogen, um seine Predigt zu hören und sich von ihm taufen zu lassen, gehörte auch Jesus von Nazareth. Die Tatsache, dass die Evangelien, die in ihrer Darstellung sonst durchgängig an einer Subordination des Johannes unter Jesus interessiert sind, von der Taufe Jesu durch Johannes berichten, lässt keinen Zweifel an der Historizität dieses Geschehens. Denn dass Jesus sich von Johannes taufen ließ, lief diesem Erzählinteresse ja geradezu zuwider. Freilich wird der bei Matthäus berichtete Dialog zwischen dem Täufer und dem Nazarener so nicht stattgefunden haben; nach Mt 3,14–15 wehrt Johannes das Taufbegehren Jesu zunächst mit der Frage ab: „Ich bedarf dessen, dass ich von dir getauft werde, und du kommst zu mir?" Und erst als Jesus ihn darauf hinweist, dass dies notwendig sei, „denn so gebührt es uns, alle Gerechtigkeit zu erfüllen", gibt Johannes dem Taufwunsch des Nazareners statt. Allzu offensichtlich ist hier das Bemühen, die Anstößigkeit der Taufe des Gottessohnes durch Johannes abzumildern. Historisch wahrscheinlich ist dagegen, dass Jesus unerkannt unter den Vielen war, die Johannes im Jordan taufte. Ob er bei dieser Gelegenheit sein Berufungserlebnis hatte, wie es die Evangelienberichte darstellen, ist ungewiss.

Man hat in der Forschung immer wieder erwogen, ob die Taufe Jesu durch Johannes nicht als ein Beleg dafür zu werten ist, dass Jesus ursprünglich zu den Schülern des Johannes gehörte. Für diese Annahme könnte sprechen, dass die Verkündigung des Täufers und die Predigt Jesu große Ähnlichkeit besitzen. Beide verkünden unisono: „Tut Buße, denn das Himmelreich ist nahe herbeigekommen!" (Mt 3,2; 4,17). Ist Jesus also ein Johannesjünger gewesen, der dann zunächst „mit einem Kreis Gleichgesinnter neben Johannes getauft" (Becker, 1972, 15) und sich erst allmählich von seinem Lehrer gelöst und eigene Akzente gesetzt hat? Ist die Jesusbewegung also historisch nichts anderes als „eine Absplitterung der Johannessekte" (Bultmann, 1977, 25) gewesen? Ganz von der Hand zu weisen ist diese Vermutung nicht; andererseits setzt sie aber eine regelrechte Schule des Johannes voraus – und das wiederum passt schlecht zu dem Bild des einsamen Rufers in der Wüste und zu der radikalen Enderwartung seiner Predigt. Vielleicht kann man etwas vorsichtiger annehmen, dass Jesus vor seinem öffentlichen Auftreten allgemein zur Bußbewegung des Johannes gehörte oder zumindest religiös von ihr geprägt war. Eine geistig-geistliche Nähe zwischen Johannes und Jesus ist ja nicht zu leugnen, und da Johannes der Ältere gewesen sein wird, wird eher Jesus von Johannes „gelernt" haben als umgekehrt.

Der Konflikt mit Herodes Antipas und der Tod des Täufers

Flavius Josephus schreibt im Anschluss an seinen Bericht über den gescheiterten Feldzug des Herodes Antipas gegen den Nabatäerkönig Aretas IV.:

„Manche Juden waren übrigens der Ansicht, der Untergang der Streitmacht des Herodes sei nur dem Zorne Gottes zuzuschreiben, der für die Tötung Johannes' des Täufers die gerechte Strafe gefordert habe. Den letzteren nämlich hatte Herodes hinrichten lassen, obwohl er ein edler Mann war, der die Juden anhielt, nach Vollkommenheit zu streben, indem er sie ermahnte, Gerechtigkeit gegeneinander und Frömmigkeit gegen Gott zu üben und so zur Taufe zu kommen … Da nun infolge der wunderbaren Anziehungskraft solcher Reden eine gewaltige Menschenmenge zu Johannes strömte, fürchtete Herodes, das Ansehen des Mannes, dessen Rat allgemein befolgt zu werden schien, möchte das Volk zum Aufruhr treiben, und hielt es daher für

besser, ihn rechtzeitig aus dem Wege zu räumen, als beim Eintritt einer
Wendung der Dinge in Gefahr zu geraten und dann, wenn es zu spät sei,
Reue empfinden zu müssen. Auf diesen Verdacht hin ließ also Herodes den
Johannes in Ketten legen, nach der Festung Machaerus bringen, ..., und dort
hinrichten" (ant. XVIII,5,2).

Nach dieser Darstellung lag der Hinrichtung des Täufers durch
Herodes Antipas nichts anderes als ein – vielleicht von einer gewissen Ängstlichkeit zeugendes – machtpolitisches Kalkül zu Grunde.
Ein Mann mit solchem Zulauf, dem die Menschen selbst in die
Wüste folgten und der offenbar in einer demonstrativen Opposition
zur städtischen und höfischen Kultur lebte, konnte schnell gefährlich werden. Eine „vorsorgliche" Hinrichtung konnte diese Gefahr
im Keim ersticken.

Wahrscheinlich hat aber die Hinrichtung des Täufers durch Antipas noch einen anderen Hintergrund, von dem Josephus zwar auch
berichtet, ohne ihn jedoch in einen direkten Bezug zum Täufer und
zu dessen gewaltsamen Tod zu setzen: die aus Sicht eines frommen
Juden ungesetzliche und anstößige Heirat des Herodes mit Herodias. Die Evangelien, die im Protest des Johannes gegen diese Heirat den eigentlichen Anlass für Verfolgung, Haft und Hinrichtung
des Täufers sehen, werden hier historisch im Recht sein (vgl. von
Dobbeler, 1988, 205).

Die im Hintergrund stehenden politischen und familiären Verhältnisse sind etwas verworren (vgl. hierzu Lupieri, 1978, 450ff.):
Herodes Antipas, Sohn Herodes' des Großen, herrschte von 4 v. Chr.
bis 39 n. Chr. über Galiläa und Peräa. Er war lange Jahre mit der
Tochter des Nabatäerkönigs Aretas IV. verheiratet, verstieß sie dann
aber, um Herodias zu heiraten, was ihm den Zorn des Nabatäerkönigs und die militärische Niederlage eintrug, von der Josephus berichtet. Herodias wiederum, Tochter eines Halbbruders des Antipas,
verließ um der neuen Verbindung willen ihren ersten Ehemann, der
ebenfalls Herodes hieß und auch ein Halbbruder des Antipas war.
Mit Herodias heiratete Antipas also eine Frau, die bereits seine
Nichte und seine Schwägerin war. Salome, die nach den Berichten
im Markus- und Matthäusevangelium eine verhängnisvolle Rolle
beim Tod des Täufers spielte, war eine Tochter der Herodias aus
ihrer ersten Ehe und heiratete später den Tetrarchen Philippus, der
ebenfalls ein Halbbruder des Herodes Antipas war. Diese verworre-
nen Familienverhältnisse werden auch für Markus schon schwer zu
durchschauen gewesen sein, denn er bezeichnet fälschlich Philippus
als ersten Mann der Herodias (Mk 6,17).

Es werden ganz handfeste dynastische Interessen gewesen sein, die Herodes Antipas dazu bewogen, eine eheliche Verbindung mit Herodias zu suchen, denn sie war eine Enkelin der Mariamne, der Ehefrau Herodes' des Großen, und damit ein Spross der königlichen Familie der Hasmonäer. Antipas, der selbst nicht dieser dynastischen Linie entstammte, wollte wohl durch die Heirat mit Herodias und die damit gegebene Verbindung zu den mächtigsten Familien Palästinas seine Stellung als Herrscher von Galiläa und Peräa absichern.

Deswegen war die Kritik, die der Täufer an der Ehe zwischen Herodes und Herodias übte (Mk 6,18/Mt 14,4), auch mehr als eine reine Moralpredigt; sie hatte vielmehr von vornherein erhebliche politische Implikationen, gefährdete sie doch die dynastische Verbindung des Antipas zu den mächtigen Hasmonäern.

Die folgenden Ereignisse lassen sich historisch nur in groben Zügen rekonstruieren. Als sicher kann gelten, dass Herodes Johannes verhaften, ins Gefängnis werfen und schließlich hinrichten ließ. Schwieriger zu beantworten sind dagegen die Fragen nach Ort und Dauer der Haft und nach dem Zeitpunkt der Hinrichtung. Josephus nennt als Inhaftierungsort die Festung Machaerus, „eine östlich des Toten Meeres im Südzipfel von Peräa gelegene Wüstenburg" (Ernst, 1989, 343). Die Glaubwürdigkeit dieser Nachricht wird durch die örtliche Nähe der Festung zum Wirkungsfeld des Täufers unterstrichen. Andererseits lässt die Schilderung der Evangelien eher an den Königshof in Tiberias als Ort der Haft und der Hinrichtung denken. Nach dem Bericht des Markusevangeliums (Mk 6,14–29) spitzt sich die Situation bei einem Festmahl zu, zu dem Herodes anlässlich seines Geburtstags „seine Großen und die Obersten und die Vornehmsten von Galiläa" (Mk 6,21) geladen hatte. Ein solches Fest kann man sich eher am Königshof als auf einer abgelegenen Wüstenfestung vorstellen. Auch die – freilich historisch wenig glaubhafte – Erzählung von den Jüngern, die der Täufer aus der Haft zu Jesus schickt (Mt 11,2–6/Lk 7,18–23), spricht wegen der geografischen Nähe zum Wirkungsbereich Jesu eher für Tiberias als Haftort.

Die detaillierte Schilderung des Festverlaufs, die das Markusevangelium bietet, trägt eindeutig legendarischen Charakter, muss deswegen aber keinesfalls völlig unhistorisch sein: Betört vom Tanz seiner Stieftochter verspricht ihr Herodes die Erfüllung einer Bitte „bis zur Hälfte meines Königreichs" (Mk 6,23). Nach Beratung mit ihrer Mutter Herodias, in der Markus die treibende Kraft zur Tötung des Täufers sieht, wünscht sich Salome das Haupt des Johannes auf einer Schale. Herodes kann auf Grund der Anwesenheit seiner Edlen nicht anders, als ihr die Bitte zu erfüllen, und lässt den Täufer enthaupten – ein Befehl, der ihm widerstrebt, denn obwohl er Johannes fürchtet, hält er ihn doch für einen frommen und heiligen Mann und hört ihn gerne (Mk 6,20). Der Leichnam des Täufers wird seinen Anhängern übergeben und von ihnen begraben.

Wie lange Johannes vor seiner Hinrichtung im Gefängnis saß, lässt sich nicht sagen. Der Bericht des Josephus spricht eher für eine kurze, die von den Evangelien geschilderte Gesandtschaft zu Jesus eher für eine längere Haftdauer. Vor dem Hintergrund der machtpolitischen Überlegungen, die Herodes Antipas zur Verhaftung und Tötung des Täufers getrieben haben, kommt die Annahme, er habe „kurzen Prozess" mit ihm gemacht, allerdings der historischen Wahrheit wahrscheinlich am nächsten.

Auch der Zeitpunkt der Hinrichtung lässt sich nur ungefähr eingrenzen. Da man Jesus u. a. auch für den wieder auferstandenen Johannes hielt (Mk 6,14), muss der Täufer vor dem Beginn des öffentlichen Auftretens Jesu hingerichtet worden sein. Wenn wir von der Kreuzigung Jesu, die gemeinhin auf das Passafest 30 n. Chr. datiert wird, drei Jahre der Wirksamkeit zurückrechnen, müsste Johannes also vor 27 n. Chr. getötet worden sein.

Ob er von seinen Anhängern postum „messianisiert" wurde, ist ungewiss. Daher lässt sich auch nicht mehr mit Sicherheit sagen, ob ihn seine Jünger in Konkurrenz zu dem Messias Jesus sahen. Sicher hielten sie ihn für eine Heilsgestalt, deren Vermächtnis, die Taufe und deren sündenvergebende Wirkung sie bewahrten. So existierten neben den sich entwickelnden christlichen Gemeinden über einen längeren Zeitraum hinweg noch Täufergemeinden.

Literatur: J. Ernst, Johannes der Täufer. Interpretation – Geschichte – Wirkungsgeschichte, Berlin/New York 1989.

Jesus von Nazareth und seine Familie

Im 1. Jh. schrieb ein Mann an seine Frau den folgenden Brief nach Alexandrea:

„Hilarion an Alis, seine Schwester, Viele Grüße! Auch an Berus, meine Herrin, und Apollonarion! Wisse, dass wir auch jetzt noch in Alexandrea sind. Ängstige dich nicht, wenn beim allgemeinen Einrücken ich in Alexandrea bleibe. Ich bitte dich und flehe dich an, sorge für das Kindchen. Und sobald wir erst Lohn erhalten, werde ich ihn für dich hinaufsenden. Wenn du … gebierst, wenn es männlich war, lass es (leben); wenn es weiblich war, setze es aus. Du hast der Aphrodisias aufgetragen: 'Vergiss mich nicht!' Wie könnte ich dich vergessen? Ich bitte dich also, dich nicht zu ängstigen" (in: Barret/Thornton, 1991, 65).

Dieser Brief wirft ein erstes Schlaglicht auf Strukturen einer antiken „Normalfamilie". Frau und Kind leben in den Bergen, der Vater arbeitet in der Ebene fernab von zu Hause. Innerhalb der Familie ist er für den Unterhalt zuständig. Treu sorgend verspricht er seinen ersten Lohn sogleich seiner Frau schicken zu lassen. Rollen- und Kompetenzverteilung erscheinen eindeutig. Die starke emotionale Komponente, die sich in der Sorge um das gemeinsame Kind und in der Sorge der Ehepartner umeinander ausdrückt, kontrastiert für unser Empfinden heftig mit der Anweisung, ein neugeborenes Mädchen auszusetzen. Offensichtlich war das Aussetzen von Kindern nicht ungewöhnlich und moralisch nicht diskreditiert. Der christliche Autor des um 190 n. Chr. in Alexandrien geschriebenen Briefes an Diognet wirbt u. a. für das Christentum mit dem Argument, dass die Christen zwar heiraten und Kinder bekommen wie alle Menschen, dass sie aber ihre Kinder nicht aussetzen (5.6). Grundsätzlich muss man bedenken, dass eine Kindheit in der Antike anders war als in unserer heutigen Moderne (vgl. zum Folgenden: Müller, 1992, 123–164).

„Ganz generell muss man sagen, dass es eine 'Kindheit' im modernen Sinn in der Antike so nicht gab. Die Kindheit wird nicht als Lebensphase mit eigenem Wert angesehen … Die Kindheit war eine Vorstufe zum Menschsein. In der hellenistisch-römischen und der jüdischen Umwelt war die Vorstellung vom Menschsein durchaus unterschiedlich geprägt. Im Hellenismus spielt der Gedanke der Paideia eine zentrale Rolle. Das Judentum betont die Einbindung sowohl des Einzelnen als auch des Volkes in den Zusammenhang von Verheißung und Bundesverpflichtung. Es werden also in beiden Bereichen durchaus Akzente gesetzt. Es besteht aber eine grundsätzliche Übereinstimmung darin, dass erst der erwachsene Mensch, im Grunde nur der erwachsene Mann, in der Lage ist, das auszufüllen, was mit diesen Begriffen umschrieben wird. Kindsein ist deshalb wesentlich bestimmt durch das 'noch nicht': Kinder sind noch nicht erwachsen" (ebd. 162).

Obwohl wir im Neuen Testament hierüber keine Nachrichten finden, müssen wir auf diesem Hintergrund davon ausgehen, dass der heranwachsende Jesus eine stärkere Beziehung zu seinem Vater Joseph als zu seiner Mutter Maria gehabt hat. Unter rechtlichen Gesichtspunkten war er bis ins Erwachsenenalter von Joseph abhängig. Daneben wurde er von seinem Vater von früh an in die handwerklichen Fähigkeiten eingeübt. Der Talmud äußert sich eindeutig: „Wer seinen Sohn nicht ein Handwerk lehrt, (verhält sich) als ob er ihn die Räuberei lehrt" (Oid 30b, 29a). Auch die religiöse Erziehung obliegt dem Vater. Er macht seinen Sohn mit der Tora, den Sitten und Gebräuchen des jüdischen Volkes bekannt. Bei Jesus Sirach findet sich eine erzieherische Grundregel, nach der sicher viele Väter zur Zeit Jesu mit ihren Söhnen verfahren sind:

„Wer seinen Sohn lieb hat, der hält den Stock für ihn bereit, damit er später Freude erleben kann ... Ein ungebändigtes Pferd wird störrisch, ein zügelloser Sohn wird unberechenbar. Verzärtle den Sohn und er wird dich enttäuschen, scherze mit ihm und er wird dich betrüben. Lach nicht mit ihm, sonst bekommst du Kummer und beißt dir am Ende die Zähne aus. Lass ihn nicht den Herrn spielen in der Jugend, lass dir seine Bosheiten nicht gefallen! Beug ihm den Kopf in Kindestagen, schlag ihn aufs Gesäß, solange er noch klein ist, sonst wird er störrisch und widerspenstig gegen dich und du hast Kummer mit ihm. Halte deinen Sohn in Zucht und mach ihm das Joch schwer, sonst überhebt er sich gegen dich in seiner Bosheit" (Sir 30,1.8–13).

Dort, wo die Frauen aus bitterer Not nicht auf dem Feld mitarbeiten mussten, gab es in der antiken Familie die Vorstellung einer strikten räumlich beschreibbaren Trennung der Kompetenzen von Mann und Frau. Philo von Alexandrien beschreibt dies idealtypisch:

„Marktplätze, Ratsversammlungen, Gerichtshöfe, gesellschaftliche Vereinigungen, Versammlungen großer Menschenmengen und der Lebensverkehr durch Wort und Tat unter freiem Himmel in Krieg und Frieden eignen sich nur für Männer; das weibliche Geschlecht dagegen soll das Haus hüten und daheim bleiben ... Denn es gibt zwei Arten städtischer Gebilde, größere und kleinere: Die größeren heißen Städte, die kleineren Hauswesen; von diesen beiden haben auf Grund der Teilung die Männer die Leitung der größeren, die man Stadtverwaltung nennt, die Frauen die der kleineren, die Haushaltung genannt wird. Die Frau soll sich also weiter um nichts kümmern als um die Obliegenheiten der Haushaltung" (Philo, Spec.Leg. 3,169 ff.).

Man sollte sich allerdings davor hüten, aus solchen eher abstrakten von Männern geschriebenen Regeln auf die Realitäten des Alltags kritiklos zurückzuschließen. Hanna Cotton hat kürzlich neu in der judäischen Wüste gefundene Papyri auf die Stellung der jüdischen Frau in Recht und Wirtschaft hin untersucht (2000, 23–30) und kam dabei zu erstaunlichen Ergebnissen, die Klischees von einer allgemeinen Unterordnung der Frau unter den Mann in öffentlichen Angelegenheiten zur Zeit Jesu widersprechen. Hanna Cotton konnte zeigen, dass Frauen sehr nachhaltig und unabhängig von ihren Männern am wirtschaftlichen Leben teilgenommen haben. Sie hatten Landbesitz, verkauften Grundstücke, bewirtschafteten Dattelhaine und verfügten frei über ihren Besitz, den sie zumeist von ihren Eltern geerbt hatten. Insgesamt fünf Papyri belegen, dass Frauen im Falle der Witwenschaft Haus und Vermögen des verstorbenen Ehemannes weiter nutzen durften. Falls Maria früh Witwe wurde (s. u.), könnten dies Belege dafür sein, dass sie weiterhin in wirtschaftlicher Unabhängigkeit leben konnte. Das Institut der Leviratsehe findet in diesen Texten keine Erwähnung, und es findet sich auch in der Überlieferung kein Hinweis darauf, dass Maria ein zweites Mal heiratete.

Jesus selbst entzog sich nach seiner Berufung den familiären Bindungen und lebte als charismatischer Wanderprediger in enger positiver Beziehung zu seiner 'familia dei', die auch in einen scharfen Kontrast zu seiner natürlichen Familie treten kann (s. u.). Mit 'familia dei' bezeichnet man die zahlreichen Sympathisanten und Sympathisantinnen, die Jesus auf seinen Wanderungen unterstützten. Sie gewährten ihm Obdach, halfen finanziell und erwiesen sich insgesamt als Unterstützer jener wandernden Charismatiker, die Jesus und seine Jünger waren.

Maria und Joseph

„Die Vielzahl der Forschungsbeiträge über Maria und die Anfänge der Mariologie stehen in umgekehrtem Verhältnis zu dem, was wir als historisch zuverlässige Überlieferung über die Mutter Jesu besitzen", schreibt zu Recht W. A. Bienert (1987, 380) und benennt hiermit zugleich die Problematik der folgenden Skizze. Denn in der

Darstellung kaum einer anderen Gestalt des frühen Christentums vermischen sich historische Erinnerungen, Glaubenswahrheiten und Legenden, theologische Reflexion, Apologetik und tiefe Volksfrömmigkeit bereits auf einer so frühen Stufe der Überlieferung wie bei Maria, der Mutter Jesu. Das Neue Testament erwähnt Maria insgesamt an 34 Stellen, davon 19-mal namentlich, 14-mal als „Mutter Jesu" und einmal in Joh 2,4 herrscht Jesus sie schlicht als „Frau" (vgl. auch Gal 4,4) an. Wenn wir uns an die *bruta facta*, an die einigermaßen wahrscheinlichen Daten aus dem Leben Marias und Josephs halten, ist das Leben der Eltern Jesu schnell geschrieben:

Maria wurde unter der Herrschaft des Hasmonäerkönigs Herodes' des Großen in dem Dorf Nazareth in Galiläa geboren (Lk 1,26). Sie wuchs in einem stark ländlich geprägten Milieu auf. Zu ihren Lebzeiten hatte der auf einem der Höhenzüge nahe der Jesreel-Ebene in einer Talsenke geschützt liegende Ort ungefähr 300 bis 500 Einwohner. Bei zahlreichen Ausgrabungen unter der heutigen Stadt Nazareth entdeckte man ein Netz von Zisternen und Kanälen, Wein- und Ölpressen sowie in die Felsen gehauene Getreidesilos. Die Kessellage bewirkte ein für den Ackerbau geeignetes mildes Klima. Der nächstgelegene größere Ort war Sepphoris. Es handelte sich also bei Nazareth keineswegs um eine Stadt, wie dies Matthäus und Lukas meinen (Mt 2,23; Lk 1,26; 2,4; 4,29), sondern um ein von Landwirtschaft und Kleingewerbe geprägtes Dorf mittlerer Größe. Wahrscheinlich wuchs Maria in einem gesetzesstrengen jüdischen Milieu auf; man hat unter der heutigen Josefs- und der Verkündigungskirche zwei Ritualbäder ausgegraben. Nach dem zweiten jüdischen Aufstand (135 n. Chr.) und der Vertreibung der Juden aus Jerusalem und Judäa siedelte sich in Nazareth die 18. Priesterklasse *(Pizzez)* an; der Ort wurde ein Hort jüdischer Tradition. Nach neutestamentlicher Überlieferung stammt Marias späterer Mann Joseph aus Bethlehem, wohnte jedoch in Nazareth, wo er als Bauhandwerker arbeitete. Damit gehörte er der recht schmalen Schicht des handwerklichen Mittelstandes an. Beschäftigung fand Joseph besonders in den umliegenden hellenistischen Städten; die Bautätigkeit unter Herodes war bekanntlich immens. Hieraus würden sich spätere Notizen über eine gelegentliche Abwesenheit von zu Hause erklären (Protevangelium des Jakobus 13,1). Andere späte Nachrichten, dass Joseph besonders mit dem Bau von Jochen und Pflügen beschäftigt gewesen sei (Kindheitsevangelium des Thomas 13), sprächen eher für eine ortsfeste Tätigkeit und könnten einen historischen Anhaltspunkt in der zunehmenden Spezialisierung des

Handwerks in Palästina seit dem Beginn der Hellenisierung gehabt haben (vgl. E. Stegemann/W. Stegemann 1995, 102). Ob Joseph davidischer Abstammung gewesen ist, wie dies zuerst Lukas und Matthäus betonen, kann historisch nicht geklärt werden. Die Bedeutung dieser Notiz für die Legitimierung des messianischen Anspruches Jesu liegt auf der Hand. Bethlehem ist die Stadt, aus der traditionell der Messias erwartet wird (vgl. Mi 5,1). Für eine Historizität der davidischen Abstammung Josephs spricht, dass Paulus, der mit Jakobus einen Bruder Jesu persönlich kannte (Gal 1,19), selbstverständlich von der davidischen Abstammung Jesu ausgeht (Röm 1,3f.). Auch berichtet der Kirchenvater Euseb über Nachfahren Jesu, die zur Zeit Domitians ihre Herkunft aus dem Geschlecht Davids nicht leugneten, obwohl sie dies in Schwierigkeiten bringen konnte (Eus.h.e. III,20,1–6). Doch:

„In Joh 7,42 wird gegen Jesu Messianität eingewandt, dass der Messias Nachkomme Davids sein und aus Bethlehem stammen müsse. Vorausgesetzt wird, dass Jesus keine der beiden Voraussetzungen erfüllt. Wer das davidische Bewusstsein der Familie Jesu als historisch verteidigen will, muss voraussetzen, dass es weithin unbekannt war oder von der Familie bewusst geleugnet wurde. Dafür gäbe es Gründe: Solange andere Dynastien regierten, war es gewiss nicht opportun, die Zugehörigkeit zu einem Königshaus zu betonen. Zumal im Jüdischen Krieg hätte das eine Gefährdung bedeutet" (Theißen/Merz, 2000, 183).

Die frühesten biblischen Zeugnisse über Maria sind ausgesprochen unspektakulär: In Gal 4,4 erwähnt Paulus die Mutter Jesu, um Jesu Menschlichkeit und besonders seine jüdische Abstammung zu betonen: „Als aber die Zeit erfüllt war, sandte Gott seinen Sohn, geboren von einer Frau und unter das Gesetz getan …" Von Joseph nimmt Paulus keinerlei Notiz. Auch im Markusevangelium als ältestes der vier biblischen Evangelien spielen Maria und Joseph nur eine kleine Nebenrolle. Markus berichtet über die Geburt und Kindheit Jesu nichts, sein theologisches Interesse setzt mit dem Beginn der Wirksamkeit Jesu ein. Allerdings können die beiden markinischen Stellen, an denen Maria und Joseph erwähnt werden, vielleicht für die Rekonstruktion der Familienverhältnisse und der emotionalen Beziehung zwischen Jesus und seinen Angehörigen von Bedeutung sein. Aus der Ehe zwischen Maria und Joseph gingen neben Jesus noch mindestens vier Brüder hervor, die bereits im Markusevangelium namentlich genannt werden: Jakobus, Joses, Judas und Simon, daneben hatte Jesus auch Schwestern (Mk 6,3). Die ungewöhnliche Bezeichnung Jesu als „Sohn der Maria" –

eigentlich sollte man „Sohn des Joseph" erwarten – erklärt sich am besten durch die Annahme eines frühen Todes des Joseph. Maria wäre dann zur Zeit der Wirksamkeit Jesu Witwe gewesen. Unwahrscheinlicher ist es, die Anrede Jesu als „Sohn der Maria" als einen Versuch, Jesus als uneheliches Kind zu diffamieren, aufzufassen. Diese These vertrat z. B. Ethelbert Stauffer (in FS Black, 1969, 119–128). Bis heute wird immer wieder ernsthaft diskutiert, ob die „Schwestern und Brüder" Jesu in Wirklichkeit nicht Stiefgeschwister oder Verwandte gewesen seien. So vertritt Josef Blinzler (1997) die These, dass die in Mk 6,3 namentlich erwähnten Brüder Jesu in Wirklichkeit die Kinder einer anderen Maria gewesen seien. Blinzler stützt sich auf die in Mk 15,40f. genannten Frauen, die Zeuginnen der Kreuzigung gewesen waren. Dort heißt es: „Auch einige Frauen sahen von weitem zu, darunter Maria aus Magdala, Maria, die Mutter von Jakobus dem Kleinen und Joses, sowie Salome; sie waren Jesus schon in Galiläa nachgefolgt und hatten ihm gedient." In der Tat fällt auf, dass hier eine Jüngerin Jesu mit Namen Maria Erwähnung findet, deren beide Söhne mit zwei Brüdern Jesu namentlich identisch sind. Doch wird hier wohl durch die Charakterisierung des Jakobus als dem „Kleinen" eine bewusste Unterscheidung von dem Herrenbruder Jakobus vorgenommen worden sein. Stärkstes Argument gegen die These Blinzlers ist die historisch unzweifelhaft bezeugte Führungsrolle des Herrenbruders Jakobus in der Jerusalemer Gemeinde nach Jesu Tod. Nach der Berufung Jesu und dem Beginn seines charismatischen Wanderlebens scheint die Familie Jesu anfänglich auf Distanz zu ihm gegangen sein. Eine sehr alte Überlieferung, die sich nur im Markusevangelium findet (Mk 3,20f.), berichtet, dass Jesu Verwandte diesen anfangs für verrückt geworden hielten. Psychologisch ist es durchaus nachvollziehbar, dass Maria Verständnis für einen Sohn fehlte, der den einträglichen und sicheren Beruf aufgibt und seine Familie verlässt, um als Wanderprediger das kommende Reich Gottes zu verkünden (vgl. auch Mk 3,31–35). Nach Joh 7,5 haben die Brüder Jesu offensichtlich anfangs nicht an ihn geglaubt. Doch wird Maria wie auch die Brüder und Schwestern Jesu ihre Haltung gegenüber dem Anspruch und der Verkündigung Jesu grundlegend geändert haben. Ob dies bereits zu seinen Lebzeiten geschah, wie der Bericht des Johannesevangeliums über die weinende Gottesmutter unter dem Kreuz nahe legt (Joh 19,25–27), können wir nicht mit Bestimmtheit sagen. Auf historisch relativ sicherem Boden befinden wir uns jedoch mit einer Notiz aus der Apostelgeschichte (1,14). Dort berichtet Lukas, dass sich die Jünger und andere Anhänger Jesu kurz nach der Auferstehung in einer Jerusalemer Wohnung regelmäßig trafen. Namentlich wird als Mitglied dieser „Urzelle" der frühen Gemeinde auch Maria, die Mutter Jesu genannt. Danach verlieren sich die Spuren der historischen Maria im Dunkeln der Geschichte. Offensichtlich hat sie wie die meisten anderen Jesus nahe stehenden Frauen keine Funktion in der sich entwickelnden Gemeinde innegehabt. Ob sie nach Nazareth zurückkehrte oder in Jerusalem blieb, was die Apostelgeschichte suggeriert, bleibt im Ungewissen. Wahrscheinlich wird sie als Mutter Jesu unter dessen Anhängern bis zu ihrem Tod in hohem Ansehen gestanden haben.

Die Geschichte der Maria als einer Glaubensgeschichte beginnt bereits in neutestamentlicher Zeit. Sowohl das Matthäusevangelium als auch das Lukasevangelium verbinden den Bericht über die Geburt Jesu mit christologischen Aussagen. Nach beiden Berichten empfing Maria Jesus durch den Heiligen Geist. Obwohl in beiden Evangelien diese Aussage vorrangig der Betonung der Gottessohnschaft Jesu dient, also eine christologische und nicht so sehr eine mariologische Zielrichtung hat, bildete sie den Ausgangspunkt für eine heftige, höchst kontroverse Auseinandersetzung innerhalb des frühen Christentums sowie zwischen Christen und ihren heidnischen bzw. jüdischen Gegnern. Die Diskussionen kreisten um folgende Fragestellungen: Waren Maria und Joseph die leiblichen Eltern Jesu? Handelt es sich also bei der Aussage der jungfräulichen Empfängnis um eine schlichte Behauptung ohne jeglichen Anhalt an der Wirklichkeit? Blieb Maria auch nach der Geburt Jungfrau? Matthäus und Lukas kennen nur die Vorstellung einer jungfräulichen Empfängnis. Vollzog sie später mit ihrem Mann die Ehe und gebar weitere Kinder? In einem eindeutigen Sinn beantwortet die wichtigste außerbiblische Quelle, das sog. „Protevangelium des Jakobus"[17], diese Fragen. Diese Schrift ist ein Zeugnis früher Marienverehrung. Sie wurde nicht vor 150 n.Chr. verfasst und dem Herrenbruder Jakobus zugeschrieben. Das Buch erzählt von Marias wunderbarer Geburt, ihrer Kindheit, ihrer jungfräulichen Empfängnis, der Verlobungszeit mit Joseph und schließt mit dem Bericht über die Geburt Jesu. Ihre Eltern hießen Joachim und Anna. Joachim war ein reicher und frommer Mann; er und seine Frau litten unter ihrer Kinderlosigkeit. Im Stil alttestamentlicher Traditionen empfangen beide eine Offenbarung durch einen Engel, der ihnen ein Kind verheißt. Aus dem Text wird nicht deutlich, ob bereits hier an eine unbefleckte Empfängnis der Maria gedacht ist; betont wird jedenfalls die wunderbare Geburt der Maria. Von ihrem dritten bis zwölften Lebensjahr wächst das Mädchen auf Grund eines Gelöbnisses ihrer Eltern im Jerusalemer Tempel auf. „Maria aber wurde im Tempel wie eine Taube gehegt und empfing Nahrung aus der Hand eines Engels" (ProtEv. 8,1). Vielleicht gehen die Namen der Eltern auf eine alte historisch wertvolle Tradition zurück, der jahrelange Aufenthalt eines Mädchens im Tempel will die Heiligkeit Marias von Beginn ihres Lebens illustrieren, historisch ist er jedoch nicht denkbar. Auf Grund eines Gottesurteils wird der Witwer Joseph von den Tempelpriestern dazu erwählt, die zwölfjährige Maria in seine Obhut zu nehmen. Die „Geschichte von Joseph dem Zimmermann" ergänzt diesen Bericht mit dem Hinweis, Joseph habe dann als 89-jähriger Witwer, der schon Kinder hat, das Mädchen geheiratet und sei mit 111 Jahren gestorben. Diese Notiz will ausdrücklich die Unmöglichkeit der Zeugung Jesu durch Joseph hervorheben und steht damit in einem schon sehr früh beginnenden apologetischen Kontext, den wir nachfolgend darstellen möchten: Während das Markusevangelium Joseph nicht erwähnt und das Johannesevangelium ihn unbefangen als Vater Jesu an zwei Stellen nennt (1,45; 6,42)[18], scheint sich bereits das Matthäusevangelium gegen den Vorwurf zur Wehr zu setzen, Maria sei unehelich schwanger geworden. Nach Mt 1,18 (vgl. Lk 2,5) war Joseph mit Maria verlobt, als diese schwanger wurde. Seine Reaktion wird als sehr ehrenwert beschrieben: Er will seine Verlobte nicht in Schande bringen, gedenkt aber sie heimlich zu verlassen (1,19). Erst nachdem ein Engel ihm die wahren Umstände von Marias Schwangerschaft mitteilt, beschließt er, diese zu heiraten (1,20). Ausdrücklich betont der Evangelist, dass Joseph bis zur Geburt Jesu mit Maria keinen Geschlechtsverkehr gehabt habe (1,25). Joseph ist hier in zweifacher Weise als „Gerechter" gezeichnet: Er will Maria vor der Schande des Ehebruchs bewahren und tut den Gotteswillen, indem er sich der Offenbarung unterwirft.

In einer recht drastischen Weise wird im Protevangelium die schon von Ignatius gedachte jungfräuliche Geburt gegen vernunftgemäße Einwände verteidigt:

„Und die Hebamme kam aus der Höhle heraus, und es begegnete ihr Salome. Und sie sprach zu ihr: 'Salome, Salome, ich habe dir ein nie da gewesenes Schauspiel zu erzählen: Eine Jungfrau hat geboren, was doch ihre Natur nicht zulässt.' Und Salome sprach: 'So wahr der Herr, mein Gott lebt, wenn ich nicht meinen Finger hinlege und ihren Zustand untersuche, so werde ich nicht glauben, dass eine Jungfrau geboren hat.' Und Salome ging hinein und legte sie bereit zur Untersuchung ihres Zustandes. Und sie erhob ein Wehgeschrei und sprach: 'Ich habe den lebendigen Gott versucht; und siehe, meine Hand fällt von Feuer verzehrt von mir ab!' Und sie betete zum Herrn. Und siehe, da stand ein Engel des Herrn vor Salome und sprach zu ihr: 'Salome, Gott, der Herr, hat dein Gebet erhört. Strecke deine Hand aus zu dem Kind und berühre es, so wird dir Heilung und Freude geschehen.' Und voller Freude kam Salome zu dem Kind, berührte es und sprach: 'Ich will es anbeten, denn in ihm ist Israel ein großer König geboren worden.' Und Salome wurde sofort geheilt ...“ (ProtEv. 19,3–20,4).

Salome und die Hebamme stehen hier für die beiden Grundpositionen, die im frühen Christentum gegeneinander standen, wenn es um die Beurteilung der Gottessohnschaft Jesu ging. Salome vertritt die Position der Ebioniten, jener sehr alten judenchristlichen Richtung des Christentums, die in Jesus in der Tradition des Markusevangeliums einen von Gott ausgezeichneten und auserwählten Menschen sahen. Eine übernatürliche Geburt war für diese Christen nicht denkbar. Der Kirchenhistoriker Euseb schreibt: „Die Alten nannten diese, da sie armselig und niedrig über Christus lehrten, Ebionäer. Diese hielten Christus für einen ganz gewöhnlichen Menschen, der nur kraft seines hervorragenden sittlichen Lebenswandels gerecht geworden, und glaubten, er wäre durch die Gemeinschaft eines Mannes mit Maria erzeugt worden" (Eus.h.e. III,27, 1–2).[19] Deutlich schimmert in der Darstellung des Euseb bereits die großkirchliche Polemik gegen eine rein menschliche Sicht der Maria durch. Bei der Vorstellung einer göttlichen Mitwirkung bei der Zeugung Jesu setzt auch die frühe jüdische Kritik an. Der große Hauptsatz dieser Polemik lautet: Jesus war ein fehlbarer Mensch und mehr nicht. Deshalb sei er natürlich gezeugt worden (Origenes, contra Celsum I,69.70) und die Jungfrauengeburt eine Erfindung (ebd. I,28). Die Polemik mündet in den Versuch, den Anspruch des Christentums durch eine moralische Diffamierung Marias in Frage zu stellen. So tritt in einem Streitgespräch zwischen dem Kirchenvater Origenes und dem Heiden Celsos über die philosophische Kritik am Christentum ein Jude auf, der über Maria Folgendes zu berichten hat:

„Zuerst wirft er ihm (sc. Jesus) vor, dass er sich fälschlich als der Sohn einer Jungfrau ausgegeben habe, er schmäht ihn aber auch, dass er aus einem jüdischen Dorf und von einer einheimischen armen Handarbeiterin stamme. Er sagt dann, diese sei von ihrem Manne, der seines Zeichens ein Zimmermann gewesen, verstoßen worden, als des Ehebruchs schuldig. Weiter bringt er vor, von ihrem Ehemann verstoßen und unstet und ehrlos umherirrend, hätte sie den Jesus heimlich geboren ...“ (ebd. I,28).

Der Verdacht des Ehebruchs, den nach dem Matthäusevangelium bereits Joseph beschlich und der bei ihm nach Mt 1,20 erst durch eine Offenbarung ausgeräumt werden konnte, wird hier als historische Tatsache behauptet. Maria stamme nicht – wie es die überwiegende Ansicht der frühchristlichen Tradition gewesen ist – aus dem Hause Davids, sondern sei ein Arme-Leute-Kind aus Nazareth gewesen, die ihren Mann Joseph betrogen habe und deshalb von diesem verstoßen worden sei. Über den wahren Vater Jesu ging eine Legende um, die mehrfach sowohl bei Origenes als auch im Talmud Erwähnung gefunden hat (vgl. ebd. I,32.33.69; Schabbath 104b; Sanhedrin 67a). Danach habe sich Maria mit einem römischen Soldaten namens Joseph Pantera eingelassen und sei von diesem schwanger geworden. Wie heftig die Polemik war, zeigt die folgende Stelle aus einem jüdischen Leben Jesu, den ›Toledot Jeschu‹, deren Entstehung man zwischen dem 1. und 10. Jh. ansetzt:

„Nach neun Monaten kamen die Tage heran, wo sie gebären sollte. Da ging sie nach Bethlehem und ließ sich bei einer Krippe nieder, wo man die Kamele fütterte. Dort gebar sie einen Sohn und brachte den Wurm nach acht Tagen zur Beschneidung zu den Gelehrten der Zeit. Sie ließ das Gerücht ausgehen, als hätte sie einen Sohn ohne männliche Beiwohnung empfangen. Aber nur wer einfältig ist, wird ihr glauben. So hörte keiner auf sie bei ihrem Lügengerede. Sie beschnitten ihn und nannten ihn Jeschu ... der Name aber bedeutet: 'Sein Name werde weggewischt und auch sein Andenken.' Sofort fiel sie nieder auf ihr Angesicht, wand sich, und Zittern packte sie. Da bekannte sie und sprach: 'Die Worte sind wahr und ihr habt gut daran getan, auf meinen Sohn zu sehen, weil er ein Bastard und Sohn einer Menstruierenden ist. Folgendermaßen war die Tat des Josef Panderi: Er wohnte mir trügerisch bei und verunreinigte mich ... So wohnte der Gottlose mir mehrmals bei" (aus: Schlichting, 1982, 77).

Die Darstellung ist das Zeugnis einer polemischen Auseinandersetzung zwischen Christen- und Judentum und nur auf dem Hintergrund zu verstehen, dass sich das Judentum in der Antike ebenfalls gegen massive christliche Vorwürfe zu wehren hatte. Für das Judentum war die Vorstellung, Jesus sei der Sohn Gottes, nicht denkbar. Von daher setzte die Polemik gerade auch an der immer populärer werdenden Verehrung Marias an. Trotz aller Angriffe hielt die Alte Kirche an der Auffassung fest, Maria habe nicht nur jungfräulich empfangen, sondern auch jungfräulich geboren. Valentinus konnte den letzteren Vorgang mit dem Bild beschreiben, Christus ginge durch die Jungfrau hindurch wie Wasser durch eine Röhre (vgl. Ps.-Tert. 4; Epiphan. XXXI,4,7 und Philast. 38). Ende des 2. Jh. ent-

wickelte sich in der Großkirche eine auf den ersten Blick waghalsige
Vorstellung über die Empfängnis: Maria habe den göttlichen Logos
durch ihr Ohr empfangen. In seinem Buch über Maria schreibt hierzu Klaus Schreiner:

„Ephraem (um 306–373), der wegen seiner Dichtkunst als 'Zither des Heiligen Geistes' gerühmte Theologe der syrischen Kirche, machte aus dem Ohr
ein Sinnbild für das 'Fruchtbarwerden Marias aus dem Glauben'. Eva hatte
den Einflüsterungen der Schlange Glauben geschenkt; Maria vertraute dem
göttlichen Wort. Deshalb konnte der Dichtertheologe sagen: 'Wie durch die
kleine Rundung des Ohres der Eva der Tod in die Welt gekommen ist, so hat
durch das Ohr Mariens das Leben die Welt betreten und sich in ihr ausgebreitet' ... Die Empfängnis Jesu durch das Ohr der Jungfrau Maria wollten
altchristliche und mittelalterliche Theologen nicht als Aussage über einen
physiologischen Tatbestand verstanden wissen, sondern als theologisches
Bild. Diesem lag die Auffassung zu Grunde, dass das göttliche Wort, wenn es
gehört und angenommen wird, die Kraft Leben schaffenden Samens besitzt" (1994, 40).

Im Fortgang der mariologischen Diskussion in der Alten Kirche
verlagerte sich das Schwergewicht auf die Frage, ob Maria nach der
jungfräulichen Geburt Jesu weiterhin Jungfrau geblieben sei. Für
das Protevangelium Jacobi war der Sachverhalt eindeutig: „Maria ist
Jungfrau geblieben und Josephs Alter sowie die Tatsache, dass seine
Söhne bereits am Leben sind, entrücken diesen Zustand jeder Gefährdung auch für die Zukunft" (Bauer, 1909, 70). Auch für Origenes war klar, dass Maria ein Erstling lebenslänglicher geschlechtlicher Reinheit gewesen sei (Origenes, Matth. X,17). Die Gegenposition vertrat u. a. Tertullian, der an einen wirklichen Vollzug der
Ehe zwischen Maria und Joseph nach der Geburt Jesu glaubte
(Tert.adv.Marc. IV,19,21; de carne Christi 7,20,21,23; de virg. 6).

Sehr viel spätere Quellen berichten uns auch etwas über Joseph,
so eine aus dem 4. Jh. stammende ägyptische Schrift mit dem Titel
„Geschichte von Joseph dem Zimmermann" (s. o.). Aus einem ähnlichen volksfrommen Milieu stammt auch die Darstellung des
Heimgangs der Maria, die quasi eine Fortsetzung des Protevangeliums des Jakobus ist. Dieser legendarische Bericht setzt mit der
Himmelfahrt Jesu ein, erzählt über den Umgang der Maria mit den
Jüngern nach dem Tod ihres Herrn und berichtet ausführlich über
Tod und Begräbnis der Jesusmutter. Die Erzählung endet mit der
leiblichen Entrückung Marias in das Paradies.

Während die historische Gestalt der Maria sehr früh im Dunkeln
der Geschichte verschwindet, begleitet uns Maria als Glaubens-

gestalt bis heute. Sie wurde zu der vielleicht mächtigsten Symbol-
gestalt der christlichen Kirchen, Gegenstand von Verehrung und
Anbetung, aber auch inspirierende Kraft für ein neues heutiges
Nachdenken über die Rolle des Weiblichen in unserem Glauben.

Literatur: H. Haag u. a., Maria. Kunst, Brauchtum und Religion in Bild
und Text, Freiburg u. a. 1997. K. Schreiner, Maria. Jungfrau – Mutter – Herrscherin, München/Wien 1994.

Jesus, der Messias aus Nazareth

Die Zeit, in die Jesus hineingeboren wurde, war eine wahrhaft
messianische Zeit. Nach blutigen Wirren besiegte der junge Octavian seinen Gegenspieler Marcus Antonius in der Schlacht bei
Actium 31 v. Chr. Die Sehnsucht nach einem Friedensbringer, die
Vergil in seiner berühmten 4. Ekloge in Verse fasste, schien sich in
dem jungen Kaiser zu personalisieren:

„Schon kehrt die göttliche Jungfrau zurück und die goldene Urzeit. Schon
steigt vom Olymp ein neues Geschlecht zu uns nieder. Sei der Geburt des
Knaben, mit dem jetzt das eiserne Weltjahr endlich sich schließt und das
goldene rings sich erhebt auf dem Erdkreis – keusche Diana – geneigt!"

Besonders im Orient des zum Weltreich aufgestiegenen Römer-
reiches hatte die Verehrung des Augustus eine starke religiöse Dimension. Bereits während der Spiele, auf denen im Jahr 44 v. Chr.
Octavian den Sieg über Pompeius feierte, erschien am Himmel ein
Komet. Octavian bezog den Kometen, der offenbar zum Antritt seiner Herrschaft erschienen war, auf sich. In diesem Stern sah er ein
Zeichen seiner Wiedergeburt zum Auserwählten der Götter und
zum Sohn eines Gottes. In diesem Sinn deutet auch eine Inschrift
aus dem kleinasiatischen Priene die Regentschaft des Augustus
(s. oben S. 27). Dieser sich in der hellenistisch-römischen Ökumene
ausbreitende politische Messianismus verstärkte in Palästina den
Assimilationsdruck auf die jüdische Bevölkerung und traf dort auf
teilweise stark messianisch ausgerichtete jüdische Erneuerungs- und
Umkehrbewegungen, die besonders das religiöse Klima Galiläas
prägten. Angesichts der bedrückenden römischen Herrschaft und
der kulturellen Überfremdung erwartete man einen befreien-
den Erlöser, einen Messias, der politische Unabhängigkeit, kulturel-
le Eigenständigkeit und religiöse Identität wiederherstellen und

sichern werde. Die aus der Mitte des 1. vorchristlichen Jh. stammenden Psalmen Salomos formulieren diese Hoffnung in Kap. 17:

„Er sammelt ein heiliges Volk, das er in Gerechtigkeit regiert, und ordnet die Stämme Israels nach dem heiligen Recht Gottes. Er lässt nicht zu, dass künftig Unrecht wohnt in der Mitte deines Volkes und wer Böses tut, hat kein Wohnrecht. Heilig macht er Jerusalem und rein, wie im es Ursprung war. So kommen die Völker vom Ende der Erde, um seine Herrlichkeit zu schauen. Er selbst herrscht über sie, von Gott selbst eingesetzt als ein König der Gerechtigkeit ...".

Nach PsSal. 17 lässt sich der erhoffte jüdische Messias folglich so beschreiben:

„Der Messias ist ein Sohn Davids und zeichnet sich durch seine Gottesunmittelbarkeit aus. Dieser engen Beziehung zu Gott verdankt er alle anderen Eigenschaften wie militärische Stärke, Weisheit und Gerechtigkeit. Er hat militärische und administrative Aufgaben, die beide eine stark religiöse Dimension haben. Als von Gott beauftragter Feldherr verjagt er die Feinde, befreit Jerusalem von der entheiligenden Fremdherrschaft und unterjocht heidnische Völker. Das gereinigte Jerusalem wird zum religiösen Mittelpunkt der Welt, zu dem die Völker strömen" (Theißen/Merz, 1996, 526).

Diese Hoffnung auf einen politischen Königsmessias, auf einen neuen Sohn Davids, der Israel von der Fremdherrschaft der Römer befreit, nahm in der Gestalt des Judas Galilaios konkrete Gestalt an. Judas wurde zum Organisator und Anführer des galiläischen Widerstandes gegen den römischen Zensus, den der Statthalter Quirinius 6/7 n. Chr. dem Land aufzwang. Dieses gewaltsame Aufbegehren war die Initialzündung für die zelotisch-theokratischen Aufstände, die Galiläa zu der unruhigsten Provinz Palästinas machten und die sechs Jahrzehnte später zum Jüdisch-Römischen Krieg führten. Die Söhne des Judas, Jakobus und Simon, wurden wegen Aufruhrs im Jahr 47 unter dem Statthalter Tiberius Alexander gekreuzigt, ein weiterer Sohn des Judas, Menachem, war führend am Jüdisch-Römischen Krieg beteiligt. Neben diesen sozial-revolutionär und theokratisch ausgerichteten Messiassen Galiläas, die allein Gott als Herrscher über Israel akzeptierten, gab es eine weitere für das Verständnis Jesu wichtige Spielart des messianischen Gedankens in Palästina. Flavius Josephus berichtet an zahlreichen Stellen von sog. „Wundermessiassen", die vorgaben, die großen Wunder der alttestamentlichen Tradition (Durchquerung des Schilfmeers; Sinai-Wunder, Wüsten-Wunder, Jericho-Wunder etc.) wiederholen zu wollen. Solche messianisch gestimmten Wundertäter sammelten zumeist

eine recht große Gefolgschaft um sich. Diese auch Zeichenpropheten genannten Charismatiker lebten in einer starken Naherwartung
des Reiches Gottes, dessen unmittelbares Vorzeichen die von ihnen
gewirkten Wunder seien. Der wohl bekannteste dieser Zeichenpropheten, Theudas, wird ebenso wie Judas, der Galiläer, als geschei-
terter Messiasprätendent in der Apg erwähnt (Apg 5,36 f.). Das
unrühmliche Ende des Theudas und seiner Anhänger schildert Josephus:

„Noch während Fadus Prokurator von Judäa war, bewog ein Betrüger namens Theudas eine ungeheure Menschenmenge, ihm unter Mitnahme ihrer
gesamten Habe an den Jordan zu folgen. Er gab sich für einen Propheten
aus und behauptete, er könne durch sein Machtwort die Fluten des Jordan
teilen und seinem Gefolge einen bequemen Durchgang ermöglichen. Durch
solche Spiegelfechtereien gelang es ihm, viele zu täuschen. Aber Fadus dul-
dete nicht, dass ihr sinnloses Treiben Schaden anrichte, indem er eine Abtei-
lung Reiter gegen sie ausschickte, die unversehens über sie herfiel, viele von
ihnen tötete und andere gefangen nahm. Auch Theudas geriet in Gefangen-
schaft, worauf er enthauptet und sein Kopf nach Jerusalem gebracht wurde"
(Jos.ant. XX,5,1).

Auch die Gemeinde von Qumran lebte zur Zeit Jesu in messianischen Erwartungen. Nach der sog. „Sektenregel" hofften sie auf das
Kommen eines messianischen Propheten, eines Priestermessias aus
dem Stamme Aarons und eines königlichen Messias aus dem Geschlecht Davids (IQS IX,11). Es kann also niemand verwundern,
dass auch die Gestalt des Jesus von Nazareth in messianischen Kategorien gedeutet und in einen endzeitlichen Horizont gestellt
wurde. Die meisten dieser jüdischen Messiasprätendenten erlitten
ein grausames Schicksal. Nicht wenige von ihnen wurden gekreuzigt. Sie stehen letztendlich alle für das Scheitern der jüdischen
Hoffnungen auf eine Befreiung von der römischen Unterdrückung,
die als neues messianisches Zeitalter herbeigesehnt wurde. Die Dimensionen des Leidens und Scheiterns werden auch bei der Deutung des Schicksals Jesu eine bedeutende Rolle spielen.

Über das Geburtsjahr Jesu machen die Evangelisten unterschiedliche zum Teil sich gegenseitig ausschließende Angaben: Nach
Lk 2,1 wurde er unter der Regentschaft des Kaisers Augustus (37
v.Chr.–14 n.Chr.) geboren. Die Erzählung vom Kindermord in
Bethlehem, die nur Matthäus überliefert (Mt 2,16–18), und eine
kurze Notiz bei Lukas (1,5) machen wahrscheinlich, dass die Geburt
Jesu noch in die Regierungszeit Herodes' des Großen fiel, der
4 v.Chr. starb. Allerdings trat Quirinius seine Statthalterschaft über

Syrien erst 6 n. Chr. an und erhob 6/7 n. Chr. einen ersten Zensus, der zum Ausbruch zelotischer Aufstände in Galiläa unter Judas führte. Die Angaben des Lukas lassen sich folglich chronologisch nicht harmonisieren. Wir können lediglich vermuten, dass Jesus in den letzten Regierungsjahren des Königs Herodes geboren wurde. Auf weitere Schwierigkeiten stoßen wir, wenn wir nach seinem Geburtsort fragen. Das Markus- und das Johannesevangelium scheinen selbstverständlich von Nazareth als Ort der Geburt auszugehen; zumindest erwähnen sie Bethlehem als Geburtsort an keiner Stelle. Markus spricht von Jesus als dem „Nazarener" (Mk 1,24; 10,47; 14,67; 16,6) und nennt Nazareth die Vaterstadt Jesu (Mk 6,1). Auch Johannes geht von der allgemein bekannten Herkunft Jesu aus Nazareth aus (Joh 1,45 f.; 7,52). Wenn Matthäus und Lukas Bethlehem als Geburtsort nennen, kann man dies als eine Glaubensaussage über die Davidsohnschaft Jesu verstehen, da Bethlehem als Geburtsort Davids gilt und bereits der Prophet Micha (5,1) verhieß: „Aber du, Betlehem-Efrata, so klein unter den Gauen Judas, aus dir wird mir einer hervorgehen, der über Israel herrschen soll. Sein Ursprung liegt in ferner Vorzeit, in längst vergangenen Tagen." Letztendliche historische Sicherheit können wir aber auch an diesem Punkt nicht erreichen. Auf festem historischem Boden befinden wir uns allerdings, wenn wir davon ausgehen, dass Jesus in Nazareth zusammen mit seinen Eltern und Geschwistern aufgewachsen ist. Über sein Leben vor der Taufe durch Johannes den Täufer wissen wir nichts, auch wenn seit der Antike immer wieder über Geschehnisse in dieser Zeit spekuliert worden ist (vgl. zur „Lücke im Leben Jesu" Heiligenthal, 1999). Jesus erlernte wahrscheinlich den Beruf seines Vaters Joseph und wird im gemeinsamen Betrieb als Zimmermann bzw. Bauhandwerker gearbeitet haben. Nach Jesu Tod spielte sein Bruder Jakobus eine bedeutende Rolle in der Jerusalemer Urgemeinde. Jesus hat als Muttersprache Aramäisch gesprochen und war im Stande, die hebräische Bibel zu lesen. Ob er wie viele Palästinajuden auch die Geschäftssprache Griechisch verstand, ist nicht bekannt.

Die neutestamentliche Überlieferung scheint an dem Aussehen Jesu von Nazareth nicht interessiert gewesen zu sein. Lediglich die Wundmale an Händen und Füßen spielen als Erkennungszeichen des Auferstandenen eine gewisse Rolle (vgl. Lk 24,39). Das Aussehen von Menschen scheint die Verfasser der neutestamentlichen Schriften ganz allgemein kaum zu interessieren. Wir haben ebenso keine ursprünglichen Nachrichten über das Erscheinungsbild von

Petrus oder Maria Magdalena. Aus diesem offensichtlichen Desinteresse der neutestamentlichen Autoren könnte man in Bezug auf die Gestalt Jesu den Schluss ziehen, sein Äußeres habe keine besonderen Auffälligkeiten gehabt. So geht Wilhelm Lange-Eichbaum (Lange-Eichbaum/Kurth, 1967, 410) von der Annahme aus, dass die vier Evangelisten daran interessiert gewesen seien, Besonderheiten im Erscheinungsbild Jesu zu überliefern. Da sie dies aber nicht taten, könnte Jesus recht „normal" oder unscheinbar ausgesehen haben. Zumindest gab es wohl keine Auffälligkeiten, sodass wir uns am ehesten auf Grund römischer Münzen, die jüdische Sklaven aus der Zeit um die Jahrtausendwende abbilden, ein typisches Bild damaliger jüdischer Männer machen können: Solche Münzen zeigen bärtige mediterrane Gestalten mit kurzem lockigem Haar. Es bedarf keiner weiteren Begründung, dass wir auch keine authentischen Abbildungen Jesu aus der Zeit der Jesusbewegung und des frühen Christentums besitzen. Pneumatische und charismatische Erfahrungen standen noch zu sehr im Vordergrund, als dass Nachfolge und Verehrung Bilder bedurft hätten. Die Anbetung Gottes erfolgte im Geist und in der Wahrheit, so wie bereits in der Synagoge das einzige mediale Mittel der Verehrung Gottes das Wort war und ist. In seinem Standardwerk ›Christusbilder‹ fasst 1899 Ernst von Dobschütz den Sachverhalt bündig zusammen (26 f.):

„Von dem Stifter der neuen Religion erzählte man wunderbare Thaten heilender Kraft, erhabene Worte von packender Gewalt – über sein Äußeres verlautete nichts, weder in den Aufzeichnungen der Evangelisten, noch in der mündlichen Überlieferung. Man hatte gar keinen Anlass, ihn sich darzustellen: wollte man sich ihn denken, so leitete das Prophetenwort bei Jesaia (c. 53,2) dazu an, recht im Widerspruch zu dem Eindruck, den sein Thun und Reden gemacht, sein Aussehen als hässlich, ja abstoßend zu nehmen, was keinen Künstler begeistern konnte."

Das religiöse und soziale Lebensumfeld, in welches Jesus hineingeboren wurde, war politisch geprägt von den sich verstärkenden Spannungen zwischen der römischen Herrschaft über Palästina und der politischen Radikalisierung national-religiöser messianisch gestimmter Kreise, die die Alternative zwischen Gott und Kaiser stellten. Besonders Galiläa war spätestens seit Judas Galilaios zu einem unruhigen Landstrich geworden. Andererseits versuchten herrschende jüdische Kreise besonders seit Herodes dem Großen durch eine Zusammenarbeit mit der römischen Besatzungsmacht, ein Mindestmaß innerer Selbstständigkeit zu wahren. Kulturell spiegelte sich diese brisante politische Situation in einem harten Nebeneinander von assimilatorischen und abgrenzenden Tendenzen: Auf der einen Seite wollte besonders die herrschende Oberschicht das Judentum mit der hellenistisch-römischen Weltkultur versöhnen. Ziel der religiösen Erneuerungsbewegungen war es jedoch, die eigene jüdische Identität mit unterschiedlichen Strategien zu sichern. Milieugeschichtlich und soziologisch spiegeln sich diese differenzierten Verhältnisse auch in einem deutlich erkennbaren Stadt-Land-Konflikt innerhalb des syrisch-palästinischen Raumes wider. Allein die kleine auf den galiläischen Dialekt Petri anspielende Notiz in Mt 26,73: „Kurz darauf kamen die Leute, die dort standen, zu Petrus und sagten: Wirklich, auch du gehörst zu ihnen, deine Mundart verrät dich", macht deutlich, dass man in dem großstädtischen Jerusalem bereits wegen des Dialekts der galiläischen Landbevölkerung die Nase rümpfte. Für das Verständnis der Verkündigung Jesu ist auf diesem Hintergrund ein vertiefter Blick auf Galiläa und Umgebung als sein hauptsächliches Wirkungsgebiet von Bedeutung: Zur Zeit Jesu war Galiläa eine jüdische Exklave, umgeben von hellenistischen Stadtstaaten und von Judäa durch Samarien getrennt. Aber auch die beiden größten galiläischen Städte, Tiberias und Sepphoris, waren durch städtisch-hellenistisches Milieu geprägt. Beide Städte werden in der Evangelienüberlieferung nicht erwähnt, sodass sich der Eindruck aufdrängt, dass Jesus seine Botschaft an die Landbevölkerung Galiläas richtete und wenig von griechischem Geist beeinflusst war. Verstärkt wird die spannungsgeladene Situation im damaligen Palästina noch durch die ungleiche Verteilung des Besitzes, die zu der Entstehung einer breiten Schicht recht- und landloser Tagelöhner ebenso führte wie zum Auftreten von Kollaborateuren, die etwa für die Eintreibung von Steuern zu sorgen hatten. Besonders in der Bilderwelt der Gleichnisse spiegeln sich jene ungleichen sozialen Strukturen. All dies führte in Teilen des „frommen" Judentums zu einem Wiederaufleben politisch-messianischen Widerstands, zum Aufkommen allgemein messianischer Hoffnungen und Erwartungen und zur Entstehung endzeitlich geprägter religiöser Erneuerungsbewegungen (Jesus- und Täuferbewegung, aber auch die Pharisäer, Essener, die Qumran-Leute, die zahlreichen Zeichenpropheten und ihre Anhänger und schließlich auch die theokratisch-messianisch orientierte zelotische Widerstandsbewegung). Jesus und seine Botschaft sind als ein Teil dieser Erneuerungsbewegungen auf dem Hintergrund des ländlichen Galiläas zu verstehen. Jesus bewegte sich innerhalb dieses Umfeldes keineswegs unpolitisch. Zwar lehnte er, obwohl dies immer wieder einmal behauptet wird, die offene Gewaltanwendung gegen die römische Herrschaft ab (s. hierzu: Heiligenthal, 1994, 80–97), doch auf der Ebene symbolischer Handlungen[20] bezog er durchaus pointiert Stellung. Gerd Theißen und Annette Merz haben gezeigt, dass Exorzismen, die Jesus vollzog, durchaus die Austreibung des Fremden aus dem eigenen Land symbolisieren konnten:

„Jesus fragt den Dämonen direkt nach seinem Namen. Er antwortet nach Mk 5,9: 'Legion ist mein Name', und um diese politische Provokation nicht allzu deutlich werden zu lassen, fügt er eine harmlose Erklärung hinzu: 'weil wir viele sind'. Daraufhin entspinnt sich ein höchst amüsanter, wenn auch fremdartiger Handel zwischen dem überlegenen Wundertäter und den unterlegenen Dämonen. Sie bitten darum, in die am See weidende Schweineherde fahren zu dürfen, was Jesus dann auch erlaubt. Daraufhin wird der Mann geheilt und 2000 Schweine stürzen sich in den See Genezareth. Zur Deutung dieser Szene muss man natürlich bedenken, dass Schweine nach jüdischer Vorstellung unreine Tiere sind … Die Anwesenheit der unreinen Tiere im Heiligen Land und die Anwesenheit der römischen Legionen werden parallelisiert. Besonders pikant wird das dadurch, dass die seit 6 n. Chr. in Syrien stationierte 10. Legion u. a. einen Eber auf ihren Feldzeichen abgebildet hatte. Die Heilung von Besessenen ist der Anfang vom Ende der Römerherrschaft" (Theißen/Merz, 2000, 187).

Auch in der bekannten Geschichte vom Zinsgroschen (Mk 12, 13–17) vermeidet Jesus die direkte Konfrontation in einer hoch brisanten politischen Angelegenheit. Jesus wird eine Fangfrage gestellt, als ihn seine Gegner fragen, ob man dem Kaiser Steuern zu zahlen hat. Bejahte er die Frage, würde er sich zu Kollaboration mit den Römern bekennen, verneinte er die Frage, würde er sich einer Parole der gewaltbereiten zelotischen Widerstandskämpfer anschließen. Mit der Antwort „Gebt dem Kaiser, was des Kaisers ist, und Gott, was Gottes ist" gibt er die Verantwortung des Handelns an die Fragesteller zurück und betont gleichzeitig, dass im politischen Handeln die Ansprüche Gottes nicht vernachlässigt werden dürfen. Jesus grenzte sich ganz offensichtlich deutlich vom Kollaborationskurs der Herodianer ab. Diese Haltung verband ihn mit den anderen jüdischen Reformbewegungen seiner Zeit.

Engen Kontakt hatte Jesus zu Beginn seiner Wirksamkeit mit Johannes dem Täufer und seinen Anhängern. Er war zu diesem Zeitpunkt um die dreißig Jahre alt (Lk 3,23; nach Lk 3,1 begann die öffentliche Wirksamkeit Jesu im 15. Regierungsjahr des Kaisers). Nach der Darstellung des Johannesevangeliums gehörten einige seiner erstberufenen Jünger ursprünglich zum Schülerkreis des

Johannes. Vielleicht war auch Jesus selbst einmal ein Schüler des Täufers und löste sich später auf Grund eines eigenen Berufungserlebnisses aus diesem Kreis. Ein Vergleich zwischen beiden zeigt auf der einen Seite eine spezifische Nähe, auf der anderen Seite werden aber auch charakteristische Unterschiede deutlich: Johannes predigt das kommende Gericht und den Zorn Gottes, vor dem auch nicht die pauschale Berufung auf die Abrahamskindschaft schützen wird, sondern allein die Buße angesichts des Kommenden. Seine Verkündigung trägt also durchaus radikal-egalitäre Züge. Auch Jesus predigt das Gericht und die Möglichkeit für alle umzukehren, besonders aber wendet er sich an die „verlorenen Schafe Israels" (Mt 15,24; 18,12–14). Auch stellt er stärker das mit seiner Botschaft vom kommenden Reich Gottes verbundene Heilsangebot in den Vordergrund. Johannes erwartete einen Messias als den „Stärkeren", auch Jesus spricht vom kommenden Menschensohn, wobei er sich vielleicht mit diesem identifizierte oder beanspruchte, ihn auf Erden zu repräsentieren. Beide erwarten das baldige Ende der Welt (futurische Eschatologie), wobei Jesus aber in seinem Wirken die Heilszeit bereits als punktuell vorweggenommen bzw. als angebrochen sehen konnte (präsentische Eschatologie). Johannes vollzieht die einmalige Taufe als für alle zugängliches eschatologisches Bußsakrament; Jesus predigt Buße und Umkehr losgelöst von der Taufe. Er erkannte die Johannestaufe an, taufte aber wahrscheinlich nicht selbst. Johannes lebte asketisch (Kleidungsaskese: Kamelhaarmantel; Nahrungsaskese: Heuschrecken und wilder Honig; Ortsaskese: Wüstenaufenthalt). Jesus konnte ein „Fresser und Weinsäufer" (Mt 11,19) genannt werden. Er lebte nicht asketisch. Asketische Elemente finden sich allerdings als Mittel der Mission in der Lebenspraxis Jesu und seiner Jünger als Wanderradikale (Besitzverzicht; Verzicht auf Familie und festen Wohnsitz). Johannes und Jesus verbinden also gemeinsame prophetische Züge. Jedoch unterscheiden sie sich in ihrer Lebenspraxis, in den Formen ihrer Verkündigung (Johannes wirkt keine Wunder, tritt nicht als Lehrer und Gleichniserzähler auf), in ihrem Selbstverständnis (Johannes hatte wohl kein messianisches Bewusstsein von sich selbst) und in der Betonung des Heils und der Barmherzigkeit Gottes, die für Jesus neben die Verkündigung des kommenden Gerichts treten.

Nach seiner Taufe durch Johannes trat Jesus in einer Zeit glühender Erwartung der Zeitenwende mit seiner Botschaft „Das Reich Gottes ist nahe!" (Mk 1,15) auf. Mit dieser Botschaft trifft er auf die messianischen Hoffnungen breiter Kreise des Judentums seiner

Zeit. Man erhoffte von ihm, wie die drei Versuchungsszenen in Mt 4,1 ff. nachträglich und in gedrängter Form zeigen, dass er die soziale Not in Palästina lindere, die nationale Souveränität wieder herstelle und die Israel von Gott verheißenen religiösen Kategorien einlöse.[21] Selbst einige seiner Jünger verbanden Jesu Rede vom nahenden Gottesreich mit diesseitig-nationalen Hoffnungen auf eine Befreiung Palästinas von der römischen Herrschaft. So könnte Judas Iskarioth den Zeloten nahe gestanden haben und Petrus wehrt sich vehement gegen einen Messias, der seine Sendung in Leiden vollenden wird (Mk 8,27 ff.). Auch die Emmausjünger hegten die Hoffnung, dass sich ihre national-religiösen Erwartungen in Jesus erfüllen könnten. Die Kreuzigung war von daher eine bittere Enttäuschung, wie ein Wort aus der von Lukas überlieferten Begegnungsgeschichte der beiden mit dem Auferstandenen noch durchscheinen lässt: „Wir aber hofften, er sei es, der Israel erlösen werde" (Lk 24,21). So beschreiben sie ihre Enttäuschung gegenüber dem unerkannten Christus auf dem Weg nach Emmaus. Für Jesus selbst hatte seine Verkündigung des Reiches Gottes verschiedene Facetten. Die implizit politische Dimension wurde bereits angesprochen. In manchen seiner Gleichnisse spricht er die Zeitdimension an. Das Reich Gottes ist im Augenblick noch verborgen, es wird aber, wie ein Senfkorn zur großen Pflanze wird, in die Zukunft wachsen und übermächtig groß werden. In anderen Gleichnissen vom Reich Gottes macht Jesus seine Hörer sensibel, indem er das Überraschungsmoment in den Vordergrund stellt. Der Menschensohn wird plötzlich und unerwartet wiederkommen und dann gilt es vorbereitet zu sein. Am Ende der Parabel von den „törichten Jungfrauen" (Mt 25,13) kann er seinen Hörern und Hörerinnen sagen: „Darum wachet! Denn ihr wisst weder Zeit noch Stunde." Wenn Jesus vom Reich Gottes im Bild des Wachstums spricht, möchte er seine Jünger und Jüngerinnen angesichts einer unheilvoll erfahrenen Welt trösten, spricht er vom plötzlichen Kommen der Wende, dann ruft er sie auf, bis dahin ihr Leben an den Maßstäben Gottes zu orientieren. Man kann also beobachten, dass Jesu Aussagen über das Reich Gottes eine Spannung durchzieht. Auf der einen Seite haben wir zahlreiche Zeugnisse, die vom Kommen des Reiches Gottes als eines plötzlichen zukünftigen Ereignisses sprechen, auf der anderen Seite spricht Jesus vom Reich Gottes so, als sei es schon da, etwa in Lk 11,20: „Wenn ich dagegen durch den Finger Gottes die Dämonen austreibe, so ist ja das Reich Gottes zu euch gekommen." Diese Spannung lässt sich so auflösen, dass Jesus in seinem Handeln die

Wirklichkeit des künftigen Gottesreiches vorwegnimmt. Einige in seinem Umfeld können bereits jetzt das erfahren, was alle am Ende dieser Welt erleben werden. Konkret wird dies in den Wundertaten Jesu.

Mit der Grenz- und Hafenstadt Kafernaum am Nordwestufer des Sees Genezareth ist Jesus durch seine Wirksamkeit eng verbunden. Sie wird in allen vier Evangelien insgesamt sechzehnmal erwähnt. Die enge Beziehung Jesu zu Kafernaum macht besonders auch Mt 9,1 deutlich, wo berichtet wird, dass Jesus ein Boot nahm, über den See fuhr und „in seine Stadt" kam. Allerdings wäre es ein Missverständnis, anzunehmen, Jesus habe in Kafernaum gewohnt. Er war während seiner kurzen Wirksamkeit in Galiläa rastlos unterwegs. Jesus ist in dieser Stadt in dem Sinne „zu Hause", dass er sie zu seiner bevorzugten messianischen Wirkungsstätte macht. Hier vollbringt er zahlreiche Wunder, und hier ist er bekannt. Die Stadt ist sein gelegentliches Zuhause, auch weil dort das Haus der Familie des Petrus steht. Der Rabbi Jesus genoss zu Beginn seiner Wirksamkeit dort besonders große Popularität. „Und es versammelten sich viele, sodass sie nicht Raum hatten, auch nicht draußen vor der Tür" (Mk 2,2). Doch scheint diese Popularität bald rapide abzunehmen: „Da fing er an, die Städte zu schelten, in denen die meisten seiner Taten geschehen waren, denn sie hatten nicht Buße getan" (Mt 11,20). Besonders Kafernaum wurde für Jesus eine Stadt der Enttäuschung: „Und du, Kafernaum, wirst du bis zum Himmel erhoben werden? Du wirst bis in die Hölle hinuntergestoßen werden. Denn wenn in Sodom die Taten geschehen wären, die in dir geschehen sind, es stünde noch heutigen Tages" (Mt 11,23). Wann die anfängliche Begeisterung für Jesus umschlägt, wissen wir nicht. Die fast naive Zudringlichkeit der Menschen, von der uns die Heilungsgeschichte in Mk 2 berichtet, zeigt, dass Jesus hier noch am Anfang seiner Tätigkeit und auf der Höhe seiner Beliebtheit stand.

Die Schilderung dieses Heilungswunders zeigt einiges über das Wunderverständnis Jesu. Nachdem unter Schwierigkeiten der Gelähmte zu Jesus gebracht wurde, stellt Jesus zuerst den Glauben der Beteiligten fest, um dann überraschend den Gelähmten nicht sogleich von seinem körperlichen Gebrechen zu heilen, sondern ihm die Sünden zu vergeben: „Als nun Jesus ihren Glauben sah, sprach er zu dem Gelähmten: Mein Sohn, deine Sünden sind dir vergeben" (Mk 2,5). Im Unterschied zu vielen anderen Wundertätern seiner Zeit versteht Jesus Heilung im umfassenden Sinne des von ihm erwarteten Reiches Gottes: Das „Wunder" besteht in der Heilung von seelischen und körperlichen Gebrechen. Es hat ganzheitlichen, keinerlei mirakulösen Charakter. Erst nachdem dem Kranken seine Sünden vergeben worden sind, vollzieht Jesus die Heilung.

In die Wundererzählung hineinverwoben ist ein Streitgespräch mit Schriftgelehrten, das einiges über Jesu Selbstverständnis lehrt. Die Schriftgelehrten stören sich nicht daran, dass ein Rabbi in Kafernaum kranke Menschen wunderbar heilt. Sie nehmen Anstoß daran, dass Jesus mit der Sündenvergebung ein Privileg Gottes für sich in Anspruch nimmt. Deshalb werfen sie Jesus Gotteslästerung vor. Jesus versteht sein Handeln als von Gott bevollmächtigt. Sowohl die Wunder, die er vollbringt, als auch die Sündenvergebung, die er ausspricht, sind für ihn Zeichen dieser Vollmacht. Die Menschenmenge hat dies offenbar verstanden, denn sie lobt nicht Jesus als einen Wundermann, sondern sie preist Gott, in dessen Auftrag Jesus handelt (Mk 2,12). Jesus erscheint hier nicht so sehr als Wundertäter, sondern als Mittler von himmlischer Gotteskraft. Er selbst machte wohl in seinen Wundertaten die Erfahrung, dass Gott selbst wieder auf Erden wirkt.

Jesus wählte für sich und seine Nachfolger eine Lebensweise, die radikal von jeder bürgerlichen Lebens- und Arbeitswelt geschieden war. So hat man die Jesusbewegung eine Bewegung von Wanderradikalen genannt, mit Jesus als deren charismatischen Führer (Theißen, 1973, 245–271). Er und seine Jünger verließen ihre familiäre Umgebung, gaben ihren Beruf auf. Deutlich steht die Aufgabe der „stabilitas loci" hinter dem Jesuswort aus Matthäus 8,20: „Die Füchse haben Gruben und die Vögel des Himmels Nester, der Menschensohn aber hat nichts, wohin er sein Haupt legen kann."

Jesus zog mit seinen Jüngern ohne einen abgesicherten Lebensunterhalt durch Palästina. Über die Frage nach dem Lebensunterhalt enthält die lukanische Aussendungsrede einige Angaben: „Nehmt nichts mit auf den Weg, keinen Stab, keine Tasche, kein Brot, kein Geld, noch sollt ihr zwei Kleider haben" (Lk 9,3).

Die Jünger sind gesandt wie die Schafe unter die Wölfe. Sie sind wie Jesus selbst angewiesen auf die Unterstützung von Menschen, die sich der Predigt vom nahenden Gottesreich nicht verschließen. Gerd Theißen nannte diese Existenzform einmal pointiert „Bettelei höherer Ordnung". Im außerjüdischen Bereich findet diese radikale Lebensform eine Analogie im Wanderleben der Kyniker. Auch sie wählten eine am Rande der Gesellschaft stehende marginale Lebensform. Sie diente beiden – sowohl den Kynikern als auch Jesus und seinen Anhängern – dazu, Lehre und Ethik ohne gesellschaftliche Zwänge und Kompromisse vertreten zu können.

Jesus hatte ein besonderes und für seine Zeit ungewöhnliches Verhältnis zu den Frauen in seinem Umfeld. So hatte er in seinem Gefolge auch Jüngerinnen (Lk 8,1–3; Mk 15,41), die ihm nicht nur nachfolgten, sondern ihn auch materiell unterstützten. Die Heilung der blutflüssigen Frau (Mk 5,25 ff.) zeigt uns, dass Jesus Frauen nicht auf Grund sexueller Tabus zurückwies und ausgrenzte. Er kann eine durchaus emotionale Beziehung zu Frauen haben: Joh 11,5: „Jesus aber hatte Marta lieb und ihre Schwester und Lazarus." Jesus richtete seinen Aufruf zur Nachfolge unterschiedlos an alle Menschen. Manche folgten ihm nach und veränderten damit radikal ihr bisheriges Leben, viele lehnten ihn ab oder jubelten ihm nur kurzfristig zu.

Die gesamte Botschaft Jesu ist von dem Gedanken des Gewaltverzichtes und der Liebe zu den Menschen durchzogen. Er heilt Menschen; befreit sie von Dämonen, wendet sich den Kindern zu und lässt sich ohne Widerstand gefangen nehmen, verurteilen und hinrichten. In seinen Gleichnissen geht es um die Lebenswelt und die Erfahrungen der kleinen Leute in Palästina im Angesicht des kommenden Gottesreiches. Hierin ruft er an keiner Stelle zur gewalttätigen Veränderung der Verhältnisse auf. Jesu messianisches Befreiungsprogramm gründet auf gezielten Tabuverletzungen und auf der zeichenhaften Kraft von Verhaltensänderungen. Dies wird an den Menschengruppen, denen sich Jesus besonders zuwandte, überaus deutlich.

Wolfgang Stegemann geht davon aus, dass sich Jesus in einmaliger Weise den Kindern zugewandt hat. Nur diese Gruppe und die Armen habe er selig gepriesen, nicht einmal seine Jünger. Jesus hatte dabei sicher keine romantisierenden Gedanken; er sah auch das Verhalten der oft launenhaften Kinder mit einiger Nüchternheit (vgl. Mt 11,16–19; Lk 7,31–35). Er sah in den Kindern aber auch die hilflosesten Opfer der unter sozialer Not lebenden verarmten Landbevölkerung. Kinder sind die wehrlosesten Opfer von sozialen Notlagen, sie werden ausgesetzt; sie sind schutzlos, machtlos und hilfsbedürftig, aber auch vertrauensvoll und fähig, sich beschenken zu lassen. Darum steht ihnen die Tür in das anbrechende Gottesreich offen. Jesu Eintreten für die Kinder hängt also auch mit seinen endzeitlichen Vorstellungen über Gott und die Menschen zusammen. An Jesu Verhältnis zu den Kindern wird geradezu beispielhaft die Ablehnung der Gewalt deutlich. Wer so sein soll wie Kinder, kann

allein schon aus physischen Gründen nicht das Kommen des Gottesreiches durch Gewaltanwendung befördern. Dieser Weg ist der Weg
der Erwachsenen, nicht der der Kinder. Auch Jesu Verhältnis zu den Zöllnern ist von Gewaltlosigkeit und
unerwarteten Grenzüberschreitungen geprägt. Die Zollpächter ge-
hörten der gehobenen Mittelschicht oder der Oberschicht an. Daneben gab es die Bediensteten der Zollpächter, die mit den Kontrollen
und dem Kassieren des Zolles beschäftigt waren. Diese waren Angehörige der sozialen Unterschicht, manchmal sogar entflohene
Sklaven, ehemalige Arbeitslose oder sonstwie gescheiterte Exis-
tenzen. Sie mussten sich manche Anpöbelungen der geschröpften
Kaufleute und Reisenden anhören und hielten sich dafür durch Be-
trügereien schadlos. Umso leichter waren sie erpressbar und mussten mit jederzeitiger Entlassung rechnen. Im Grunde waren sie
arme Teufel, die oft auch von sich aus ihren ungeliebten Beruf aufgaben. Lukas unterscheidet beide Typen des Zöllners: In Lk 19,2
stellt er mit Zachäus einen jener reichen Zollpächter vor, während
er Levi in Lk 2,14 als einen abhängigen Zolleintreiber benennt.
Unter diesen hatte Jesus ohne Zweifel großen Zulauf, aber auch
Zollpächter wie Zachäus kamen zu ihm, veränderten ihr Leben und
folgten ihm nach. In der Beispielerzählung vom Pharisäer und dem
Zöllner wird eindrücklich beschrieben, wie sich Jesus im Gegensatz
zu den zelotischen Kreisen wahre Gerechtigkeit vorstellte:

„Er sagte aber zu einigen, die sich anmaßten, fromm zu sein und verachteten die anderen, dies Gleichnis: Es gingen zwei Menschen hinauf in den
Tempel, um zu beten, der eine ein Pharisäer, der andere ein Zöllner. Der
Pharisäer stand für sich und betete so: Ich danke dir, Gott, dass ich nicht bin
wie die anderen Leute, Räuber, Betrüger, Ehebrecher oder auch wie dieser
Zöllner. Ich faste zweimal in der Woche und gebe den Zehnten von allem,
was ich einnehme. Der Zöllner aber stand ferne, wollte auch die Augen nicht
aufheben zum Himmel, sondern schlug an seine Brust und sprach: Gott, sei
mir Sünder gnädig! Ich sage euch: Dieser ging gerechtfertigt hinab in sein
Haus, nicht jener. Denn wer sich selbst erhöht, der wird erniedrigt werden;
und wer sich selbst erniedrigt, der wird erhöht werden" (Lk 18,9–14).

Diese Beispielerzählung spiegelt wie kaum ein anderes Gleichnis
das kollektive Bewusstsein zur Zeit Jesu. Zöllner waren tatsächlich
für die meisten Menschen im damaligen Palästina mit Räubern, Be-
trügern und Ehebrechern vergleichbar. Die Pharisäer galten dagegen als hoch respektierte religiöse Menschen, die mit den Geboten
Gottes in ihrem Leben ernst machten. Jesu Urteil stimmt mit diesem allgemeinen Urteil nicht überein. Er gibt ein Beispiel dafür, wie

sich Veränderung im Angesicht Gottes vollzieht: Allein durch seine Bereitschaft zur Umkehr als sich sündig wissender Mensch kann der Zöllner von Gott gerechtfertigt nach Hause gehen. Hierin liegt ein Kernanliegen der Verkündigung Jesu, das ein radikales Veränderungspotenzial in sich trägt. Denn es sprengt alle sozialen, religiösen und moralischen Grenzen, bedingt Tischgemeinschaft mit Sündern, Zöllnern und Dirnen und gibt gerade den Ärmsten und Verachteten neue Hoffnung und Selbstachtung, ohne in ein politisch-religiöses Programm gewaltsamer Veränderung einzumünden.

Jesu Verkündigung der Feindesliebe fasst seine Haltung zur Gewalt am knappsten und sehr präzise zusammen: „Liebet eure Feinde und betet für die, die euch verfolgen, damit ihr Söhne eures Vaters in den Himmeln werdet, der seine Sonne aufgehen lässt über Bösen und Guten und regnen lässt über Gerechte und Ungerechte" (Mt 5,44f.).

Dem Aufruf, die Feinde zu lieben und für sie zu beten, folgt als Zielbestimmung, ein Kind Gottes zu werden. Begründet wird die Anweisung mit der unterschiedslosen Güte Gottes zu allen Menschen. Es ist dem Gebot der Nächstenliebe, wie es in Lev 19,18 überliefert ist, ähnlich, überbietet es jedoch darin, daß es die Nächsten- auf die Feindesliebe ausweitet. Das Ziel des Gebotes, den Feind zu lieben, wie es Jesus verkündigte, ist die Gotteskindschaft. Jesus begründet die Feindesliebe also nicht ethisch-humanitär, sondern von Gott her. Durch sie erreicht der Mensch die engste denkbare Beziehung zu Gott, eine Beziehung, die der zwischen einem Kind und seinem Vater gleicht.

Spätestens seit dem Tod Johannes' des Täufers wird Jesus die Möglichkeit seines eigenen gewaltsamen Endes ins Auge gefasst haben. Doch wer war schuld an seinem Tod? Ob es einen Prozess gegen Jesus vor dem höchsten jüdischen Gericht gegeben hat, ist fraglich. Zumindest stimmt der neutestamentliche Bericht über seine Verurteilung darin nicht mit den historischen Fakten überein, dass der jüdische Hohe Rat Jesu zum Tode verurteilt habe. Denn nach jüdischem Gesetz durften Mitglieder des Sanhedrin nur am Tage und nicht in der Nacht verhandeln. Auch wurde ein Todesurteil niemals am ersten Verhandlungstag gefällt, sondern erst am darauf folgenden Tag. Der Bericht des Neuen Testaments passt demnach nicht zur überlieferten jüdischen Prozessordnung. Mk 14,55–65 erweckt den Eindruck, als ob der Hohe Rat in einer einzigen Nachtsitzung Jesus zum Tode verurteilt hätte. Das ist mehr als unwahrscheinlich. Es lässt sich ferner ziemlich sicher nachweisen, dass da-

mals der Hohe Rat ohne Genehmigung des römischen Statthalters
gar keinen Kapitalprozess führen und kein Todesurteil fällen durfte,
wie dies auch in Joh 18,31 betont wird. Sicher ist dagegen, dass das
Todesurteil von Pontius Pilatus ausgesprochen wurde, wahrscheinlich in einem standgerichtlichen Verfahren. Ihm folgte die Kreuzigung, die typische Strafe Roms für Widerständler und Rebellen.
Dass Jesus wegen politischen Widerstands verurteilt wurde, bestätigt auch die Kreuzesinschrift „König der Juden" und die Schilderung, dass er zwischen zwei Rebellen, nicht Räubern, sein Ende
fand, aller Wahrscheinlichkeit nach am 7. April des Jahres 30 unserer
Zeitrechnung.

Wurde Jesus nach seiner Hinrichtung leibhaftig auferweckt? War
das Grab Jesu leer? Bereits der Evangelist Matthäus musste sich mit
dem Vorwurf auseinander setzen, das leere Grab sei das Ergebnis
eines Betrugs durch die Jünger. Dass das Grab wirklich leer war,
wird auch hier nicht bestritten. Auch wird nicht die grundsätzliche
Möglichkeit einer leibhaftigen Auferweckung in Frage gestellt. Die
These, dass das Zeugnis von Jesu Auferweckung lediglich auf Visionen von Jüngern beruht habe, erscheint uns als eine typisch moderne rationalistische Verengung des Wirklichkeitsbegriffs.

Literatur: Roman Heiligenthal, Der Lebensweg Jesu von Nazareth. Eine
Spurensicherung, Stuttgart u. a. 1994. Ders., Der verfälschte Jesus. Eine Kritik moderner Jesusbilder, 2., erw. Aufl., Darmstadt 1999.

Menschen, die Jesus nahe standen

Jesus lebte nicht ohne soziale Bindungen und enge Beziehungen zu Menschen, die seiner Botschaft glaubten, ihm nachfolgten und an seinem Charisma partizipierten. Neben den Jüngern als seinem engsten Anhängerkreis konnte er durch seine charismatische Ausstrahlungskraft auch im Volk einen Kreis von Sympathisanten gewinnen, die ihn auch materiell unterstützten. Die beiden folgenden Lebensbilder repräsentieren in Petrus den engsten Kreis der Jünger Jesu und in Maria Magdalena Frauen, die in einer besonderen Nähe zu Jesus standen. Eine Person bleibt jedoch rätselhaft: der nur im Johannesevangelium erwähnte „Jünger, den Jesus liebte".

Dieser Jünger wird nie mit Namen erwähnt, allerdings setzt ihn die Tradition schon früh mit dem Apostel Johannes gleich, der auch der Verfasser des 4. Evangeliums gewesen sein soll. Der Apostel Johannes war wie auch Petrus der Sohn eines Fischers. Als Jesus ihn in seinen Jüngerkreis berief, war er ein Anhänger Johannes' des Täufers. Mit seinem Bruder Jakobus und Petrus gehörte er innerhalb des Jüngerkreises einem inneren Zirkel an, zu dem Jesus ein besonderes Vertrauensverhältnis hatte. So waren die drei bei der Auferweckung der Tochter des Jairus (Mk 5,37), bei der Verklärung auf dem Tabor (Mk 9,2par) und als Jesus im Garten Gethsemane von Todesangst ergriffen wurde (Mk 14,33par) allein mit ihrem Herrn. Auch in der Urgemeinde spielte Johannes eine herausragende Rolle. Paulus rechnet ihn neben Petrus und dem Herrenbruder Jakobus unter die drei Säulen der Jerusalemer Gemeinde (Gal 2,9). Die Legende berichtet über den Apostel Johannes, er habe in Kleinasien gewirkt und sei unter Domitian nach Rom verbracht worden, weil er sich geweigert habe, auf dem Altar der Artemis in Ephesus zu opfern. In Rom hatte man für ihn eine besonders qualvolle Todesart vorgesehen: Er sollte in einem Kessel kochenden Öls an der Porta latina gesiedet werden. Doch wundersamerweise entstieg der Apostel dem Kessel unverletzt. Daraufhin schenkte man ihm das Leben und verbannte ihn auf die Insel Patmos, wo er in hohem Alter die Offenbarung geschrieben habe. Über den Lieblingsjünger erfahren wir im Johannesevangelium zweierlei: Er war der, der Jesus von allen am nächsten stand, und er stand offensichtlich in einem Konkurrenzverhältnis zu Petrus. Nach Joh 13 war er es, der Jesus beim letzten Mahl an der Brust lag und als Erster erfuhr, wer seinen Herrn verraten wird. In der johanneischen Kreuzigungsszene stand er mit der Mutter Jesu unter dem Kreuz. Jesus vertraute beide einander an. Sowohl am Ostermorgen, als er gegen Petrus einen Wettlauf zum Grab Jesu gewann (Joh 20), als auch kurz danach, als der Auferstandene den Jünger bei einem wunderbaren Fischzug erschien (Joh 21), war es er, der Jesus zuerst erkannte. Die Herausgeber des Johannesevangeliums sahen in ihm den Garanten für die Zuverlässigkeit des Evangeliums (Joh 21,24). Ob der Lieblingsjünger mit dem Apostel Johannes identisch war, wird im Dunkeln der Geschichte bleiben.

Petrus

Herkunft und soziales Milieu
Simon wurde in eine Fischerfamilie hineingeboren. Ursprünglich stammte er vielleicht (Joh 1,44) aus Betsaida, einem Fischerdorf an der Nordseite des Sees Genezareth. Zur Zeit seiner ersten Begegnung mit Jesus besaß seine Familie ein Haus in Kafernaum. Kafernaum war zur Zeit Petri eine geschäftige Kleinstadt, „die sich auf einem schmalen Uferstreifen zwischen dem See und dem allmählich aufsteigenden Hügelland ausbreitet" (Bösen, 1985, 77). Die Stadt lebte vom Handel, begünstigt durch ihre Lage an einer stark frequentierten Nebenstraße der *Via Maris*, und von der Fischerei. Der im See Genezareth am häufigsten gefangene Fisch – „Petrusfisch" genannt – gilt heute noch als eine Delikatesse. Die Menschen in Kafernaum hatten durch den Handel, aber auch durch den Kontakt mit römischen Soldaten und als Grenzstadt zu der halbheidnischen Tetrachie des Philippus Kontakt mit dem Heidentum. Sie dürften aufgeschlossener gewesen sein als manch andere Bewohner des galiläischen Berglandes. Kafernaum war – wie Ausgrabungen zeigen – schachbrettartig angelegt, hatte keine Befestigungsanlagen, jedoch eine kleine römische Garnison von ca. 100 Soldaten. Neben der Kaserne hat man an öffentlichen Gebäuden eine Zollstation und eine Synagoge ausgegraben (vgl. die Belege bei Bösen, 1985, 75–78). Die Zahl seiner Einwohner betrug in der uns interessierenden Zeit etwa ein- bis zweitausend. Die Menschen wohnten in so genannten „Wohninseln", unter denen man ca. 500 qm große Wohnkomplexe versteht, die in ihrem Inneren aus einem Komplex von separaten

Wohnungen und Höfen bestanden. Italienische Archäologen haben in einem solchen Wohnkomplex bei Ausgrabungen Angelhaken gefunden. Da man in diesem Haus auch einen urchristlichen Versammlungsort mit zahlreichen christlichen Graffiti und 131 Inschriften, die mehrmals Christus und zweimal auch Petrus erwähnen, ausgegraben hat, spricht man vom „Petrushaus". Von den Fischern am See Genezareth wissen wir, daß sie genossenschaftlich organisiert waren. Die Kosten für die Anschaffung eines Bootes waren für einen Einzelnen zu hoch, auch erforderten die erfolgreicheren Fangtechniken mehrere Personen. So scheint die Vermutung nicht unbegründet, daß Petrus in einem Familienverband lebte und die Fischerei mit Verwandten kollektiv betrieb und in einem Haus mit verwandten Familien, wahrscheinlich auch mit seinem Vater Johannes (oder: Jona) zusammenlebte. Diese Vermutung deckt sich auch mit den synoptischen Evangelienberichten über seine Berufung zum Jünger (Mk 1,16): „Als Jesus am See von Galiläa entlangging, sah er Simon und Andreas, den Bruder des Simon, die auf dem See ihr Netz auswarfen; sie waren nämlich Fischer."

Petrus arbeitete mindestens mit seinem Bruder Andreas zusammen, wahrscheinlich halfen ihnen auch Tagelöhner. Er war verheiratet; alle drei synoptischen Evangelien berichten, dass Jesus seine Schwiegermutter heilte. Historisch noch gewichtiger ist eine Notiz des Paulus, der wir entnehmen können, dass Petrus zusammen mit seiner Frau Missionsreisen unternahm. Hätte Jesus Petrus als ersten Papst berufen, hätte er einen verheirateten Mann zu seinem Nachfolger gemacht, der auch vom zölibatär lebenden Paulus ungetadelt seiner apostolischen Tätigkeit nachging: „Haben wir nicht das Recht, eine Schwester als Ehefrau mitzunehmen, wie die übrigen Apostel und die Brüder des Herrn und wie Kephas?" (1Kor 9,5).

Ob Petrus Kinder gehabt hat, wissen wir nicht, es ist jedoch anzunehmen. Während seiner Wandertätigkeit nach der Berufung zum Jünger war seine Familie eingebunden in den schützenden Verband der zusammenlebenden Großfamilie. Diese lebte finanziell zwar nicht ohne Sorgen, doch im Gegensatz zu dem breiten Proletariat der Tagelöhner, Bettler und Handlanger gehörten die Fischerfamilien am See Genezareth zu der relativ schmalen Mittelschicht Palästinas. Man kann also nicht behaupten, dass die Jesusbewegung eine sozial im Proletariat verwurzelte Bewegung gewesen sei. Petrus war etwa gleichaltrig mit Jesus; seine Sprache verriet ihn als Galiläer (Mk 17,70 par. Lk 22,59). Da er den griechischen Namen Simon trug, könnte sein Elternhaus gegenüber der hellenistischen Kultur eine gewisse Offenheit gezeigt haben (so Böcher, 1996, 268). Kephas bzw. Petros ist ein späterer Bei- bzw. Übername gewesen.

Die Lebenswende: Jesus beruft Petrus zum Jünger

Alle vier Evangelien berichten von der Berufung Petri als einer plötzlichen alles Bisherige umstürzenden Lebenswende, die sich auf Grund einer personalen Begegnung mit Jesus vollzog. Die Berichte über die Berufung unterscheiden sich in Einzelzügen recht erheblich. Markus und Matthäus bieten eine knappe, wahrscheinlich idealtypische Szene:

„Als Jesus am See von Galiläa entlangging, sah er Simon und Andreas, den Bruder des Simon, die auf dem See ihr Netz auswarfen; sie waren nämlich Fischer. Da sagte er zu ihnen: Kommt her, folgt mir nach! Ich werde euch zu Menschenfischern machen. Sogleich ließen sie ihre Netze liegen und folgten ihm" (Mk 1,16–18).

Jesus ruft Petrus und seinen Bruder Andreas durch ein vollmächtiges Wort (Lukas benötigt zur weiteren Motivation noch ein Fischwunder) mitten aus ihrem beruflichen Alltag heraus in die Nachfolge. Der Bericht setzt voraus, dass die Berufenen Nachfolge in einem wörtlichen Sinn verstanden haben: Sie begleiten Jesus auf seinen Wanderungen durch Palästina. Auch das Ziel der Berufung wird knapp genannt: Aus Fischern sollen Menschenfischer werden. Für Petrus hat dieses Berufungserlebnis ganz konkrete Folgen, die man allgemein als Merkmale der Jüngerschaft zusammenfassen kann: Er teilt von nun an mit Jesus dessen Heimatlosigkeit. Allerdings hatte Jesus eine feste Beziehung zu Kafernaum und im Haus des Petrus fand er offensichtlich häufig eine Bleibe, er nahm dessen Gastfreundschaft gerne an und hob damit Petrus aus dem Kreis seiner anderen Jünger heraus. Aber in Konfliktfällen wird Petrus die Bindung an Jesus über die an Frau und Familie gestellt haben. Petrus nimmt mit seiner Jüngerschaft teil am Charisma Jesu; er partizipiert an dessen Vollmacht und Sendung. Nach Mk 3,14 erhalten die Jünger die Vollmacht zum Heilen und zum Austreiben von Dämonen. Wie Jesus sind sie von Gott in die Ernte gesandt (Mk 9,37 f.). In einer zusammenfassenden Rede schildert Matthäus die Vollmachtsteilhabe der Jünger und ihre Berufung in die Missionstätigkeit (Mt 10,1–20).

Petrus zieht in demonstrativer Askese ohne Reisetasche, Schuhe und Wanderstock heilend und predigend durch Palästina. Allerdings ist ihm nach Ausweis aller Evangelien die Teilhabe am Charisma

Jesu nicht exklusiv übertragen. Nicht allein der Zwölferkreis, auch andere werden zu Jüngern berufen und erhalten von Jesus dieselben Vollmachten. Doch der Ruf in der Jüngerschaft bedeutet noch mehr: Petrus und den anderen wird Teilhabe an der eschatologischen Verheißung, ja Teilhabe am messianischen „Amt" Jesu zugesprochen. Sie werden in der Endzeit auf zwölf Thronen sitzen und das Volk Israel richten (Mt 19,28/Lk 22,30). Offensichtlich bilden die Jünger eine Art messianisches Kollektiv. Gerd Theißen nennt dieses Phänomen „Gruppenmessianismus" (1991, 101–123). Petrus steht nun im Dienst einer neuen Vision; er teilt die Außenseiterrolle des charismatischen Wanderpredigers Jesus von Nazareth. Er hofft mit ihm auf das baldige Kommen des messianischen Reiches, ja, vielleicht sieht er in seinem Herrn bereits den Messias inkorporiert.

Eine ausgesprochen schwierige Frage ist, ob Petrus schon vor seiner entscheidenden Begegnung mit Jesus in irgendeiner Weise religiös vordisponiert war. Das Johannesevangelium berichtet, dass sein Bruder Andreas zunächst zu den Jüngern des Johannes gehörte, der ihn und einen namentlich nicht Genannten auf Jesus hinweist, mit dem sie dann einen Tag lang zusammen sind. Dann geht Andreas zu Simon und sagt ihm: „Wir haben den Messias gefunden" und bringt ihn zu Jesus, der ihm den Namen Kephas gibt (Joh 1,35–42). Vielleicht lernten Andreas und auch Petrus Jesus im Umfeld des Täufers kennen. Seine Wirkungsstätte war nicht weit von Kafernaum entfernt und Jesus hatte eine enge Beziehung zu Johannes dem Täufer. Er war vielleicht – wie bereits thematisiert wurde – sogar ursprünglich sein Schüler. Würde der Bericht des Johannesevangeliums zutreffen, wäre Petrus bereits mit einem stark endzeitlichen religiösen Milieu bekannt gewesen. Aber dies bleibt lediglich eine Vermutung.

Die Stellung Petri im Jüngerkreis

Petrus nahm eine hervorgehobene Stellung unter allen Jüngern ein. Hierin sind sich alle Zeugen einig, ob sie dieser Tatsache befürwortend oder kritisch gegenüberstehen. In allen Aufzählungen der Jünger, den sog. Jüngerlisten, wird Petrus an erster Stelle genannt (vgl. Mk 3,13–19; Lk 6,12–16; Apg 1,13). Er tritt als Sprecher der Jünger auf (Mk 8,29; Joh 6,68). Unter den Zwölfen bildet er offensichtlich zusammen mit Johannes und Jakobus einen inneren Zirkel, der in einer besonderen Nähe zu Jesus steht. Besonders augenfällig wird dies in der Verklärungsgeschichte (Mk 9,2 par.). Auch ist er der erste männliche Auferstehungszeuge nach der Kreuzigung (Lk 24,34; 1Kor 15,5). Auch Paulus kommt nicht umhin, seine hervorgehobene Stellung einzuräumen. Es ist Petrus, den Paulus bei seiner ersten Reise nach Jerusalem besucht (Gal 1,18); er gehört zu den Säulen in Jerusalem, vor denen Paulus sein Apostolat rechtfertigen muss und er wird auch von Paulus als erster Zeuge der Auferstehung genannt.

In der Zeit seines Zusammenseins mit Jesus, der Wanderungen durch Palästina im Jüngerkreis, war Petrus der „typische" Jünger (vgl. zum Folgenden: Luz, 1990, 467 f.). Auf der einen Seite war er der Jüngersprecher und der Jesus besonders nahe stehende Schüler. Er ist es, der Fragen stellt, die für alle Jünger wichtig sind. In der Manier eines Musterschülers reagiert er auf Jesu Lehre immer wieder mit insistierenden Nachfragen. Nach einer Gesetzesauslegung Jesu kann er mit seinen Nachfragen seinen Herrn geradezu in Verzweiflung stürzen: „Da sagte Petrus zu ihm: Erkläre uns jenes rätselhafte Wort! Er antwortete: Seid auch ihr noch immer ohne Einsicht?" (Mt 15,15 f.).

Gleichermaßen hat Petrus keinerlei Scheu, gegenüber Jesus Einwände zu erheben, um dann manchmal barsch korrigiert zu werden. Aber auch in seinem Verhalten gegenüber Jesus, in seinen inneren Konflikten, die er in dieser Zeit durchlebt, ist er geradezu ein Paradigma für christliches Verhalten bzw. Fehlverhalten überhaupt. Es könnte ein Beleg für die Ursprünglichkeit dieser Petrusüberlieferungen sein, dass auch besonders krasses Fehlverhalten nicht verschwiegen wird. Die Erinnerungen an die Schwächen des Petrus waren in den frühen Gemeinden so lebendig, dass sie relativ früh Legenden zu diesem Charakterzug bildeten. Seine sporadisch auftretende Glaubensschwäche, die in der Regel aus einer Überschätzung der Möglichkeiten seiner Person hervorgeht, wird in grotesk-komischer Weise in der Legende vom „sinkenden Petrus" sinnbildlich:

„Darauf erwiderte ihm Petrus: Herr, wenn du es bist, so befiehl, dass ich auf dem Wasser zu dir komme. Jesus sagte: Komm! Da stieg Petrus aus dem Boot und ging über das Wasser auf Jesus zu. Als er aber sah, wie heftig der Wind war, bekam er Angst und begann unterzugehen. Er schrie: Herr, rette mich! Jesus streckte sofort die Hand aus, ergriff ihn und sagte zu ihm: Du Kleingläubiger, warum hast du gezweifelt? Und als sie ins Boot gestiegen waren, legte sich der Wind. Die Jünger im Boot aber fielen vor Jesus nieder und sagten: Wahrhaftig, du bist Gottes Sohn" (Mt 14,28–33).

Was in dieser Szene noch als fast absurde Selbstüberschätzung zum Lachen reizt, schlägt in den beiden nächsten sicher historisch glaubwürdigen Berichten in Erschrecken über furchtbares Versagen um: Als Jesu bitterste Stunde naht, schläft auch er wie alle anderen Jünger im Garten Gethsemane schlicht ein (Mk 14,37; Mt 26,36–46 will Petrus vom expliziten Vorwurf entlasten). Die Verleugnungsszene, die darin gipfelt, dass Petrus einen Meineid schwört (Mt 26,73), beginnt sympathisch: Petrus ist der Einzige der Jünger, der seinem Herrn bis in den Hof des hohenpriesterlichen Hauses folgt. Ganz offensichtlich möchte er seinem Herrn in schwerer Stunde nahe sein (Mt 26,58). Auch dass der offensichtliche Versuch eines Jüngers, sich der Verhaftung Jesu mit Gewalt zu widersetzen, im Johannesevangelium Petrus zugeschrieben wird, lässt Petrus nicht als einen Feigling erscheinen. Doch dann verleugnet Petrus dreimal seinen Herrn; alle vier Evangelien berichten dies mit nur wenigen unterschiedlichen Nuancen. Petrus' Lebensweg hat einen ersten Tiefpunkt erreicht. Er muss dies wohl selbst sofort gespürt haben, denn seine Reue wird von den Evangelisten ebenfalls glaubhaft überliefert (Mt 26,75): „Petrus erinnerte sich an das, was Jesus gesagt hatte: Ehe der Hahn kräht, wirst du mich dreimal verleugnen. Und er ging hinaus und weinte bitterlich."

Zeigte Petrus hier nur eine für lebenserfahrene Menschen verständliche Charakterschwäche, oder gibt es auch objektivere Gründe für sein Verhalten? Ein Hinweis könnte eine Szene aus der Zeit der Wanderschaft sein, mit der wir uns auch auf historischem Boden befinden: Ich denke dabei an die erste Leidensankündigung Jesu und die darauf folgende Auseinandersetzung zwischen Jesus und Petrus:

„Von da an begann Jesus, seinen Jüngern zu erklären, er müsse nach Jerusalem gehen und von den Ältesten, den Hohenpriestern und den Schriftgelehrten vieles erleiden; er werde getötet werden, aber am dritten Tag werde er auferstehen. Da nahm ihn Petrus beiseite und machte ihm Vorwürfe; er sagte: Das soll Gott verhüten, Herr! Das darf nicht mit dir geschehen! Jesus aber wandte sich um und sagte zu Petrus: Weg mit dir, Satan, geh mir aus den Augen! Du willst mich zu Fall bringen; denn du hast nicht das im Sinn, was Gott will, sondern was die Menschen wollen" (Mt 16,21–23).

Kurz vor dieser Szene berichtet uns Matthäus, dass Petrus Jesus als den Messias erkannt hat: Mt 16,16: „Simon Petrus antwortete: Du bist der Messias, der Sohn des lebendigen Gottes!"

Petrus erkannte in Jesus den Christus, aber er missverstand ihn, ganz im jüdisch-eschatologischen Denken seiner Zeit verhaftet, als einen neuen strahlenden König Israels, der seinem Volk Größe und Befreiung vor Unterdrückung bringen wird. Dass sich Jesu Schicksal im Leiden vollenden wird, war ihm unverständlich. Ganz auf der

Linie dieses Missverständnisses liegt auch der Versuch, sich der Verhaftung Jesu gewaltsam zu widersetzen. Wie die anderen Jünger auch begriff Petrus den Sinn des Leidens Jesu erst durch die Ostergeschehnisse. Vielleicht war die Verleugnung der Jüngerschaft bei Petrus durch eine tiefe Enttäuschung über das aus seiner damaligen Sicht Scheitern Jesu motiviert. Hart formuliert könnte man auch sagen, Petrus fühlte sich unter Umständen in all den Hoffnungen, für die er in den letzten Jahren lebte, verraten. Dies könnte sein Verhalten in einem anderen Licht erscheinen lassen als die bloße Vermutung, Petrus scheue sich vor persönlichem Leiden.

Wir können zusammenfassen: „Im Ganzen fällt eine Ambivalenz im Verhalten des Petrus auf: Er ist Bekenner und Versucher, Verleugner und Reuiger, Mutiger und Schwacher. In alledem ist er typisch für die Jünger überhaupt" (so: Luz, 1990, 468). Wir können auch festhalten, indem sich die Päpste auf Petrus berufen, berufen sie sich auf einen Sünder. Dieser Gedanke schützt vor jeder Überhöhung des päpstlichen Amtes, ja er kann es menschlich machen.

Petrus nimmt aber auch eine einmalige Stellung im Jüngerkreis Jesu ein. Ich möchte dies an dem zentralen biblischen Petrustext überhaupt verdeutlichen:

„Jesus sagte zu ihm: Selig bist du, Simon Barjona; denn nicht Fleisch und Blut haben dir das offenbart, sondern mein Vater im Himmel. Ich aber sage dir: Du bist Petrus, und auf diesen Felsen werde ich meine Kirche bauen, und die Mächte der Unterwelt werden sie nicht überwältigen. Ich werde dir die Schlüssel des Himmelreichs geben; was du auf Erden binden wirst, das wird auch im Himmel gebunden sein, und was du auf Erden lösen wirst, das wird auch im Himmel gelöst sein" (Mt 16,17–19).

Der Text enthält drei zentrale Aussagen über Petrus, die man sich getrennt voneinander ansehen sollte:
– Petrus wird von Jesus als Offenbarungsträger selig gepriesen.
– Petrus wird als Fels bzw. Fundament der Kirche Jesu bezeichnet. Die auf dieses Fundament gebaute Kirche wird mächtiger sein als die Mächte des Todes.
– Petrus erhält die Binde- und Lösegewalt auf Erden.

Petrus wird als einmaliger Offenbarungsträger selig gepriesen, zugleich aber wurden bereits an einer früheren Stelle im MtEv alle Jünger von Jesus selig gepriesen (Mt 13,16f.). Der Apostel wird hier also in einer besonderen Weise hervorgehoben, unterscheidet sich aber nicht grundsätzlich von den anderen Jüngern. Dies ist anders in dem folgenden Vers, dem Felswort. Diese Verheißung erhält nur Petrus. Man ist sich heute unter evangelischen und katholischen Auslegern darüber einig, dass dieses Wort nicht auf Jesus zurückgeht, sondern die Rolle des Petrus aus dem Blickwinkel der Gemeinden, an die das Matthäusevangelium sich richtet, interpretiert. Man geht davon aus, dass Jesus noch nicht von „meiner Kirche" gesprochen haben kann; er wollte das Judentum seiner Zeit erneuern und dachte wohl noch nicht an eine vom Judentum getrennte eigenständige Kirche. Und doch knüpft Matthäus an die historische Gestalt des Petrus an: Er ist der Offenbarungsträger, der die Kontinuität und die Unverfälschtheit der Jesustradition personal garantiert. Er ist sozusagen die Brücke zwischen dem Leben Jesu und dem Glauben an den Auferstandenen zur Zeit der Urgemeinde und der frühen Kirche. Von daher ist er das Fundament, auf das sich eine Kirche zu gründen hat, die sich auf die Offenbarung Jesu beruft (vgl. Pesch, 1980). Durch seine enge Bindung an Jesus wurde Petrus, nicht Paulus zu der Grundgestalt, auf die sich dann große Teile der frühen Kirche berufen haben. Hierin besteht das Petrusamt, nicht aber darin, dass Matthäus eine Subzession im Petrusamt im Auge hatte (Cullmann, 1967, 243). Allein schon das gebrauchte Bild verbietet einen solchen Gedanken: Der Fels bleibt, das darauf gebaute Haus wächst in die Höhe. Die Vorstellung von einem beständig wachsenden Fundament ist eine innere Unmöglichkeit. Auch historisch ist der Subzessionsgedanke im Sinne des Papstes als Nachfolger Petri nicht haltbar: Zwar haben die Apostel und nicht nur Petrus Amtsträger eingesetzt, Bischöfe, Diakone und Älteste, aber sie haben sie nicht für die Gesamtkirche, sondern immer nur für Einzelgemeinden installiert. Anders steht es um den Petrusdienst; dieser setzt sich in den Gemeinden fort in dem Gedanken der Schlüsselgewalt Petri. Diese besteht in der Lehrautorität, die sich auf Petrus als Tradenten der Lehre Jesu bezieht. Allerdings sollte man hier nicht einem hierarchischen Missverständnis erliegen: Auch aus der Sicht des Matthäus gilt die Schlüsselgewalt allen Jüngern; in Mt 18,18 wird das Schlüsselwort im Blick auf die gesamte Jüngerschaft wiederholt. Die Frage nach dem Jünger, der den höchsten Rang hat, wird ausdrücklich zurückgewiesen: Nur wer wie ein Kind wird, wird im Himmelreich groß sein (Mt 18,1–4).

Von Ostern bis Rom
Die herausragende Stellung des Petrus gründet sich nicht nur auf seine Jüngerschaft, sondern auch auf sein weiteres Wirken bis hin zu seinem Martyrium in Rom. Sein Charakter, seine Wirksamkeit als Apostel lassen sich besonders an ausgewählten Lebenskonflikten

verdeutlichen, von denen ich einige herausgreifen möchte. Wir erinnern uns: In der Paschanacht, 15. Nisan, dem 7. April 30, war Petrus dem im Landgut Gethsemane am Ölberg verhafteten Jesus noch bis in den Innenhof des hohenpriesterlichen Palastes gefolgt, hatte dort aber, in Bedrängnis geraten, den Meister verraten. Nachdem er zunächst in die Vorhalle ausgewichen war, wird er – wohl noch vor der Überstellung Jesu an den Präfekten Pilatus – im Morgengrauen nach Gethsemane zu den anderen Jüngern zurückgegangen sein. Trauer, Hoffnungslosigkeit und Furcht vor Verfolgung durch die Römer werden seine Gemütslage bestimmt haben. Wahrscheinlich werden er und die restlichen Jünger baldmöglichst nach Galiläa, in die Heimat, geflohen sein. Petrus war weder bei der Kreuzigung noch der Grablegung dabei, noch wird er, obwohl Paulus dies anders berichtet, der erste Zeuge der Auferstehung gewesen sein. Dies waren Maria Magdalena und andere Frauen.

Maria aus Magdala trat in den Hintergrund, Petrus in den Vordergrund. Ob Petrus an dieser Marginalisierung aktiv mitgewirkt hat, können wir nur vermuten. Gestört hat er sich an dem Zurückdrängen der Frauen ganz offensichtlich nicht.

Petrus empfängt als Erster der Jünger seine Christusoffenbarung in Galiläa, sammelt dort die Jünger und wird zu der ersten leitenden Autorität der Jerusalemer Urgemeinde. Doch im Jahr 41 n. Chr. verliert er seine Führungsrolle an den Herrenbruder Jakobus und flieht nach zwölfjährigem Aufenthalt aus Jerusalem. Was war geschehen? Historisch gesichert ist der folgende Sachverhalt: Der König Herodes Agrippa lässt Führungspersönlichkeiten der Urgemeinde verfolgen, um sich bei gesetzestreuen Juden lieb Kind zu machen. Zwei Apostel sind von der Verfolgung betroffen: Jakobus, der Zebedaide, und Petrus. Jakobus wird mit dem Schwert hingerichtet, Petrus entkommt und flieht. Die Gefängniswächter werden ebenfalls hingerichtet (Apg 12,3–19). Die Rettung des Petrus wird als ein Befreiungswunder legendarisch überhöht. Doch warum wurde Jakobus hingerichtet und Petrus nicht? War Bestechung im Spiel? Doch warum wurden die Wachen nur für Petrus bestochen? Oder konnte sich Petrus dem Leiden auf eine andere Weise entziehen? Wieder durch eine opportunistische Handlung? Alles Vermutungen ...

Petrus war ein begeisternder Missionar mit großem Charisma und im Unterschied zu Paulus eher von ruhigerem Charakter. Die apostolische Vollmacht, die ihm Jesus einst übertrug, wirkt in ihm weiter. Drei ausführliche Wunderberichte in der Apostelgeschichte zeugen von seinen Wunderkräften: die Heilung des Gelähmten an der Tempelpforte (3,1–10), die Erzählung des Gelähmten Äneas in Lydda (9,32–34) und die Erzählung von der Jüngerin Tabitha in Joppe (5,14–26). Sogar Paulus musste eingestehen, dass Petrus einen überaus großen Missionserfolg hatte (Gal 2,8). Zusammen mit seiner Frau missionierte er zuerst im palästinischen Raum vorwiegend unter Juden. In Cäsarea bekehrt er den gottesfürchtigen Heiden Cornelius, ein Wendepunkt: Von nun an missioniert er über den palästinischen Raum hinaus und er missioniert immer stärker unter Heiden. Doch er vermeidet im Gegensatz zu Paulus den radikalen Bruch mit dem gesetzestreuen Jerusalemer Urchristentum. Petrus versucht Brücken zu bauen, wo Paulus polarisiert. So musste es zwischen den beiden so unterschiedlichen Charakteren zum wahrscheinlich endgültigen Bruch kommen. Wir sind hierüber nur einseitig durch Paulus informiert. In Antiochia kommt es zum Streit, Paulus wirft Petrus Anpassung an die gesetzesstrengen Ansichten des Jakobus wider besseres Wissen, schlicht Heuchelei vor. Doch sieht man sich den paulinischen Bericht genau an, so fällt auf, dass Paulus am Ende des Streites allein dastand. Barnabas und auch Titus standen Petrus zur Seite; Paulus trennte sich von seinen treuesten Weggefährten. Die Wahrheit wird wohl die gewesen sein, dass Petrus den Kompromiss mit Jakobus suchte, während Paulus die grundsätzliche Entscheidung wollte. Paulus und Petrus haben sich wohl nicht mehr wieder gesehen, Paulus wurde wahrscheinlich als römischer Bürger geraume Zeit vor Petrus durch Enthauptung in Rom hingerichtet. Indirekt kreuzen sich in den 50er Jahren ihre Missionswege in Korinth. Dort beklagt sich Paulus, dass sich ein Teil der Gemeinde auf die Autorität des Petrus berief.

Aber auch Petrus war nicht in allen frühchristlichen Gemeinden die einzige und unumstrittene Autorität. Im Johannesevangelium ist die eigentliche Autorität „der Jünger, den Jesus liebte"; er erscheint als der ideale Jünger, der durch tiefe Glaubenseinsicht hervorragt und seinen Schülern eine gültige Interpretation der Lehre Jesu hinterließ. Immer dort, wo er zusammen mit Petrus auftritt, scheint ein Konkurrenzverhältnis zwischen ihm und Petrus in den Berichten des Johannesevangelium durch: Nicht Petrus, sondern der „Lieblingsjünger" liegt beim letzten Mahl Jesu mit seinen Jüngern an Jesu Brust und er ist es, dem Jesus Judas als den Verräter enthüllt (Joh 13,23–26). Auch hat er bei der Fußwaschung eine größere Nähe zu Jesus und vermittelt zwischen diesem und Petrus (Joh 13,1 ff.). Dieses besondere Vertrauensverhältnis wird wiederum in der Kreuzigungsszene deutlich: Der Gekreuzigte vertraut den geliebten Jünger und seine Mutter Maria gegenseitig an (Joh 19,26 f.). Komische Züge tragen die Ereignisse am Ostermorgen. Die Konkurrenz zwischen den Jüngern versinnbildlicht sich in einem Wettlauf zum leeren Grab (Joh 20,3–10). In der in Joh 21 überlieferten Geschichte vom wunderbaren Fischzug ist es der Lieblingsjünger, der den Auferstandenen zuerst erkennt und dies dann Petrus weitersagt (V.7).

Die Funktion des Petrus für die Gemeinde des Johannesevangeliums lässt sich auf diesem Hintergrund genauer bestimmen: Nach Joh 6,69 ist Petrus derjenige, der in einer Situation, als sich viele abwandten, im Namen aller ein Bekenntnis spricht. Damit repräsentiert Petrus die Einheit der Gemeinde im Bekenntnis. Diese Einheit ist eine Einheit in der Erkenntnis und im Sakrament. Petrus ist damit zunächst einmal für die Hierarchie (Hirtenamt), das Sakrament und das Bekenntnis zuständig.

Er wird aber auch in der Perikope von der Fußwaschung durch Jesus mittels eines Rollentausches kritisiert. Indem Jesus Petrus die Füße waschen will, tritt er in die folgenden Rollen: in die Rolle des Sklaven, in die Rolle der Frauen (vgl. 1Tim 5,10; JosAs 13,15) und in die Rolle des Schülers. Mit diesem Rollentausch dreht Jesus die Rangordnung zwischen Meister und Schülern um. Dies kann Petrus nicht akzeptieren. Seine erste Reaktion (Joh 13,7 f.): „Nimmermehr sollst du mir die Füße waschen." Jesus mutet aber ihm und allen anderen Jüngern zu, diese „umgedrehte" Hierarchie zu akzeptieren. Petrus und die Jünger sollen auch die Füße anderer waschen (13,13 ff.). Allen Jüngern gilt das neue Gebot der Bruderliebe (15,17). Alle Jünger werden nach Ostern Brüder genannt (21,23).

Nachdem Petrus den sakramentalen Charakter der Fußwaschung versteht, legt er übertriebene Erwartungen in dieses Sakrament, nun möchte er von Jesus nicht nur die Füße, sondern gleich auch noch Kopf und Hände gewaschen bekommen (zweite Reaktion). Jesus reagiert (die längere Textfassung ist richtig): „Wer gebadet ist, wäscht sich nur noch die Füße." Hierbei spielt „gebadet" auf die Taufe an. Ansonsten knüpft der Satz an das Badeverhalten in antiken Bädern an. Nach dem Bad wäscht man sich nur noch einmal die Füße. Ergebnis: Das Bekenntnis zu Jesus wird erst richtig verstanden, wenn man einander die Füße wäscht. Petrus wird in seiner Hirtenrolle nicht angefochten, aber kritisiert. Er soll der in Niedrigkeit dienende Hirte sein.

Das Gegenüber von Petrus und dem „Lieblingsjünger" im Johannesevangelium interpretiert die heutige Forschung übereinstimmend dahingehend, dass Petrus die Gesamtgemeinde repräsentiert, der Lieblingsjünger dagegen einen inneren Gemeindezirkel, dem wir das Johannesevangelium zu verdanken haben. Nach Joh 21,24 steht der „Lieblingsjünger" für die Schrift, die wiederum dem Amt (Petrus) vorgeordnet ist. Mit Sicherheit spiegeln sich in den johanneischen Berichten aber auch historische Erinnerungen an Autoritätskonflikte, die die Annahme einer alleinigen „Führerschaft" des Petrus im Kreis der Jesusjünger fraglich werden lassen

Petrus in Rom (Martyrium und Grab)

In der heutigen Forschung besteht kaum mehr Dissens darüber, dass Petrus in Rom den Märtyrertod fand. Die Tradition berichtet, der Apostel habe, bevor er endgültig nach Rom kam, in Antiochien sieben Jahre als Bischof gewirkt (Origenes, in Lucam hom. VI). Dass Petrus als Märtyrer gestorben ist, wissen bereits Lk 22,33 und Joh 13,37f. Das in Joh 21,18 berichtete „Ausstrecken der Hände" könnte auf einen Tod am Kreuz anspielen, vielleicht aber auch die Bildung dieser Legende angeregt haben. Der berühmte Beleg 1Clem 5,4–7 (um 96 n.Chr.) ist so gut wie sicher auf den Märtyrertod des Petrus (und des Paulus) in Rom unter Nero (vgl. 1Clem 6,1) zu deuten (um 65 n.Chr.):

„(2) Wegen Eifersucht und Neid wurden die größten und gerechtesten Säulen verfolgt und kämpften bis zum Tode. (3) Halten wir uns die tapferen Apostel vor Augen: (4) Petrus, der wegen unberechtigter Eifersucht nicht eine oder zwei, sondern vielerlei Mühseligkeiten erduldete und so, nachdem er Zeugnis abgelegt hatte, an den gebührenden Ort der Herrlichkeit gelang."

Wir wissen nicht exakt, wie lange sich Petrus vor seiner Hinrichtung in Rom aufgehalten hat, die Tradition spricht von zwölf Jahren. Über seine dortige Wirksamkeit gibt es viel legendarisches Material und wenig nüchterne Fakten. Mit einiger Sicherheit predigte Petrus unter der römischen Bevölkerung (Irenäus, haer. III,1,1; 3,2) auch hatte er wahrscheinlich heftige Auseinandersetzungen mit Gegnern seiner Verkündigung. Die Petrusakten berichten in sehr volkstümlich-legendarischer Form über den Kampf des Petrus mit dem Gnostiker Simon Magus. In diesen Apostelberichten findet sich auch die berühmte Quo-Vadis-Szene, nach der Christus dem aus der Stadt weichenden Petrus am Tor begegnet und auf die Frage, „Herr, wohin gehst du hier?", antwortet: „Nach Rom hinein, um wiederum gekreuzigt zu werden" (c. 35; vgl. Origenes, Joh. XX,12); sowie die Nachricht, Petrus sei mit dem Kopf nach unten gekreuzigt worden (c. 37f.; vgl. Eusebius, h.e. III,1,1f.).

Vielleicht diktierte Petrus in Rom auch seinem „Interpreten"
Markus das Markusevangelium als Zusammenfassung seiner Verkündigung (Clemens Alexandrinus bei Eusebius, h.e. II,15; VI,14,6).
Der Kirchenvater Tertullian berichtet, dass der Apostel im Tiber getauft habe. Da Petrus immer auch missionarisch wirkte, erscheint
diese Notiz durchaus glaubwürdig (Tert.bapt. 4,3). Überhaupt werden in der Überlieferung seit der Mitte des 2.Jh. Aufenthalt und
Kreuzigung des Petrus in Rom nirgendwo in Frage gestellt. Wir finden über den Ort und die Art seiner Hinrichtung keine mit der Pe-
trus-Rom-Tradition konkurrierenden Nachrichten, was diese Überlieferung gegen allen geäußerten Skeptizismus glaubwürdig macht.
Weitere Episoden, die in der volkstümlichen Petrusüberlieferung
und in den bildlichen Darstellungen des Petrus eine Rolle spielen,
gehen auf Pseudo-Linus (Gefangennahme und Haft im Mamertini-
schen Kerker, wo zwei Wachsoldaten mit Wasser aus dem Felsen
getauft werden) oder auch auf Pseudo-Marcellus (Wettstreit des
Petrus und Paulus mit Simon Magus vor Kaiser Nero) zurück. Der
römische Bürger Paulus wurde wahrscheinlich einige Jahre vor Petrus durch Enthauptung in Rom hingerichtet; Petrus selbst erlitt das
Martyrium wohl nicht während der Volksfesthinrichtungen, die
Nero im Oktober 64 inszenierte, sondern im 14. Jahr der Regierung
des Despoten (13.10.67–9.6.68; so: die Kirchenväter Euseb und
Hieronymus).

Der früheste Hinweis auf das Petrusgrab findet sich in der Kirchengeschichte Eusebs:

„In Rom selbst wurde unter seiner Herrschaft (sc. des Nero) Paulus enthauptet und Petrus gekreuzigt, wie berichtet wird, und bestätigt wird diese
Erzählung auch durch die bis heute erhaltenen Namen Petrus und Paulus in
den dortigen Begräbnisstätten. Und ferner durch einen Mann der Kirche
namens Gaius, der lebte, als Zephrinus Bischof von Rom war. Er sagt in
einem mit Proklus, einem Haupt der phrygischen Sekte, geführten und ver-
öffentlichten Dialog das Folgende über die Stätten, wo die heiligen sterb-
lichen Überreste der erwähnten Apostel ruhen: 'Ich kann die Siegeszeichen
der Apostel zeigen. Wenn du zum Vatikan oder auf die Straße nach Ostia
gehen willst, wirst du die Siegeszeichen derer finden, die diese Kirche
gegründet haben" (Eus.h.e. II,25,5–8).

In den Jahren 1940–49 und 1953–57 sind unter dem Petersdom
und an der Via Appia (Katakombe von San Sebastiano) erneut
systematische Ausgrabungen unternommen worden. Die Ergebnisse
bleiben umstritten und unsicher, haben aber in einigen wesentlichen
Punkten Klarheit geschaffen, wie Otto Böcher zusammenfassend

betont: a) Konstantin hat die alte Peterskirche über einer bestimmten Stelle des darunter liegenden Friedhofs errichtet; b) diese Stelle war höchstwahrscheinlich ein an die sog. „rote" Mauer angebautes einfaches Monument, das in die zweite Hälfte des 2. Jh. zu datieren ist; c) dieses Monument kann durch erhaltene Graffiti mit einer älteren Petrusverehrung in Verbindung gebracht werden. Der Schluss liegt nahe, dass man das von Gaius erwähnte Siegesdenkmal gefunden hat. Was freilich hier unter „Siegesdenkmal" genau zu verstehen ist (Gedenkstätte? Leergrab? Grab?), bleibt unklar. Behauptungen, dass das Petrusgrab oder gar die Überreste der Petrusgebeine gefunden worden seien, stoßen auf allgemeine Skepsis, auch bei römisch-katholischen Wissenschaftlern. Schwierig wird eine schlüssige Antwort auf die Frage nach dem Petrusgrab auch dadurch, dass weit stärker als in dem Grabmal am Vatikan zahlreiche Graffiti an dem unterirdischen Gedenkplatz unter San Sebastiano an der Via Appia eine starke Petrusverehrung bezeugen. Wurde Petrus zuerst bei den Katakomben begraben und seine Gebeine später an den Vatikan überführt? Wir wissen es nicht.

Petrus war ein spontaner, begeisterungsfähiger und wortgewaltiger Mensch. Er hatte unbestritten als Gemeindeleiter Führungsqualitäten. Seine Größe liegt auch darin, dass er im Martyrium seine menschlichen Schwächen, sein Versagen zu Episoden werden ließ. Niemand kannte Petrus besser als der johanneische Christus, der zu Petrus spricht (Joh 21,18f.):

„Amen, amen, das sage ich dir: Als du noch jung warst, hast du dich selbst gegürtet und konntest gehen, wohin du wolltest. Wenn du aber alt geworden bist, wirst du deine Hände ausstrecken, und ein anderer wird dich gürten und dich führen, wohin du nicht willst. Das sagte Jesus, um anzudeuten, durch welchen Tod er Gott verherrlichen würde. Nach diesen Worten sagte er zu ihm: Folge mir nach!"

Literatur: Rudolf Pesch, Simon-Petrus. Geschichte und geschichtliche Bedeutung des ersten Jüngers Jesu Christi (Päpste u. Papsttum 15), Stuttgart 1980.

Maria Magdalena

Im Sommer 1986 wurde in Florenz eine Ausstellung mit dem Thema „La Maddalena tra Sacro e Profano" eröffnet, in der an Objekten aus mehreren Jahrhunderten die Wirkung Maria Magdalenas sowohl in der religiösen als auch in der profanen Kunst eindrücklich dem Betrachter zugänglich gemacht wurde. In einer Besprechung der Ausstellung in der Neuen Zürcher Zeitung konnte man u. a. Folgendes lesen:

„Magdalena als Sünderin, Verführerin, als Sinnbild der Schönheit und der Verlockungen des Weltlichen wird kontrastiert mit ihrem Aspekt als Hüterin des Spirituellen, des 'vas electionis', des neuen Gesetzes der Gnade, als 'neue Eva', strenge Asketin, melancholische Prophetin in der Meditation über das Vergängliche, als Mahnbild der Buße und der Askese ... Magdalena als Eremitin im Mittelalter und in der Frührenaissance, porträtierte Hofdame und Kurtisane mit dem Salbgefäß in der Hochrenaissance und im Manierismus, Bekehrte in der Gegenreformation, schöne Büßerin in der Einsamkeit, in der Ekstase im Barock, Mystikerin oder historisierte Kurtisane im 19. Jahrhundert. Ihr Bild vereint Frauenideal und religiöse Transzendenz, Archetyp und Gegenstand des erotischen Reizes" (NZZ v. 2./3. August 1986).

Lustvoll vermischen sich 1990 bei Alfred Hrdlicka antikatholischer Reflex und verklemmte Männerfantasie, wenn er meint, Maria Magdalena als „rückfällige Sünderin und Anbeterin des Fleisches" künstlerisch wieder entdecken zu müssen (siehe FAZ v. 19. Januar 1990).

Wer sich mit Maria Magdalena beschäftigt, gerät alsbald in Konfusionen. Wer ist sie: Die große Sünderin und Büßerin? Apostolin und Zeugin der Auferweckung? Eine Frau aus Bethanien, die Jesus salbte, oder eine Jüngerin, die mit Jesus auf Wanderschaft durch Galiläa bis hinauf nach Jerusalem zog? Mystagogin, wundertätige Missionarin, die einmal täglich zur Schau der himmlischen Herrlichkeiten emporgehoben wurde? Die zahlreichen populären Darstellungen des Lebens Jesu, in denen sie eine hervorgehobene Rolle spielt, bringen keine Klarheit. In ihnen entzünden sich gerade an Maria Magdalena Spekulationen über Jesu Verhältnis zu Frauen, einige Beispiele: Für Christa Mulack spielt sie im Leben Jesu eine besondere Rolle. Aus gnostischen Evangelien, auf die wir noch näher eingehen werden, zieht sie ihre eigenen Schlüsse über den Lebensweg Maria Magdalenas. Sie geht davon aus, dass sie eine Mysterienschule in Bethanien unterhielt, in welcher das Andenken an den matriarchalen Mythos gepflegt wurde: „Ihre Aufgabe war es, das Ende des patriarchalen Äons zu proklamieren und den Beginn des neuen anzukündigen, das vorsichtig das 'Reich des Himmels' genannt wurde" (Mulack, 1987, 124). Sie nahm Jesus in ihre Mysterienschule auf und salbte ihn dort zum Messias. Mulack versucht eine Analogie zwischen dem griechisch-orientalischen Mythos des sterbenden und auferstehenden Sohngeliebten der Göttin und Maria herzustellen, die Jesus zum Herrscher salbte, ihn in den Tod entließ und wieder zur neuem Leben verhalf. Aus diesem Grund erscheint es ihr natürlich, dass Maria als Erste an der Grabstätte Jesu erscheint und zur ersten Verkünderin der Osterbotschaft wird. „In und durch Maria Magdalena, die Gefährtin des letzten Repräsentanten einer alten Ordnung, in der sich die Männer als Dienende und nicht als Herrschende verstanden, lebt Jesus weiter in der Verkündigung der mündlichen und schriftlichen Tradition wie auch in den Herzen von Frauen und Männern" (ebd. 282). Die Schlüsse, die hier über das Leben der Maria gezogen werden, sind jedoch in keiner Weise belegbar. Allein schon die Identifikation von Maria mit den in den Evangelien genannten Frauen, die Jesus salbten, findet sich zwar in der kirchlichen Tradition, hat aber keinerlei Anhaltspunkte an den Texten der Evangelien (s. u.). Gleichzeitig ist, wie bereits Albert Schweitzer nachweisen konnte, die Ableitung des Lebensweges Jesu aus einem „matriarchalen Mythos" eine Konstruktion, welche keineswegs anhand der vorhandenen Quellen belegt werden kann (Schweitzer, 1984, 526ff.). Franz Alt geht in seinem Jesusbuch (1989) von der Annahme aus, dass Maria Magdalena und die in Lk 7,36–42 dargestellte Sünderin ein und dieselbe Person sind. Dies ist für ihn so eindeutig, dass er die angegebene Lukasstelle nicht originalgetreu zitiert, sondern den Namen Maria Magdalena an Stelle der „namenlosen Frau" einsetzt. Die von Alt vorgenommene Gleichsetzung Maria Magdalenas mit der „großen Sünderin" verwundert, da er in seinen sonstigen Ausführungen eher der feministischen Theologie und deren Auffassungen nahe steht. Diese ist durchgängig der richtigen Ansicht, dass erst die kirchliche Tradition aus Maria Magdalena eine bekehrte Prostituierte gemacht hat und innerhalb der Evangelien keinerlei Anhaltspunkt für eine solche Gleichsetzung zu finden ist. Alt beschreibt Maria Magdalena als erste und bedeutendste Nachfolgerin Jesu, durch deren Schule Jesus erst zu dem „neuen Mann" geworden sei, als den ihn der Fernsehjournalist sieht. Maria sei klüger und beispielhafter als die Apostel. Doch ist die These Alts weder originell noch kreativ. Es handelt sich bei ihr um eine bloße Umkehrung der traditionellen Marginalisierung der Rolle von Frauen in der Jesusbewegung, nun zählt nur noch Maria, Petrus und die anderen Jünger treten fast völlig zurück. Maria stand ohne Zweifel in einer besonderen Nähe zu Jesus. Hieraus zu folgern, sie sei mit Jesus verheiratet oder zumindest seine Geliebte gewesen, erscheint manchen modernen Autoren und Autorin-

122 Menschen, die Jesus nahestanden

nen allzu verlockend. Um eine solche These vertreten zu können, muss man die Fähigkeit besitzen, „zwischen den Zeilen" lesen zu können, denn wir finden keinen einzigen biblischen oder außerbiblischen Beleg, der Nachricht über eine Ehe Jesu gibt. In ihrem Buch ›Der Heilige Gral und seine Erben‹ (⁶1993) vertreten die drei Journalisten Henry Lincoln, Michael Baigent und Richard Leigh die Auffassung, Jesus sei mit Maria Magdalena verheiratet gewesen, da er als Königsnachfolger aus dem Hause David für Nachkommen habe sorgen müssen. Ihre Informationen stammen alle aus den Evangelien, jedoch mussten sie nach eigenen Angaben „zwischen den Zeilen lesen, Lücken schließen und Erklärungen für gewisse Auslassungen, Einschnitte sowie Anspielungen finden" (ebd. 310). In Anlehnung an die Meinung einiger jüdischer Theologen, die davon ausgehen, dass Jesus auf Grund seines Wirkens als Rabbi verheiratet gewesen sein müsste, versuchen die Autoren, Beweise für ihre Theorie einer Heirat Jesu zu finden. Dabei verweisen sie auf die johanneische Erzählung der „Hochzeit in Kana" (Joh 2,1–12), die eine verschlüsselte Schilderung von Jesu eigener Hochzeit sei. Hierauf aufbauend finden sie nun in Maria Magdalena Jesu Ehefrau, da sie in allen Evangelien eine seltsam vieldeutige Rolle spiele. Vorausgesetzt wird dabei, dass Maria von Bethanien, die Jesus die Füße salbt, mit der Frau aus Magdala identisch sei. Beweise für diese Vermutung finden sich nicht. Für die Autoren reichen die wiederholte Nennung ihres Namens in den Evangelien und die drei verschiedenen Namen beziehungsweise Rollen, unter denen sie angeblich innerhalb der Evangelien auftritt, um sie als Jesu Ehefrau zu identifizieren. Über den weiteren Lebensweg von Maria Magdalena und ihren Kindern nach der Kreuzigung Jesu stellen die Autoren eine Hypothese auf, von der sie am Ende ihres Buches zwar selbst sagen, dass sie nicht in allen Einzelheiten stimme, „aber wir sind davon überzeugt, dass sie in ihren Kernaussagen zutrifft" (ebd. 389). Sie beinhaltet, dass Maria nach der Kreuzigung Jesu mit ihren Nachkommen nach Südfrankreich geflohen sei und sich dort einer jüdischen Gemeinde anschloss. Über komplizierte Verbindungen wurde dann einer ihrer Söhne zum Stammvater der Merowinger ... Die Autoren interpretieren hier eine sehr alte Missionslegende über Maria in ihrem Sinne: Danach habe sie nach dem Tode Jesu das Evangelium gepredigt und sei mit Begleitern auf einem Schiff bis nach Marseille gelangt. Dort habe sie das herrschende Fürstenpaar und deren Untertanen bekehrt, um sich danach zu dreißigjähriger Buße in eine Felsgrotte bei Marseille zurückzuziehen.

All diese Darstellungs- und Deutungsversuche gehen in ihrem Kern auf das mittelalterliche Magdalenenbild zurück, das sich nachweislich seit Gregor dem Großen in der abendländischen Frömmigkeit verbreitet hat. Es beruht auf der Verschmelzung von mindestens vier Frauengestalten zu dem einen Typus der *magna peccatrix* („große Sünderin"), der für ihre sexuellen Sünden büßenden Frau. Der große Papst schrieb an Gregoria, eine Kammerfrau der Kaiserin, einen Trostbrief, um sie von ihren Schuldgefühlen zu befreien. Gregor tröstet Gregoria damit, dass er auf das Schicksal der unbekannten Frau aus Lk 7 verweist: „Ihr wurde viel vergeben, weil sie viel geliebt hat", und diese dann mit der Auferweckungszeugin Maria aus Magdala identifiziert (Gregor d. Gr., epistolae VII,25).

Bei den vier Frauengestalten handelt es sich um eine stadtbekannte Prostituierte, die sich Zugang zu Jesus verschafft, seine Füße küsst und mit Öl salbt und der Jesus zum grenzenlosen Erstaunen aller Anwesenden die Sünden vergibt: „Ihre vielen Sünden sind vergeben, denn sie hat viel Liebe gezeigt; wem aber wenig vergeben wird, der liebt wenig" (Lk 7,47). Weiterhin um Maria, die Schwester der Marta, die zu Füßen des Herrn sitzt und dessen Rede zuhört (Lk 10,38–42). Diese Maria wurde bereits im Johannesevangelium (Joh 11) mit jener namenlosen Frau aus Bethanien verschmolzen, die an Jesus in einer prophetischen Zeichenhandlung mit kostbarem Nardenöl die Totensalbung kurz vor seiner Passion vorwegnimmt (Mk 14,3–9). Und als Vierte tritt die galiläische Jüngerin aus Magdala am See Genezareth hinzu, die der Mischgestalt ihren Namen gibt. In manche Legenden und ikonographische Darstellungen, besonders um den sich im 11. Jh. entwickelnden Magdalenenkult im mittelfranzösischen Vézelay, fließen dazu noch Motive aus dem Leben der 'Maria Aegyptica' ein. Sie war eine Dirne, die ihrem sündigen Leben ein Ende machen wollte und nur durch ein Haarkleid verhüllt als Eremitin in der Wüste Buße tat. Es soll sich um eine historische Person gehandelt haben, die in der Gegend um Alexandria lebte und nach 47 Jahren der Buße 421 gestorben sein soll. Ab dem 13. Jh. wurde Magdalena als „Sünderin im Haarkleid" im französischen St.-Beaume in einer Eremitenhöhle verehrt. „Zur Sünderin mit den schönen langen Haaren stößt die Büßerin im abstoßenden Haarkleid oder auch die Prostituierte im letzten Stadium, wie sie Donatello dargestellt hat" (Moltmann-Wendel, 1995, 133). Die hier kurz dargestellte Typologisierung der Maria aus Magdala in der Frömmigkeitstradition der westlichen Kirche wird heute häufig kritisch gesehen. Dieses Unbehagen findet etwa bei Anne Jensen in einem Akademievortrag den folgenden Ausdruck:

„Warum erfüllt uns die Verschmelzung dieser konkreten Frauen, die in der Nachfolge Jesu gestanden haben, mit Zorn? Wir vermissen das Gegenbild: 'das Menschheitsmotiv *des* bereuenden Gefallenen'! Dann ist da der quantitative Verlust: Vier ganz verschiedene höchst lebendige Frauen werden zu einer Symbolgestalt nivelliert, die mit den historischen Persönlichkeiten nicht mehr viel zu tun hat" (Jensen, 1990, 34).

Daneben sieht man in der Magdalenentradition sexistische Motive einer patriarchalen Kirche, so Elisabeth Moltmann-Wendel: „Das Schicksal der Maria Magdalena charakterisiert die Entwicklung der patriarchalen Kirche, die statt Körper und Sexualität zu akzeptieren, in ihnen weibliche Besonderheiten sieht, sie abwehrt, mit einer Frauengestalt identifiziert und diese negativ besetzt" (Moltmann-Wendel, 1991, 278f.). Diese moderne Kritik trifft aus mancherlei Gründen die Sache nicht korrekt: Maria Magdalena steht als die große Büßerin in einer Reihe mit zwei weiteren großen Büßern der kirchlichen Tradition: mit Paulus, der vor seiner Bekehrung die Christen blutig verfolgte, und mit Petrus, der seinen Herrn verriet. Auch wurde die Magdalenenfrömmigkeit nicht von kirchlicher Obrigkeit aufgezwungen, sondern sie ist in großen Teilen ein Phänomen der Volksfrömmigkeit, sie ist eben nicht nur Patronin der Büßerinnen, sondern auch der Gefangenen; sie hilft gegen Augenleiden und steht allen Verführten zur Seite. Seit den Predigten des Abtes Odo von Cluny im 10. Jh. wird sie zum Zeichen der Treue Gottes gegenüber bekehrten Sündern überhaupt ohne Unterschied zwischen den Geschlechtern. Diese allegorisch-spirituelle Deutung macht sie auf der einen Seite zum Symbol des Menschlichen überhaupt und auf der anderen Seite zu einer Waffe der cluniazensischen Kirchenreform: Odo lässt sie zu einer Gestalt der Kirchentypik werden, indem er ihre Bekehrung mit der notwendigen Bekehrung der Kirche parallelisiert. Ein Letztes: In der mittelalterlichen Magdalenenfrömmigkeit hat sich ein Grundzug der Lebenspraxis Jesu erhalten: sein vorurteilsloser und unbefangener Umgang gerade auch mit moralisch „anrüchigen" Frauen: der großen Sünderin aus dem Lukasevangelium, der in „wilder Ehe" lebenden Samaritanerin, die er am Brunnen trifft und ihr die Samaritanermission anvertraut, der Ehebrecherin aus dem Johannesevangelium, der er vergibt, und auch der unreinen, blutflüssigen Frau, deren Nähe er zulässt und die er heilt. All dies lässt sich nicht in Kategorien wie „Sexismus" und „Unterdrückung" verrechnen. Allerdings ist es der abendländischen Tradition nicht gelungen, den historischen Kern des Lebens der Maria aus Magdala festzuhalten. Dies unterscheidet sie in erstaunlicher Weise von der frühen patristischen Überlieferung und der gesamten Tradition der Ostkirche, die eine Gleichsetzung mit den salbenden Frauen oder der großen Sünderin nie vornahm. In der Liturgie und den Legenden der Ostkirche blieb sie im Kern immer das, was sie auch historisch ist: Erstzeugin und Erstverkünderin der Auferstehungsbotschaft, Jüngerin ihres Herrn. Im byzantinischen Heiligenkalender wird sie zusammen mit Thekla als „apostelgleich" aufgeführt. Ihr Grab wurde in Ephesus verehrt, wo sie nach vielen Missionsreisen friedlich und heilig gestorben sei.

Alle vier biblischen Evangelien berichten übereinstimmend, dass Frauen Zeugen der zentralen Ereignisse am Ende des Lebensweges Jesu von Nazareth waren. Sie beobachteten die Kreuzigung Jesu „von ferne" (Mk 15,40f. parr.) bzw. standen unter dem Kreuz (Joh 19,25). Sie sahen zu, wie das angesehene Mitglied des jüdischen Hohen Rates, Josef von Arimathäa, den in ein Leintuch eingehüllten Leichnam Jesu in ein Felsengrab legte und den Grabeingang mit einem schweren Rollstein verschloss (Mk 15,42–47 parr.). Und sie waren es, die am Ostermorgen das leere Grab entdeckten (Mk 16,1 parr.; Joh 20,1) und denen ein *angelus interpres* den Schrecken nahm, indem er das Geschaute deutete. Nach der johanneischen und der matthäischen Überlieferung waren sie sogar diejenigen, denen Jesus vor Petrus und den anderen Jüngern zuerst erschienen ist (Mt 28,9; Joh 20,11–18). Die neutestamentliche Forschung ist sich darüber einig, dass die historische Glaubwürdigkeit dieser Notizen hoch ist, allein schon deshalb, weil sie unabhängig voneinander in verschiedenen Überlieferungssträngen tradiert wurden. Nun fällt nicht nur auf, dass ausschließlich Frauen Zeugen dieser zentralen Heilsereignisse waren,[22] sondern auch dass in den voneinander abweichenden Namenslisten der Zeugen allein Maria Magdalena immer erwähnt wird, ja nach dem Bericht des Johannesevangeliums ist sie es allein, die das leere Grab entdeckt und der als Erster der auferweckte Jesus begegnet:

„Maria aber stand außen bei der Gruft und weinte ... Und sie sah Jesus dastehen, und wusste nicht, dass es Jesus war. Jesus sagte zu ihr: Frau, was weinst du? Wen suchst du? Jene, in der Meinung, es sei der Gärtner, sagt zu ihm: Herr, hast du ihn weggetragen, so sage mir, wo du ihn hingelegt hast, und ich will ihn holen. Jesus sagt zu ihr: Maria! Da wendet sich diese um und sagt zu ihm auf Hebräisch: Rabbuni! Jesus sagt zu ihr: Rühre mich nicht an,

denn ich bin noch nicht zum Vater aufgefahren. Geh aber zu meinen Brüdern und sage ihnen: Ich fahre auf zu meinem Vater und eurem Vater und zu
meinem Gott und eurem Gott. Maria aus Magdala geht und verkündigt den
Jüngern, dass sie den Herrn gesehen und dass er dies zu ihr gesagt habe"
(Joh 20,11–18).

Maria aus Magdala, die „Apostolin der Apostel", zu der sie der
Heilige Geist nach dem Kirchenvater Augustin gemacht hat, steht in
diesem Text als die Erstempfängerin der zentralen christlichen
Heilsbotschaft, der Osterbotschaft, vor uns. Allein dieses Geschehen
macht sie bereits zu einer der zentralen Frauengestalten in der frühchristlichen Überlieferung. Die Evangelien erwähnen sie vierzehn-
mal namentlich, mehr als jede andere neutestamentliche Frauengestalt. Aber auch ihre bereits kurz skizzierte Wirkungsgeschichte,
die sich bis in Bereiche heutiger profaner Kunst und Kultur er-
streckt, hebt ihre herausragende Bedeutung hervor. Ihre enge Beziehung zu Jesus regt bis heute die Fantasien vieler Menschen an;
beflügelt sie zu gewagten Rekonstruktionen des Lebens Jesu, zu kir-
chenkritischen Ausfällen und zu ehrfürchtig geglaubten Legenden-
bildungen. Es mag dabei auf den ersten Blick verwundern, dass die
Maria Magdalena der Kunst, der Literatur, der kirchlichen Tradition
und Überlieferung wenig mit der Frau aus Magdala zu tun hat, die
neben Petrus eine der herausragenden Führungspersönlichkeiten
innerhalb des engeren Kreises um Jesus gewesen ist. In den großkirchlichen Evangelien haben sich hiervon wenige, aber eindeutige
Spuren erhalten, denen es nachzugehen lohnt. Daneben haben sich
in gnostischen Texten wertvolle Zeugnisse über die historische
Rolle der Maria aus Magdala erhalten.

Die historische Rolle der Maria aus Magdala im Urchristentum
Maria stammt, worauf ihr Beiname hinweist, aus der Stadt Magdala am See Genezareth. Sie kommt also aus derselben Gegend Galiläas wie Jesus. Nazareth liegt nicht allzu weit entfernt. Der jüdische
Historiker Josephus erwähnt in seinem Bericht über den jüdischen
Krieg die Stadt mehrmals. Sie soll etwa 40000 Einwohner gehabt
haben, was übertrieben erscheint. Die Stadt war günstig an der *Via
Maris* gelegen, eine bei Josephus erwähnte Rennbahn zeugt von
griechisch-hellenistischen Einflüssen. Daneben galt sie als ein Zentrum der Fischerei mit einer Flotte von ca. 200 Booten im Hafen.
Über Marias Schichtzugehörigkeit können wir nichts Sicheres aus-
sagen. Vielleicht war sie nicht mittellos, denn Lukas erwähnt in einer
Liste der Jüngerinnen Jesu, dass diese ihm „mit ihrer Habe" dienten

(Lk 8,3). Die ältere Markusüberlieferung weiß hiervon allerdings nichts (Mk 15,40f.). Maria war wahrscheinlich allein stehend, denn es war bei verheirateten Frauen üblich, den Namen nicht mit einer Ortsangabe, sondern mit dem Ehegatten zu konkretisieren. Ein Beispiel hierfür gibt wiederum Lukas, der die Jüngerin Susana als „Frau des Chuzas" näher beschreibt (Lk 8,3). Als Maria Jesus traf, war sie eine schwer kranke Frau. Das Krankheitsbild deutet auf schwere psychische Störungen, die Jesus heilte, indem er sieben böse Geister aus ihr austrieb (Lk 8,2). Bis in unser Jahrhundert hinein sah die katholische Exegese in den sieben Dämonen einen Hinweis auf die schweren Sünden Marias. Die Heilung wird damit moralisierend als Buß- und Besserungsakt einer großen Sünderin interpretiert, womit das kirchlich-traditionelle Bild der Maria als der großen büßenden Sünderin bereits im Neuen Testament verankert werden soll. Hiervon kann allerdings keine Rede sein. „Der lukanische Hinweis auf sieben Dämonen deutet auf einen besonders schweren Fall von Besessenheit hin, hinter der wir eine hochgradige Hysterie, ein manisch-depressives Irresein, Tobsucht oder Epilepsie vermuten dürfen" (Bösen, 1994, 317). Jesus heilte sie von ihren Krankheiten, was zum entscheidenden Wendepunkt im Leben der Maria aus Magdala wurde. Von keinem Jünger wird berichtet, dass er Jesus auf Grund einer Heilung nachfolgte. Maria wurde nicht wie Petrus aus einem Beruf herausgerissen, sondern sie erfuhr an sich Heil. Dies mag sie dazu bewogen haben, sich der Anhängerschaft Jesu anzuschließen und ihn von nun an auf seinen Wanderungen durch Galiläa und auf seinem Weg nach Jerusalem zu begleiten. In einer sehr alten Notiz im Rahmen der Passionsgeschichte gibt uns Markus hiervon fast am Rande Kenntnis:

„Es sahen aber auch Frauen von ferne zu, unter ihnen auch Maria aus Magdala und Maria, die Mutter von Jakobus dem Jünger und von Joses, und Salome, die ihm, als er in Galiläa war, nachfolgten und dienten, und viele andre, die mit ihm nach Jerusalem heraufgezogen waren" (Mk 15,40f.).

Ganz offensichtlich gab es also nicht nur einen Kreis berufener Jünger in der Nachfolge Jesu, sondern auch eine Gruppe von Jüngerinnen, die sich ihm anschloss und seine unstete Lebensweise als Wandercharismatiker teilte. Diese Tatsache wirft ein Licht auf den erstaunlich unbefangenen, ja anstößigen Umgang Jesu mit Frauen. Der bereits erwähnte jüdische Historiker Flavius Josephus kann bündig feststellen: „Die Frau steht in jeder Beziehung unter dem Mann" (contra Apionem II,24), und mit Blick auf die weibliche

Zeugnisfähigkeit meint er: „Wegen der ihrem Geschlecht eigenen Leichtfertigkeit und Dreistigkeit soll das Zeugnis von Frauen nicht zulässig sein" (ant. IV,8,15). „Mein Lehrer" redet Maria den Auferweckten an und macht damit noch einmal am Ende deutlich, was sie Jesus auch verdankt: Er hat sie nicht nur an seinem Lebensweg, sondern auch an seiner Lehre teilhaben lassen. Auch dies ist ungewöhnlich: „Lieber möge die Tora in Flammen aufgehen, als dass sie den Frauen übergeben werde", schreibt Rabbi Eliezer (pal.Sota 3,4,19a) und fügt an anderer Stelle hinzu: „Wer seine Tochter Tora lehrt, lehrt sie Albernheit" (Sota 3,4). Innerhalb des Kreises der Jüngerinnen nahm Maria wie Petrus unter den Jüngern den führenden Platz ein. Sie wird wie Petrus vorzugsweise an erster Stelle bei Aufzählungen der Jüngerinnen genannt. Eine Erinnerung an diese führende Position blieb in Offenbarungstexten aus gnostischen, also nicht großkirchlichen Kreisen noch bis gegen Ende des 2. Jh. erhalten: In einer gnostischen Schriftensammlung mit Namen 'Pistis Sophia' stellt Maria aus Magdala allein 36 von 46 Fragen an den auferstandenen Herrn. Hiermit tritt sie in deutliche Konkurrenz zu Petrus, der sich über eine derartige Vorzugsstellung der Maria erzürnt. In dem ebenfalls gnostischen ›Evangelium nach Maria‹ spricht Petrus selbst die besondere Stellung Marias an: „Schwester, wir wissen, dass der Erlöser dich mehr geliebt hat als die anderen Frauen", und bittet sie, ihnen die empfangenen Worte Jesu mitzuteilen. Maria tröstet die Jünger nach dem Verschwinden des Herrn und versucht, sie mit Berichten über ihn aus ihrer Unentschlossenheit zu reißen. Am Ende ihrer Rede ist es wiederum Petrus, der daran zweifelt, dass Jesus „wirklich mit einem Weibe unter vier Augen gesprochen und uns davon ausgeschlossen" hat. Daraufhin erhebt Levi das Wort, um Maria zu verteidigen:

„Petrus, du bist schon immer aufbrausend gewesen. Und auch jetzt sehe ich, wie du dich gegen diese Frau ereiferst, als wärest du ihr Widersacher. Wenn aber der Erlöser sie gewürdigt hat – wer bist denn du, dass du sie verwerfen dürftest? Sicherlich kennt der Erlöser sie durch und durch. Deshalb hat er sie mehr als uns geliebt" (Dietzfelbinger, 1989, 261).

In diesen Notizen sind Erinnerungen an ein schon sehr bald nach Ostern einsetzendes Konkurrenzverhältnis zwischen Petrus und Maria erhalten. Die historische Ursache für diese Auseinandersetzungen liegen offenbar in der besonderen Autorität, die Maria für sich beanspruchen konnte und die sich charakteristisch von denen der männlichen Apostel unterschied (vgl. zum Folgenden: Berger,

1994, 636). Maria beanspruchte für sich keinen „Titel" wie etwa Apostel, sie hatte kein gemeindeleitendes Amt inne und beanspruchte auch keine von Jesus abgeleitete besondere Vollmachten, wie beispielsweise das Wirken von Wundern, für sich. So sieht Susanne Heine richtig, dass Maria in den ältesten Auferstehungstexten (1Kor 15 und Lk 24,35) nur deshalb nicht genannt wird, weil hier „Christophanie und Leitungsfunktion ... eng verknüpft sind ... Sie leitete keine Gemeinde und geriet über die ersten institutionellen Autoritätskonflikte ins Hintertreffen. Das schließt aber nicht aus, dass sie als Nachfolgerin Jesu und als pneumatische Persönlichkeit eine geistliche Autorität besessen hat" (Heine, 1989, 188). Die Tatsache, dass Maria Magdalena auch innerhalb apokrypher Evangelien eine zentrale Rolle in der Jesusbewegung einnimmt, macht diese Aussage Heines umso wahrscheinlicher. „In jedem Fall hat Maria Magdalena eine theologisch-symbolische Bedeutung ... Maria Magdalena steht nicht für die Emanzipation der Frauen, das wäre ein Anachronismus, aber dafür, dass Geistempfang, Begnadigung durch den Erlöser, Glaube und Weitergabe dieses Glaubens in Verkündigung und Lehre, samt den dazugehörigen gemeindlichen Funktionen, nicht auf Männer beschränkt sind" (ebd. 194). Ihre wirkliche Bedeutung fanden wir nirgendwo besser beschrieben als in einer ostkirchlicher Tradition entstammenden Lebensbeschreibung, die auf den 1335 gestorbenen Nikephoros Kallistos zurückgeht:

„Es steht aber unter den Christen fest, dass niemand bestreiten kann, dass Maria von Magdala nach dem Willen Christi die Lehrerin der Apostel war. Daher darf sie von den Aposteln nicht getrennt werden, deren Glauben sie teilt; glauben wir doch auch dem von Gott inspirierten Paulus, der an die Korinther schreibt: 'Wenn die Toten nicht auferstehen, ist auch Christus nicht auferstanden; ist aber Christus nicht auferstanden, so ist euer Glaube vergeblich.' Sie aber war die Erste, die den auferstandenen Christus sah und seine Auferstehung den Aposteln verkündete" (Rede über die heilige und apostelgleiche Salbenträgerin Maria von Magdala, Patrologia Graeca 147, 541).

Literatur: Ingrid Maisch, Maria Magdalena. Zwischen Verachtung und Verehrung, Freiburg 1996.

Jerusalem und die Anfänge der Mission

Jerusalem ist „die Stadt, in der alles anfing" (Heiligenthal, 1999, 114 ff. 121 ff.). Hier endete der Lebensweg Jesu, hier begann die Bewegung, aus der sich später das „Christentum" entwickelte. Die Stadt war insbesondere zu Festzeiten das Zentrum jüdischer Religiosität und Ziel gewaltiger Pilgerströme. Zum Zeitpunkt der Hinrichtung Jesu, dem 14. Nisan des Jahres 30 n. Chr. (zur Diskussion um Jesu Hinrichtungsdatum vgl. Theißen/Merz, 1996, 152 f.), bevölkerten die Stadt neben ihren 40 000 ständigen Einwohnern wahrscheinlich noch rund 100 000 Pilger, die zum Paschafest nach Jerusalem gezogen waren. Die Pilgerströme erreichten die Stadt nicht nur aus Palästina, aus der ganzen jüdischen Diaspora kamen „Juden und Judengenossen" zu den großen Festen in die Heilige Stadt gereist. Die Liste der Herkunftsländer und -gegenden der Festpilger, die nach dem Bericht des Lukas über das Pfingstereignis (Apg 2) zum Wochenfest Jerusalem bevölkerten, liest sich beeindruckend: Parther und Meder, Elamiter, Leute aus Mesopotamien, Judäa, Kappadozien, Pontus und der Provinz Asia, aus Phrygien und Pamphylien, Ägypten und der Gegend um Kyrene in Libyen, selbst Einwanderer aus Rom, Kreter und Araber wurden als Festpilger Zeugen der Pfingstereignisse.

Im Zentrum stand der Tempel, der schon auf Grund seiner baulichen Dimensionen bei vielen Festpilgern ähnliche Reaktionen hervorgerufen haben wird, wie sie das Markusevangelium uns von einem der Jünger Jesu berichtet: „Und als Jesus aus dem Tempel ging, sprach zu ihm einer seiner Jünger: Meister, siehe, was für Steine und was für Bauten!" (Mk 13,1). Der Tempel blieb auch für die Jesus-Anhänger, die sich nach seiner Hinrichtung auf Grund der Erscheinungen des Auferstandenen in Jerusalem gesammelt hatten, Mittelpunkt ihres religiösen Lebens. Die Nachricht der Apostelgeschichte, dass sie „täglich einmütig beieinander im Tempel" waren (2,46), ist mit gewissen Abstrichen im Blick auf die Einmütigkeit durchaus historisch glaubhaft – jedenfalls für die Aramäisch sprechenden Christusbekenner aus Palästina, die in der Apostelgeschichte „Hebräer" genannt werden (Apg 6,1). Die aus der Diaspora stammenden jüdischen Jesus-Anhänger („Hellenisten") dagegen werden sich vor allem um die Griechisch sprechenden Synagogengemeinden geschart haben, die es in der Heiligen Stadt gab. Lukas berichtet etwas undeutlich von einer so genannten Synagoge der Libertiner, der Kyrenäer und der Alexandriner sowie von Juden aus Kilikien und Kleinsaien (Apg 6,9). Ob damit *eine* „bunt zusammengesetzte" Synagoge gemeint ist oder aber *zwei* – nämlich eine afrikanische und eine kleinasiatische – oder gar *fünf*, ist in der Forschung umstritten. Wahrscheinlich handelt es sich bei der Synagoge der *Libertiner* um „die der römischen Landsmannschaft, in der nach Philo und Tacitus die freigelassenen jüdischen Kriegsgefangenen eine entscheidende Rolle spielten" (Hengel, 1975, 183). Dass es auch für die große jüdische Diaspora in Alexandrien, in der Kyrenaika und in Kleinasien eigene Synagogen in der Heiligen Stadt gab, ist wahrscheinlich. Das wichtigste außerneutestamentliche Zeugnis für die Existenz solcher Synagogen für die aus der Griechisch sprechenden Diaspora stammenden Juden ist die kurz vor dem Ersten Weltkrieg auf dem Ophel entdeckte *Theodotosinschrift*, in der sich Theodotos, Spross einer Familie von Diasporajuden, die schon in der dritten Generation Synagogenvorsteher in Jerusalem stellt, als Vollender des Baus einer Synagoge „zur Vorlesung des Gesetzes und zum Unterricht in den Geboten" und einer angeschlossenen Herberge für Pilger aus dem Ausland bezeichnet. Da die Inschrift in Griechisch abgefasst ist, kann kein Zweifel daran bestehen, dass hier Gottesdienst und Gesetzesunterricht in griechischer Sprache abgehalten wurden.

In diesem Umfeld haben wir uns die Gruppe der Christusbekenner vorzustellen, die in der Apostelgeschichte „Hellenisten" genannt werden: Griechisch als Muttersprache sprechende Juden aus der Diaspora, die zum Glauben an den Messias Jesus gekommen waren. Ob sie von Anfang an eine eigene, von den „Hebräern" getrennte Gemeinde gebildet haben, ist ungewiss. Das Zeugnis der Apostelgeschichte lässt jedenfalls vermuten, dass es zumindest in der Anfangszeit eine gemeinsame Organisationsform gab. Dazu gehörte offenbar auch eine Sozialstruktur, deren uns noch erkennbares Merkmal die tägliche Witwenspeisung war (vgl. dazu von Dobbeler, 2000, 263ff.). Ob die von der Apostelgeschichte gezeichnete Lebensform eines „urchristlichen Liebeskommunismus" („Alle ... hatten alle Dinge gemeinsam", 2,44) auch zu dieser Sozialstruktur gehörte, ist freilich historisch höchst zweifelhaft. Es wird hier und da die Übereignung von Immobilien oder Ländereien gegeben haben, wie das Beispiel des Barnabas (Apg 4,36) zeigt – allerdings als Ausnahme und nicht als die Regel.

Neben dem Tempel und den Synagogen der Diasporajuden spielten Häuser, die begütertere Gemeindeglieder zur Verfügung gestellt hatten, als Versammlungsstätten eine wichtige Rolle. Hier traf man sich zu gemeinsamen Mahlzeiten, zum Gebet und wohl auch zur Feier des Abendmahls. So hat z. B. das „Haus der Maria", einer Verwandten des Barnabas, eine der frühen Hausgemeinden beherbergt (Apg 12,12 ff.).

Ob der Bericht über den Streit, den es zwischen „Hebräern" und „Hellenisten" um die Witwenversorgung gab (Apg 6), als Beleg für eine relativ frühe Spaltung in der Urgemeinde zu werten ist, ist umstritten. Allerdings lässt die Existenz eines eigenen siebenköpfigen (Führungs-)Gremiums, zu dem u. a. Stephanus und Philippus gehörten, auf eine gewisse Selbstständigkeit der hellenistisch-jüdischen Christusbekenner schließen. Der Aramäisch sprechende Teil der Urgemeinde wurde dagegen zunächst von einem Zwölfergremium (Apostel) geleitet, in dem Petrus bzw. die „drei Säulen" Petrus, Jakobus und Johannes (Gal 2,9) eine führende Rolle spielten. Nach der Flucht des Petrus aus Jerusalem übernahm der Herrenbruder Jakobus die Leitung der „Hebräer" im Verbund mit einem Ältestengremium.

Man wird sich die Grenze zwischen den „Hebräern" und den „Hellenisten" aber durchaus durchlässig vorstellen dürften, gab es doch auch *Graecopalästiner* wie Barnabas, die sowohl im aramäischen als auch im griechischen Kultur- und Sprachbereich zu Hause waren. Aber es muss doch auch von außen erkennbare Unterschiede gegeben haben. Denn immerhin sind der ersten großen Verfolgung, die mit dem Stephanusmartyrium einsetzte, offenbar nur die „Hellenisten" zum Opfer gefallen (Apg 8,1).

Als Hintergrund für die Steinigung des Stephanus und die anschließende Vertreibung der Hellenisten ist wohl das durch und durch konservative religiöse Profil der Griechisch sprechenden Synagogengemeinden anzunehmen. Da sich hier vor allem Juden sammelten, die aus religiösen Motiven – etwa um im Heiligen Land beerdigt zu werden – aus der Diaspora zurückgekehrt waren, wird das Klima alles andere als „liberal" gewesen sein (vgl. Hengel, 1975, 185).

Die Vertreibung der „Hellenisten" aus Jerusalem wird zum Auslöser einer über die Grenzen der Heiligen Stadt hinausgehenden Christusverkündigung. Die Anfänge der Mission verdanken sich also nicht in erster Linie einem theologischen Programm, sondern einer historischen Zufälligkeit. Die „Hellenisten", die es u. a. ins syrische Antiochia, aber vielleicht auch nach Damaskus verschlagen hatte, werden die ersten Jesus-Anhänger gewesen sein, die sich missionarisch auch an Nicht-Juden wandten. Auch das wird in der ersten Zeit noch keineswegs planvoll geschehen sein; vielmehr werden wir z.B. für Antiochia, einer Stadt, in der die jüdische Gemeinde schon seit Jahrhunderten in heidnischem Umfeld lebte, von einer relativ großen Zahl so genannter „Gottesfürchtiger" auszugehen haben – Heiden, die sich vom jüdischen Monotheismus und von der Ethik des Judentums angezogen fühlten und ein „Unterstützerumfeld" der Synagogen bildeten; sie werden die erste „Zielgruppe" der Heidenmission gewesen sein.

Die Formen der Mission sind in den Anfängen vielfältig gewesen. Dass eine Gemeinde „Gesandte" (Apostel) auf Missionsreise schickt, wie wir es von der antiochenischen Gemeinde erfahren (Apg 13,1 ff.), setzt schon ein gewisses Missionskonzept voraus. Daneben wird es aber auch Einzelaktionen gegeben haben. Petrus z.B. hatte einige Schwierigkeiten, eine solche gegenüber der Jerusalemer Gemeinde zu rechtfertigen (Bekehrung des heidnischen Hauptmanns Kornelius, Apg 10 + 11). Eine Missionsform, von der wir relativ viele Zeugnisse haben, ist die so genannte *Kollegialmission*. Hier ziehen Missionare zu zweit durchs Land (vgl. z.B. Lk 10,1), zum einen um der Beglaubigung der Verkündigung willen (zwei Zeugen), zum anderen, um sich gegenseitig Hilfe und Beistand gewähren zu können, da Mission nicht immer ein gefahrloses Unternehmen war („Siehe, ich sende euch wie Schafe unter die Wölfe", Mt 10,16). Die Ausstattung der Missionare war dabei zumeist ausgesprochen spärlich. Die Anweisungen, die Jesus seinen Jüngern in der so genannten Aussendungsrede gibt, spiegeln sicherlich ein Stück urchristlicher Missionspraxis: „Ihr sollt nichts mit auf den Weg nehmen, weder Stab noch Tasche noch Brot noch Geld; es soll einer auch nicht zwei Hemden haben" (vgl. Lk 9,3). Nicht zuletzt deshalb gab es für Missionare wohl das Recht auf Unterhalt durch die von ihnen besuchten Gemeinden (vgl. 1Kor 9,12), von dem aber z.B. Paulus und Barnabas keinen Gebrauch machten – wohl um ihrer Unabhängigkeit willen (2Thess 3,7f.).

Philippus

Der Philippus der Zwölf und der Philippus der Sieben
Das Neue Testament kennt zwei Menschen mit dem Namen Philippus: den Jünger Jesu, Mitglied des Zwölferkreises der Apostel, von dem wir nur im Johannesevangelium mehr als seinen Namen erfahren, und den „Evangelisten" Philippus, der nach dem Zeugnis der Apostelgeschichte zum Kreis der „Sieben" um Stephanus, dem Führungsgremium der so genannten „Hellenisten", gehörte. Dem entsprechend sieht der Heiligenkalender der römisch-katholischen Kirche zwei Philippus-Feste vor, nämlich am 11. Mai das des Apostels und am 6. Juni das des Diakons und Evangelisten Philippus. Entspricht das den geschichtlichen Tatsachen oder liegt hier ein historischer Irrtum zu Grunde? Handelte es sich bei dem Apostel und dem Evangelisten Philippus um zwei verschiedene Menschen oder um ein und dieselbe Person, einen Jesus-Jünger, der aus dem Zwölfer- in den Siebenerkreis wechselte?

Für die Unterscheidung des Apostels vom Evangelisten, des Zwölfermannes vom Siebenermann, des „Hebräers" vom „Hellenisten" spricht die Apostelgeschichte des Lukas (vgl. Apg 1,13; 6,5; 21,8). Die altkirchliche Überlieferung aus dem kleinasiatischen Raum dagegen identifizierte offenbar den Apostel mit dem Evangelisten Philippus (Papias von Hierapolis und Polykrates von Ephesus bei Eusebius, h.e. III,31,2f.5; III,39,9; V,24). Vielleicht geht ja auch die besondere Rolle, die Philippus im Johannesevangelium spielt (Joh 1,43–51; 6,5.7; 12,20–22), schon auf einen solchen Akt der Identifikation zurück oder zeugt gar von der Identität von Apostel und Evangelist.

Man hat daher in der Forschung immer wieder einmal erwogen, ob der Apostel und der Evangelist Philippus nicht ein und dieselbe Person waren, die kleinasiatische Philippus-Tradition also historisch glaubwürdiger ist als Lukas.[23] Jede biographische oder prosopographische Skizze steht hier mithin vor der Schwierigkeit der unklaren Zuordnung der Überlieferung.

Auf Grund der dürftigen Quellenlage wird hier zwar kaum Sicheres entschieden werden können; dennoch lässt sich prüfen, welcher Annahme höhere Wahrscheinlichkeit beizumessen ist.

Die kleinasiatische Philippus-Tradition
Die Berichte der kleinasiatischen Tradition über Philippus beinhalten die Lokalisierung seines (und seiner „Töchter") Grabes in

Hierapolis in Phrygien[24], die prophetische Begabung seiner „Töchter" und ihre Bedeutung als Gewährsfrauen für bestimmte Wundertraditionen. Eine Spannung zum Bericht der Apostelgeschichte (Apg 21,8f.) entsteht vor allem dadurch, dass Lukas die vier Töchter eindeutig dem „Evangelisten" Philippus zuweist, den er durch die Wendung „einer von den Sieben" deutlich von dem Philippus des Zwölferkreises abhebt, während Polykrates von Ephesus und auch schon Papias von Hierapolis eindeutig den „Apostel" als Vater der prophetisch begabten Töchter sehen. So nennt Polykrates in seinem Brief an Victor von Rom Philippus explizit „einen der zwölf Apostel" (Eus.h.e. III,31,3 = V,24,2).

Diese Quellenlage lässt zwei Interpretationen zu:

a) Der Evangelist und der Apostel Philippus waren identisch. Es handelt sich um ein und denselben Mann, der vielleicht aus dem Zwölfer- in den Siebenerkreis „übertrat" oder beiden Kreisen angehörte. Dann wären sowohl die Apostelgeschichte des Lukas als auch Papias und Polykrates historisch im Recht.

b) Es gab einen Evangelisten Philippus, der von dem Apostel Philippus zu unterscheiden ist. Die kleinasiatische Überlieferung bezeugt dann eine nachträgliche – irrtümliche oder bewusste – Verschmelzung beider.[25]

Die größere historische Wahrscheinlichkeit dürfte die Vermutung besitzen, dass es zwei Männer mit Namen Philippus gab, von denen einer nur namentlich bekannt war, ansonsten ohne jedes Profil blieb, aber dem – jedenfalls aus späterer Sicht – bedeutenderen Kreis entstammte und Träger des geachteten Apostel-Titels war, während sich über den anderen zwar eine Reihe von Erzählungen und Nachrichten fanden, die ihm ein Gesicht verliehen; als Mitglied der „Sieben" um Stephanus entstammte er freilich einem Gremium, das sich als historisch wirkungslos erwiesen hatte. Beide wurden dann in der Weise „verschmolzen", dass das Profil des Siebener-Philippus auf den gesichtslosen Zwölfermann übertragen wurde, ein Prozess, der offensichtlich schon im Johannesevangelium einsetzte.

Philippus im Johannesevangelium

In den synoptischen Evangelien bleibt der Jesusjünger Philippus für uns gesichtslos; er wird nur jeweils einmal, und zwar in der Zwölferliste, mit Namen erwähnt (Mk 3,18 par. Mt 10,3/Lk 6,14; vgl. Apg 1,13). Im Johannesevangelium dagegen begegnet er in vier Episoden (1,43–51; 6,5–7; 12,20–22; 14,8–10), die ihm ein gewisses Profil verleihen.

Nach Joh 1,35–51 gehört Philippus zu den ersten Jesusjüngern. Wir erfahren hier, dass er aus dem Fischerdorf Bethsaida[26] stammt, aus dem auch die Brüder Andreas und Simon kommen (V.44). Wie Andreas war er ein Jünger Johannes' des Täufers, bevor er Jünger Jesu wurde. Er führt Nathanael zu Jesus und bezeugt ihm gegenüber Jesus, den er „Josephs Sohn aus Nazareth"[27] nennt, als den, „von dem Mose und die Propheten geschrieben haben".

Die johanneische Fassung der Speisungsgeschichte unterscheidet sich gegenüber den synoptischen Berichten u. a. durch die namentliche Erwähnung von Philippus und Andreas (Joh 6,5–7). Philippus erscheint hier als derjenige unter den Jüngern Jesu, der die Armenkasse, die offenbar zur Versorgung Bedürftiger bestimmt war, verwaltete. Jesus wendet sich an ihn, um mit ihm die Versorgung der Volksmenge mit Brot zu besprechen. Jesu Frage, wo Brot für die Menge zu kaufen wäre (V.5), beantwortet Philippus mit dem Hinweis auf die zu geringen Geldmittel, die dafür zur Verfügung stehen (V.7). V.6 deutet Jesu Frage als Scheinfrage, die den Zweck habe, Philippus zu prüfen. Vielleicht betrifft diese „Prüfung" ein Verständnis von Christentum, das die Versorgungsfrage in den Mittelpunkt rückte und das für Philippus kennzeichnend war. Wir hätten in Philippus dann den Vertreter eines primär diakonisch ausgerichteten Christentums zu sehen und seine „Prüfung" oder „Versuchung" bestünde darin, dass er die Grenzen eines rein diakonischen Verständnisses von Jesus-Nachfolge erfährt: Trotz der beachtlichen Summe von 200 Denaren kann er die Menschenmenge nicht sättigen. Jesus setzt dem eine in prophetischer Tradition (Elischa, 2Kön 4,42–44) stehende Zeichenhandlung entgegen, für die ein komplexeres Verständnis von „Brot" und „Sättigung" kennzeichnend ist.

In Joh 12,20–22 werden wiederum Philippus und Andreas aus der Schar der Jünger hervorgehoben. Einige „Hellenen" – vermutlich ist an gottesfürchtige Heiden zu denken – wenden sich mit dem Wunsch an Philippus, Jesus zu sehen (V.21), und Philippus und Andreas tragen die Bitte der „Hellenen" Jesus vor (V.22). Der Sinn dieser kleinen Szene könnte sich aus dem Hinweis auf die galiläische Herkunft des Philippus (V.21) erschließen lassen: Weil er aus dem heidnisch durchsetzten Galiläa stammt, ist Philippus als Ansprechpartner für die „Hellenen" besonders geeignet. Vielleicht finden wir hier sogar ein Stück frühchristlicher Missionsgeschichte dokumentiert: Dass sich Nicht-Juden gerade an Philippus wenden, könnte die besondere geschichtliche Rolle dieses Mannes in der Heidenmission spiegeln.

In Joh 14,4–11 wird Philippus neben Thomas besonders hervorgehoben. In den kurzen Dialogen der beiden Jünger mit Jesus zeigt dieser sich dadurch als Offenbarer des unsichtbaren Gottes, „dass in ihm der Vater gegenwärtig ist" (V.7): Wer Jesus gesehen hat, hat den Vater gesehen (V.9). Der Einwurf des Philippus: „Herr, zeige uns den Vater; das genügt uns" (V.8), deutet auf einen christologischen Dissens, jedenfalls zeigt er aus der Sicht Jesu, dass Philippus ihn nicht wirklich erkannt hat und nicht glaubt, dass er im Vater und der Vater in ihm ist. Philippus erscheint hier als Vertreter einer anderen Christologie: Für ihn vermag Jesus wohl den Vater zu zeigen, er teilt aber offenbar nicht das christologische Modell einer der Identität nahe kommenden Repräsentation Gottes in Jesus.[28]

Wenn wir davon ausgehen, dass bereits im Johannesevangelium Nachrichten über den „Evangelisten" Philippus auf den Jesusjünger übertragen wurden, dann ergibt sich das folgende Bild: Philippus stammte aus dem Fischerdorf Betsaida, das östlich vom Einfluss des Jordan in den See Genezareth liegt. Er gehörte offenbar zunächst zum Schülerkreis Johannes' des Täufers und ist später unter den Jesusanhängern der Ansprechpartner für die am Christentum interessierten, nicht-jüdischen Griechen. Sein theologisches Profil ergibt sich zum einen aus der starken Betonung der Diakonie, zum anderen aus einer Christologie, die in Jesus zwar den Offenbarer, nicht aber die Repräsentation Gottes sieht.

Philippus in der Apostelgeschichte

Die Apostelgeschichte zeigt uns Philippus als Mitglied des Siebenerkreises in Jerusalem (Apg 6,1–6), als Missionar in Samaria und in der Küstenebene zwischen Gaza und Cäsarea (Apg 8) und als Oberhaupt eines charismatisch-prophetischen Zentrums in Cäsarea (Apg 21,8–9).

Jerusalem

In Jerusalem begegnen wir Philippus innerhalb einer Gruppe von Pneumatikern, für die die Verbindung von charismatisch-prophetischem Wirken, praktischer Diakonie und Gemeindeleitung kennzeichnend war. Neben Stephanus hatte Philippus in dem siebenköpfigen Leitungsgremium des hellenistisch-judenchristlichen Gemeindeteils der Jerusalemer Urgemeinde offenbar eine führende Stellung inne. Apg 6,1–6 enthält einige interessante Informationen, denen wir durchaus historische Glaubwürdigkeit zubilligen können. Sowohl die Qualifizierung der Siebenergruppe durch die „Fülle von

Geist und Weisheit" als auch der als besonderes Merkmal hervorgehobene „Tischdienst" der Sieben besitzen historische Aussagekraft. Gemeindeleitung, charismatisches Auftreten und das Dienen an den Tischen sind Aspekte der Jerusalemer Wirksamkeit des Philippus, die ihn uns als einen frühchristlichen Pneumatiker zeigen, der sich in der Kontinuität prophetischer Gestalten sah und sich dabei vor allem auf die Mose- und die Elia-Elischa-Tradition bezog.

Nach dem Zeugnis der Apostelgeschichte bildet ein Streit in der Jerusalemer Urgemeinde den Hintergrund für die Wahl der Sieben. Bei der täglichen Witwenversorgung fühlen sich die „Hellenisten" (aus der Diaspora nach Jerusalem zurückgekehrte, Griechisch sprechende jüdische Jesusanhänger) gegenüber den „Hebräern" (palästinische, Aramäisch sprechende Judenchristen) zurückgesetzt. Um den Streit zu entschärfen, werden sieben Männer mit gutem Ruf und „voll heiligen Geistes und Weisheit" (6,3) durch Gemeindewahl und apostolische Handauflegung mit dem „Dienst an den Tischen" betraut. Es handelte sich demnach um Pneumatiker, die mit diakonischen Aufgaben betraut waren, und Philippus, der in der Liste der Sieben nach Stephanus an zweiter Stelle genannt wird, wird in diesem Gremium eine führende Stellung innegehabt haben.

Es ist in der Forschung immer wieder gefragt worden, ob und in welchem Maße der Tischdienst historisch mit den Sieben und ihrer Funktion in der Urgemeinde zusammenhängt, weil er so gar nicht zur Kennzeichnung dieser Gruppe als Pneumatiker und auch nicht zur Verkündigungstätigkeit von Philippus und Stephanus zu passen scheint.

Ist vielleicht die Darstellung in Apg 6,1–6, der zufolge der eigentliche Dienst der Sieben die karitativ-soziale Gemeindearbeit und nicht der Dienst des Wortes gewesen ist, im Zusammenhang mit der offensichtlichen lukanischen Intention zur Nach- und Unterordnung der Sieben, speziell des Stephanus und des Philippus, unter die Zwölf zu sehen (vgl. Schneider, 1980, 421) und daher für historische Rückfragen nach den Sieben völlig unbrauchbar, sodass man nur mit Hans Conzelmann feststellen kann: „Mit Diakonen haben diese (sc. Sieben) ursprünglich nichts zu tun" (1972, 49)? Oder hat Bernhard Domagalski Recht, und Lukas greift hier auf einen Bericht zurück, der aller Wahrscheinlichkeit nach schon in enger Verbindung mit dem Amt der Diakonen stand (1982, 33)? Oder haben wir es bei den Sieben mit „Armenpflegern um des Friedens willen" zu tun, die auch das zeitgenössische Judentum kannte? Die Einsetzung der Sieben wäre dann in Analogie zur jüdischen Praxis zu sehen, dort, wo Juden und Heiden in einer Stadt lebten, neben Armenpflegern aus Israel auch solche aus den Heiden aufzustellen, und zwar 'um des Friedens willen'[29]. Angesichts der Spannungen zwischen „Hellenisten" und „Hebräern" wäre dann in der Urgemeinde eine ähnliche organisatorische Lösung angestrebt worden, wie sie die Synagoge kannte. Daran, welchen Antworten man hier zuneigt, entscheidet es sich, ob man die Einsetzung der Sieben in Beziehung zur Entstehung des kirchlichen Diakonats setzt, mit der älteren Forschung in Apg 6 gar den „locus classicus ... über die Genesis des christlichen Diakonenamtes" (Zöckler, 1893, 2) erblickt oder ob man umgekehrt mit der neueren kritischen Forschung annimmt, die Einsetzung der Sieben habe mit den Anfängen des späteren Diakonats nichts zu tun (vgl. Larsson, 1987, 211), dies sei vielmehr erst die Interpretation des Lukas und die Sieben seien alles andere, nur keine Diakone gewesen, nämlich z. B.: Älteste und Presbyter, Evangelisten, Lehrer und Diener des Wortes, Apostel der Hellenisten, Apostelbeauftragte oder Führer des hellenistischen Gemeindeteils.

Es gibt aber gute Gründe anzunehmen, dass der in Apg 6,1 genannte Tischdienst in der Tat ein Hauptmerkmal der Siebenergruppe um Stephanus und Philippus war, wenn es sich bei ihnen freilich auch noch nicht um „Diakone" im Sinne des späteren Amtes handelte. Mit der Frage der Diakonie war nämlich allem Anschein nach das Zentrum des Selbstverständnisses dieser Gruppe von Pneumatikern berührt. Zu Grunde lag dem ein Verständnis „wahrer" Prophetie, das wir für das frühe Christentum beispielhaft im 11. Kapitel der Didache, einer frühchristlichen Gemeindeordnung vom Anfang des 2. Jahrhunderts, dokumentiert finden. Danach erlaubt der Geistbesitz allein noch kein Urteil darüber, ob einer ein „wahrer" Prophet oder ein Lügenprophet ist; sosehr es einen Propheten ausmacht, dass er im Geist redet, ist doch nicht jeder, der im Geist redet, auch schon ein echter Prophet; vielmehr kommt es darauf an, ob er sich auch an der Lebensweise des Herrn orientiert. Durch seine Lebensführung legitimiert sich der Pneumatiker erst als echter Prophet. Dazu gehört neben der Übereinstimmung von Lehre und Tat (11,10) und der Uneigennützigkeit (11,12) auch das Bestellen von Mahlzeiten nicht zum eigenen Verzehr (11,9). Der echte Prophet zeichnet sich also u. a. dadurch aus, dass er nicht für sich selbst, sondern für andere den Tisch herrichtet. Mit anderen Worten, gerade durch den Dienst an den Tischen, der durchaus mehr beinhaltet haben kann als die reine Armenspeisung, aber in der Speisung sein realsymbolisches Zentrum hatte, erwiesen sich die Sieben als „echte" Pneumatiker.

Formal ist die Erzählung von der Wahl der „Sieben" (Apg 6,1–6) in Anlehnung an alttestamentliche Einsetzungsberichte gestaltet. Vor allem die Anklänge an die Wahl der 70 Ältesten um Mose (Num 11) sind bemerkenswert, zeigen sie doch, dass der Geistbesitz der Sieben als gottgeschenkte Teilhabe am Geist Jesu verstanden wurde (analog der Partizipation der Siebzig am Geist, der auf Mose ruhte). Als Pneumatiker waren sie zur Gemeindeleitung legitimiert. Zudem wird durch das Anknüpfen an die Mose-Tradition deutlich, dass der Geist zum einen prophetische Gaben verleiht und sich zum anderen gemeindeleitend in der Sättigung Hungriger (Speisung mit Wachteln/zu Tische dienen) äußert. Gerade diese Verbindung von charismatisch-prophetischem Auftreten, praktischer Diakonie und Gemeindeleitung als Ausdruck des Geistes scheint für die Sieben (wie für die Siebzig um Mose) kennzeichnend gewesen zu sein.

Philippus und die Sieben werden ihren Tischdienst aber vor allem in Kontinuität zu den Mahlfeiern Jesu gesehen haben, insbesondere zum Wunder der Speisung Tausender durch Jesus. Mk 8,1–9 bietet eine Variante der Speisungswundergeschichte, in der die Siebenzahl besonders hervorgehoben ist (7 Brote statt 5 Brote und 2 Fische/7 Körbe statt 12 Körbe), und könnte damit auf die besondere Bedeutung des Speisungswunders für die Gruppe der Sieben weisen.

Von Bedeutung sind dabei vor allem die christologischen Implikationen, die mit dem Anknüpfen an Jesu Tischgemeinschaften und Speisungswunder gegeben waren: Jesus erweist sich dadurch als von Gott bevollmächtigt, dass er Menschen mit seinem Wort und mit Brot sättigt, und zwar in einer Fülle, die nur in Gott selbst ihren Ursprung haben kann. So hängt auch für die Sieben, die sich mit Jesus durch den Geist dieses Gottes verbunden wissen, die Glaubwürdigkeit ihrer Verkündigung an ihrer diakonischen Praxis. Der Tischdienst der Sieben ist also weit mehr als ein symbolischer Akt; vielmehr ist er der Wirklichkeitserweis dessen, was sie verkünden. Ihr diakonisches Wirken ist Ausdruck der Leibhaftigkeit des durch sie wirkenden Gottesgeistes und ihrer Verkündigung und verbürgt damit ihre Glaubwürdigkeit als Pneumatiker und Missionare.

Da wir bei den zwölf Aposteln mit einem anderen Selbstverständnis rechnen müssen (darauf weist die Gegenüberstellung von Wort-Dienst und Tisch-Dienst in Apg 6), haben wir guten Grund, den in 6,1 genannten Anlass für einen Konflikt zwischen Hellenisten und Hebräern als historisch glaubwürdig zu betrachten, ging es hier doch – aus Sicht der Sieben – nicht nur um ein praktisches Problem der gemeindlichen Infrastruktur, sondern um das Zentrum ihres Selbstverständnisses als Pneumatiker in der Kontinuität Jesu.

Das „zu Tische dienen" wird aber auch im Blick auf die Leitungsfunktion, die Philippus im Kreis der Sieben für den hellenistischen Teil der Urgemeinde innehatte, von Bedeutung gewesen sein. Entsprechend dem Herrschaftsverständnis Jesu, das das Dienen zur Maxime des Herrschens macht (Mt 20,26f.; 23,11; Lk 9,48; 22,26; Mk 9,35; 10,43f.), verstanden die Sieben die Diakonie als Ausweis ihrer Leitungsaufgabe. Die Ausrichtung an dem jesuanischen Verständnis von Herrschaft, das übrigens im hellenistischen Bereich z. B. bei den Therapeuten durchaus seine philosophischen Entsprechungen hatte, ging weit über die Frage einer ordentlichen Gemeindeleitung hinaus, diente doch zur Begründung dieser gemeindlichen Herrschaftsordnung die himmlische Rangordnung. Philippus wusste sich als einer der Sieben durch den Geist bereits dem Bereich Gottes zugehörig; dem musste ein Leitungsstil entsprechen, der der himmlischen Ordnung entstammte.

Außerdem gab es auch hier christologische Implikationen: Der Dienst des Menschensohnes, der sich als Lebenshingabe für andere äußerte (hier ist mitnichten nur an den Kreuzestod gedacht, sondern an das gesamte Wirken Jesu, nicht zuletzt auch an seine Tischgemeinschaften), diente als Begründung für das Gebot: Wer unter euch herrschen will, der sei ein Diener aller. Wenn die Sieben daran anknüpften, dann verwies das auf den einen, in dessen hingebendem Wirken für andere sich Gottes überfließende Gnade offenbarte. Dass es hier Verbindungslinien zur Abendmahltradition gegeben hat, ist nicht unwahrscheinlich; wir haben aber keinen Anlass, das „zu Tische dienen" darauf zu beschränken.

Wandermission

Im Zusammenhang des Stephanusmartyriums (Apg 7) kam es in Jerusalem zu einer Verfolgung, die offenbar nur den hellenistischen Teil der Urgemeinde traf und die Vertreibung der Hellenisten aus der Heiligen Stadt zur Folge hatte. Dieses Ereignis markierte für Philippus den Übergang zur Phase der Wandermission (Apg 8). Wir lernen Philippus hier in sehr exponierter Stellung als Vorreiter der Samaritaner- und der Heidenmission kennen. Dabei verdankte sich die Tatsache, dass Philippus als einer der Ersten den missionarischen Schritt über die Grenzen Israels hinaus wagte, allem Anschein nach nicht nur historischer Zufälligkeit oder persönlicher Entscheidung, sondern vermutlich einem heilsgeschichtlichen Konzept, das in Anknüpfung an Jes 56,3 ff. in der Einbeziehung der Fremden (Samaritaner) und der Verschnittenen (äthiopischer Eunuch) die Erfüllung prophetischer Verheißungen sah. Damit war der heilsgeschichtliche Rahmen abgesteckt, in dem Philippus die Mission unter Samaritanern und Heiden verstanden haben dürfte. Er sah sich selbst als Werkzeug der Erfüllung des in Jes 56,3 ff. Verheißenen. Aber nicht nur deswegen haben die in Apg 8 erhaltenen Überlieferungen paradigmatischen Charakter, sondern auch, weil hier deutlich wird, welch unterschiedliche Akzente offenbar in der Mission unter Samaritanern und in der Heidenmission gesetzt wurden.

Samaritaner-Mission

Dem lukanischen Bericht über die Geschehnisse in Samaria (Apg 8,4–25) dürften zwei Überlieferungseinheiten zu Grunde liegen: Eine Erzählung über die Philippus-Mission (V.4–13) und Nachrichten über das Wirken der Apostel Petrus und Johannes (V.14–25). Sie geben uns zwar nicht direkte Einblicke in das historische Geschehen, wir können aber mit guten Gründen davon ausgehen, dass im Hintergrund der beiden Überlieferungseinheiten tatsächlich historische Ereignisse stehen, die hier ihren narrativen Niederschlag gefunden haben, geben sie doch im Wesentlichen die Abfolge einer in zwei Stufen erfolgten Samaria-Mission wieder, die historisch zumindest nicht ganz unwahrscheinlich ist (Joh 4,38).

Die Erzählung von der Samaria-Mission zeigt uns Philippus als einen Charismatiker. Die besondere Wirkung, die von seinem missionarischen Auftreten ausging, wird in gleichem Maße eine Folge der machtvollen Wundertaten, die er vollbrachte (Vertreibung von Dämonen und Heilung Lahmer), wie auch seiner Verkündigung (Königsherrschaft Gottes und Name Jesu Christi) gewesen sein. Die Mission des Philippus unter den Samaritanern ist also als ein charismatisches Gesamtgeschehen zu verstehen, das profiliert wird durch das exorzistische und therapeutische Handeln und das Evangelium vom Reich Gottes und vom Namen Jesu Christi. Dabei stehen Wunder und Predigt in keiner Rangfolge oder Konkurrenz, sondern greifen ineinander und sind gemeinsam Ausweis des charismatischen Pneumatikers. Durch sein Auftreten in Wort und Tat bindet Philippus in Samaria die Menschen an sich. Wort und Tat, Exorzismen und Predigt, Lahmenheilungen und Verkündigung ergänzen einander – und es war wohl gerade dieses Zusammenspiel, das der Mission des Philippus Erfolg bescherte.

Der Samaria-Missionar Philippus ist in der von Lukas verarbeiteten Überlieferung als ein charismatischer Pneumatiker gezeichnet, der sein Wirken wahrscheinlich als aktualisierende Vergegenwärtigung des vollmächtigen Handelns Jesu verstanden hat. Grundlage eines solchen Verständnisses ist eine Sicht Jesu, wie sie uns im Markusevangelium begegnet. Kennzeichnend dafür ist die vorrangige Bedeutung der Exorzismen und die zentrale Stellung der Pneumatologie in der markinischen Jesus-Darstellung. Philippus weiß sich mit demselben Geist begabt, der die Grundlage für Jesu vollmächtiges Reden und Tun war, und kann daher in der Kontinuität Jesu wirken. Seine Mission hat also bereits in den Exorzismen und Heilungswundern eine soteriologische Dimension. Dämonenaustreibungen und Heilungen manifestieren als Wirkungen der im Pneumatiker präsenten Kraft Gottes die Durchsetzung der Königsherrschaft Gottes und damit Heil und Erlösung. Konkret bedeutet das, dass im Vollzug des missionarischen Wirkens Ausgrenzungen (Besessenheit/Lahmheit) aufgehoben werden und die Mission sich dadurch ihre eigene Legitimation schafft. Einer solchen Legitimation bedurfte es vor allem deswegen, weil die Samaritaner aus einer polemischen jüdischen Sicht als Heiden angesehen werden konnten. Daher war der Schritt zur Samaritaner-Mission im frühen Christentum in ähnlicher Weise umstritten wie der Schritt zur Heidenmission, wie z. B. Mt 10,5 dokumentiert: Hier verbietet Jesus seinen Jüngern ausdrücklich, auf den Weg der Heiden oder in eine Stadt der Samaritaner zu gehen. Da ein zentraler Topos der antisamaritanischen Polemik die These ihrer Dämonenbesessenheit gewesen sein dürfte (vgl. Joh 8,48), kann man die besondere Betonung der exorzistischen Praxis des Samaritaner-Missionars Philippus als eine Form der Legitimation dieser Mission im Vollzug verstehen: Die u. a. in ihrer Dämonenbesessenheit begründete Ausgrenzung der Samaritaner wird durch den Exorzisten aufgehoben; es besteht – zumindest in dieser Hinsicht – also kein Grund mehr, die Samaritaner nicht zur christlichen Gemeinde zuzulassen.

Eine ähnliche Aufhebung von Ausgrenzungen im Missionsvollzug lässt sich auch für die therapeutische Praxis des Philippus vermuten. Zumindest in Qumran galten Lahme als unrein, und ihnen wurde daher die Aufnahme in die Gemeinde Gottes verwehrt (1QS 28 [= 1QSa] 2,5). Wenn die Vorstellung, dass vor allem Lahmen und Gelähmten als körperlich in besonderem Maße Geschlagenen und damit Unreinen der Zugang zur Gemeinde zu verwehren ist, nicht nur auf Qumran beschränkt gewesen sein sollte, dann können wir auch in den Lahmenheilungen des Samaria-Missionars

Philippus eine Aufhebung von Ausgrenzungen im Missionsvollzug sehen.

Auf Grund seiner Darstellung in Apg 8,4–13 haben wir Philippus als einen jener freien Charismatiker zu sehen, deren Wirksamkeit im frühen Christentum keineswegs unumstritten war, wie z. B. das Matthäusevangelium zeigt. Philippus konnte sich weder auf ein direktes Schülerverhältnis zu Jesus berufen (im Unterschied zu den Zwölfen) noch auf eine besondere Beauftragung (im Unterschied zu Paulus). Er musste daher in besonderem Maße darum bemüht sein, sich durch die christologische Fundierung seines gesamten Auftretens in Wort und Tat in die Nachfolge Jesu zu stellen und damit die Legitimität seines Wirkens zu erweisen. Dies kommt vor allem darin zum Ausdruck, dass der Name Jesu Christi sowohl in der Verkündigung des Evangelisten als personal-christologische Zuspitzung die theologische Kernaussage von der Königsherrschaft Gottes ergänzt als auch die Legitimation für das charismatische Handeln des Philippus darstellt: Was Philippus verkündet und tut, verkündet und tut er im Namen Jesu. Der Name Jesu Christi bildet so neben der Geistbegabung einen zweiten Legitimationsstrang für das missionarische Wirken des Philippus. Dieser war offenbar notwendig, da die Geistbegabung an sich keine eindeutige Aussagekraft besaß; Wirkungen des Geistes haben grundsätzlich einen ambivalenten Charakter, weil an ihnen selbst nicht letztgültig erkannt werden kann, ob hier der Geist Gottes oder Satans wirkt. Daher bedarf es der Benennung: Erst durch die Benutzung des Namens Jesu Christi wird ein eindeutiges Nachfolge-Verhältnis zu Jesus konstituiert.

Das wird vor allem an dem Gegenspieler des Philippus in Samaria deutlich: Simon, der ebenfalls charismatisch wirkt und dessen Auftreten große Ähnlichkeiten mit dem des Philippus aufweist, werden wir als Vertreter eines eigenständigen samaritanischen Christentums und nicht – wie Lukas ihn schildert – als heidnischen Magier zu sehen haben. Im Unterschied zu Philippus scheint Simon sich aber ohne jeden christologischen Bezug als direkte Repräsentation Gottes verstanden zu haben, der von sich sagen konnte: „Ich bin die große Kraft" (= Repräsentation Gottes). Nach dem Zeugnis der Apostelgeschichte führt das Wirken des Philippus – vor allem die Zeichen und Wunder, die er tut – dazu, dass Simon sich ihm unterwirft und von ihm taufen lässt.

Während die Begegnung mit Philippus also auf die Integration des Simon hinausläuft, hat sein Konflikt mit Petrus, von dem im weiteren Verlauf berichtet wird, für Simon ganz andere Konsequenzen:

Er wird mit einem Fluch belegt und damit ausgegrenzt. Wenn wir in
Simon den Vertreter eines frühen samaritanischen Christentums zu
sehen haben, dann würden uns die Erzählungen von der Begegnung
zwischen Simon und Philippus und von dem Konflikt zwischen Petrus und Simon in narrativer Form die Unterschiede vor Augen
führen, die offensichtlich zwischen dem Zwölfer- und dem Siebenerkreis im Blick auf den Umgang mit dissidenten Christen bestanden.

Der Bericht über seine Wirksamkeit in Samaria zeigt uns, dass
Mission für Philippus nicht in erster Linie (und schon gar nicht ausschließlich) Verkündigung bedeutete und ihre Wirkung keineswegs
nur durch das Wort erzielte; Mission ist vielmehr die im Kontakt
mit dem Pneumatiker erfahrbare und durch die Benutzung des Namens Jesu qualifizierte Wirksamkeit der Kraft Gottes, die die Macht
der Dämonen bricht, Niedergeworfene aufrichtet und damit alle
Schranken, die den Zugang zu Gott/zur Gemeinde verhindern, beiseite räumt.

Heidenmission: Die Bekehrung des Äthiopiers
Die Erzählung von der Bekehrung des äthiopischen Eunuchen
(Apg 8,26–40) stellt die in Hellenistenkreisen überlieferte Variante
einer Erzähltradition über die erste Bekehrung eines Heiden dar.
Eine andere Version dieser Erzähltradition, die für das palästinische
Judenchristentum typisch ist, finden wir in dem in Apg 10,1–11,18
überlieferten Bericht über die Bekehrung des heidnischen Hauptmanns Kornelius durch Petrus. Ein Vergleich beider Erzählungen
zeigt, dass die palästinischen Judenchristen („Hebräer") im Blick
auf die Heidenmission offensichtlich einem weitaus größeren Legitimationsdruck ausgesetzt waren als die Hellenisten. Dies mag u. a.
damit zusammenhängen, dass sich die Philippus-Kreise vornehmlich
prophetischen Traditionen verpflichtet wussten und so die Bekehrung gerade eines Eunuchen im Licht der trito-jesajanischen Verheißung einer Aufhebung des in Dtn 23,1(2) überlieferten Zugangs-
verbots für Verschnittene zur Gemeinde Gottes (Jes 56,3–5) verstehen konnten.

Auch in der Erzählung von der Bekehrung des äthiopischen
Eunuchen ist Philippus als Pneumatiker gezeichnet, die eigentliche
missionarische Aktion hat freilich einen völlig anderen Charakter
als sein Wirken in Samaria. Nicht exorzistisch-therapeutisches Handeln, sondern Schriftauslegung steht hier im Zentrum.

Die Rahmenhandlung schildert uns Philippus zunächst erneut als
einen in prophetischer Tradition stehenden Pneumatiker: Vom Geist

bzw. vom Engel des Herrn wird Philippus auf die Straße nach Gaza (Apg 8,26) und dort an den Wagen eines äthiopischen Hofbeamten geführt (Apg 8,29), nach getaner Arbeit dann vom Geist des Herrn entrückt und nach Aschdod „transportiert" (Apg 8,39 f.). Zu Grunde liegt hier die Vorstellung, dass der Geist Gottes Menschen über Distanzen hinweg körperlich-real „transportieren" kann; diese Vorstellung entstammt prophetischer Tradition und hat in der Elia-Elischa-Überlieferung ihren für uns noch erkennbaren Ursprung; vor allem aber dient sie im Markusevangelium zur Kennzeichnung Jesu (Mk 1,12 f.). Philippus hat also auch in dieser Hinsicht sein missionarisches Wirken offensichtlich in der Kontinuität des Wirkens Jesu begriffen: Wie Jesus (im Markusevangelium) sieht sich Philippus als Prophet, der – wie einst Elia – in einer sich bis ins Physische hinein manifestierenden Weise vom Geist Gottes bestimmt und getrieben wird. Die Vorstellung einer pneumatischen Translokation bezieht diese offenbar z. T. als heftig, überraschend, ja fast gewaltsam erlebten Wirkungen des Geistes auf das Erfahrungsfeld der Wanderschaft, das für Jesus und zeitweise auch für Philippus bestimmend war, wobei die Wüste oder Ödlandschaften als Ziel (Mk 1,12) oder Ausgangspunkt (Apg 8,39) pneumatischer Entrückungen augenscheinlich eine Rolle spielten.

Im Hintergrund stand hier vermutlich eine Wanderschaft und Meditation/Doxologie verbindende Praxis von Pilgergruppen[30], wie Flavius Josephus sie in den ›Jüdischen Altertümern‹ schildert: In Ant 8,124 berichtet er, dass Pilger, die sich auf dem Heimweg befinden, ihren Weg durch Gebete, Frohlocken und Singen von Hymnen so zurücklegen, dass sie dessen Beschwernisse nicht empfinden. Die Entrückung durch den Geist stellt demgegenüber freilich eine gesteigerte Form des Erlebens dar, in der sich der Pneumatiker offenbar derart heftigen Wirkungen des Geistes ausgesetzt sah, dass diese als ein „Hinweggerissenwerden" erfahren wurden, durch das z. T. erhebliche Distanzen wie im Nu und mühelos überbrückt werden konnten.

Wir sind in unseren heutigen Erfahrungsfeldern und -möglichkeiten so weit von derartigen Phänomenen entfernt, dass uns ein Zugang nahezu unmöglich erscheint. Allenfalls die auch uns noch geläufige Erfahrung einer Wechselwirkung von Wanderschaft und Zeitempfinden lässt eine gewisse Annäherung zu. Die eigentliche Erfahrung einer pneumatischen Translokation aber bleibt uns verschlossen. Die Versuchung einer symbolischen oder einer rationalistischen Deutung liegt daher nahe. Aber nur wenn wir bereit sind, die

Erfahrung einer pneumatischen Translokation nicht allegorisch oder rationalistisch glattzubügeln, werden wir der von Philippus repräsentierten Variante frühen Christentums in ihrer ganzen Besonderheit und Fremdheit begegnen können.

Dem Äthiopier freilich begegnet Philippus nicht als Pneumatiker, sondern als Hodäget, d.h. als Wegführer durch die Schrift, als Schriftausleger. Den Äthiopier haben wir wohl als einen hohen Beamten (Kämmerer) aus dem Königreich der Kandake zu sehen, dem auf Grund seines Status als Eunuch der Übertritt zum Judentum verwehrt blieb, der sich freilich dennoch als „Gottesfürchtiger" zur jüdischen Religion hielt und wohl gerade von einer Jerusalemwallfahrt in seine Heimat zurückkehrte.

Für ihn wird Philippus zum Hodägeten. „Verstehst du auch, was du liest?", lautet die berühmt gewordene Eingangsfrage des Philippus an den eine Jesajarolle studierenden Äthiopier. Dessen Antwort: „Wie kann ich, wenn mich nicht jemand anleitet?", bietet Philippus die Gelegenheit zum missionarischen Kontakt; er besteigt den Wagen des hohen Beamten und setzt sich zu ihm. In einem an der Schrift orientierten Katechumenat erschließt der Evangelist dem Kämmerer deren Sinn. Die Schrift und das rechte Verstehen der Schrift haben in der Begegnung des christlichen Missionars mit dem heidnischen Hofbeamten eine schlechthin zentrale Bedeutung, sodass sich die Vermutung nahe legt, Heidenmission sei hier als eine besondere Form der Schriftauslegung verstanden. Das Schriftstudium steht am Anfang. Für einen Heiden bleibt die Schrift aber – trotz des religiösen Eifers, der dem Äthiopier attestiert wird – so lange ein hermetisches Buch, solange niemand da ist, der ihn anleitet. Der entscheidende Schritt vom Lesen zum Verstehen gelingt erst durch den Missionar und seine Auslegung. Christliche Mission bedeutet zunächst also nichts anderes als eine (für Heiden offensichtlich notwendige) Hilfe zum Verstehen der Schrift. Die Besonderheit liegt freilich in der Form der Schriftauslegung, die hier gewählt wird: Das Evangelium von Jesus Christus wird zum entscheidenden hermeneutischen Schlüssel, der den Zugang zum Verstehen erschließt.

Das ist freilich nur der erste Schritt, denn das Licht, das vom Jesus-Evangelium auf die Schrift fällt und sie erhellt, das fällt von dort aus auch zurück auf Jesus selbst und zeigt ihn in seiner wahren Bedeutung. Ist der Sinn der Schrift verstanden, dann werden von dort aus auch Person und Geschick Jesu erkennbar. Die Bekehrung eines Heiden vollzieht sich also in einer doppelten Bewegung, als angeleiteter Einstieg in das Verstehen der Schrift und als von dort aus eröffneter Blick auf Jesus. In der Heidenmission müssen durch Schriftauslegung offenbar erst die Grundlagen für das Verständnis der Christusbotschaft geschaffen werden. Ihren paradigmatischen Charakter gewinnt die Kämmerer-Erzählung aber nicht nur dadurch, dass sie die Besonderheiten der Heidenmission (Schriftauslegung) hervortreten lässt, sondern auch durch die Einblicke in die Deutung der Person und des gewaltsamen Geschicks Jesu. Auch hier ist es wieder prophetische Tradition, auf die Bezug genommen wird. Für die Heidenmission des Philippus war offensichtlich vor allem Jes 53,7+8 eine Schlüsselstelle:

„Wie ein Schaf, das zur Schlachtung geführt wird, und wie ein Lamm, das vor seinem Scherer verstummt, so tut er seinen Mund nicht auf. In seiner Erniedrigung wurde sein Urteil aufgehoben. Wer kann seine Nachkommen aufzählen? Denn sein Leben wird von der Erde weggenommen."

Die in Apg 8,32 f. zitierten Sätze aus dem vierten Gottesknechtslied Deutero-Jesajas werden im Rahmen der Philippusmission mit großer Wahrscheinlichkeit auf Jesu Passion, Kreuzestod (V.32) und Rehabilitierung durch Gott (V.33a) bezogen worden sein. Ob sie in ihrem zweiten Teil auch als Hinweis auf seine Erhöhung und seine alle Vorstellungen übersteigende Anhängerschaft (V.33b) verstanden worden sein könnten, ist vor dem Hintergrund der jüdischen wie der christlichen Rezeptionsgeschichte ausgesprochen zweifelhaft. Vielmehr wird auch der zweite Teil des Schriftzitats – in malam partem verstanden – im Sinne einer Bezugnahme auf Jesu Passion und Kreuz zu lesen sein, und zwar nun hinsichtlich der Radikalität der damit vollzogenen Vernichtung des Gerechten.

Jesus erscheint hier als der Gerechte, der unschuldig zum Opfer von Gewalttätern und Mördern wird. Was ihm angetan wird, kommt einer völligen Vernichtung gleich. Dies gilt nicht nur im Blick auf den gewaltsamen Tod, den er erleidet, nicht nur im Blick auf die radikale Destruktion von Zukunft (keine Nachkommenschaft), sondern vor allem auch hinsichtlich der Tatsache, dass er durch dieses Geschick als Gerechter vollständig diskreditiert ist, da er das „klassische" Geschick der Frevler, Gottlosen und Sünder erleidet und damit selbst als Frevler und Gottloser zu gelten hat. Er erträgt dies alles stumm – im Vertrauen auf Gott, von dem allein Rettung kommen kann. Gott rehabilitiert ihn, setzt ihn gegen das Urteil seiner Verfolger ins Recht und bestätigt ihn als Gerechten. Die Auslassung von Jes 53,8c im Zitat („da er für die Missetat meines Volkes geplagt

war") zeigt dabei, dass Jesu Tod nicht als Sühnetod verstanden
wurde. Die Heilsbedeutung Jesu wurde hier offensichtlich nicht mit
dem Gedanken kultischer Sühne zum Ausdruck gebracht. Das zeigt
auch ein Vergleich mit dem Jesusbild der Stephanusrede (Apg 7).
Auch hier ist Jesus – allerdings im Kontext der deuteronomistischen
Aussage vom Prophetenmord – als der (prophetische) Gerechte gezeichnet, der Opfer von Verrat und Mord wird, und auch hier ist
sein Tod nicht als Sühnetod verstanden. Die Vision des Stephanus
zeigt mit dem neben dem Gottesthron stehenden Menschensohn
eine gegenüber der Sühnetod-Vorstellung alternative soteriologische Konzeption: die himmlische Anwaltschaft des von Gott rehabi-
litierten Gerechten für die seinen, der jetzt als Kyrios angerufen
werden kann (Apg 7,59) und offensichtlich in der Lage ist, vor Gott
Sündenvergebung zu erwirken (Apg 7,60).

Wir haben es hier also mit einer Variante frühen Christentums zu
tun, die in der Beschreibung der Heilsbedeutung Jesu ohne die kultische Vorstellung vom Sühnetod auskam und an ihre Stelle die juri-
disch ausgerichtete Konzeption der Einsetzung des getöteten Gerechten zum himmlischen Richter und Anwalt der Seinen (Apg
7,55 f.) setzte.

Taufe ohne Geistverleihung
Beide Missionsgeschichten, die uns von Philippus erhalten sind,
enden mit der Taufe der Bekehrten (Apg 8,12 f.36–39). Die Taufe
hatte also offenbar eine zentrale Bedeutung in der Missionsarbeit
des Philippus, was für die frühchristliche Mission keineswegs durchgängig gilt (vgl. z. B. 1 Kor 1,14–17). Für Philippus jedenfalls scheint
die Taufe das Ziel zu sein, auf das sein missionarisches Wirken zuläuft.

Im Blick auf Taufverständnis, Taufpraxis und Stellenwert der Taufe
gleicht das frühe Christentum einem bunten Flickenteppich, in den
sich alle nur denkbaren Positionen eingewoben finden. Wir begegnen
hier einer „Fülle verschiedener theologischer Lehren und Lehrer, die
nebeneinander, gegeneinander (wie die Paulusbriefe zeigen) und
auch miteinander auftraten" (Thiessen, 1995, 59). Besonders im Blick
auf das Verhältnis von Taufe und Geistverleihung existierten sehr
unterschiedliche Vorstellungen; das Spektrum reichte hier von der
Weiterführung der Wassertaufe Johannes' des Täufers bis hin zur reinen Geisttaufe. Allein für die Apostelgeschichte lassen sich acht
unterschiedliche Konstellationen des Verhältnisses von Taufe und
Geistempfang nachweisen (vgl. z. B. Pesch, 1986, 282 f.).

Die Taufe, die Philippus im Rahmen seiner Missiontätigkeit spendete, war nach den uns erhaltenen Zeugnissen nicht mit der Gabe des Heiligen Geistes verbunden. Obwohl Philippus selbst Pneumatiker war, gab er den Geist – anders als z. B. die Zwölf um Petrus – nicht im Rahmen seiner Taufpraxis weiter. Dahinter lässt sich eine besondere Form der Pneumatologie vermuten, die nur die direkt von Gott geschenkte pneumatische Begabung einzelner kannte, nicht aber die Möglichkeit der Weitergabe des Geistes.

Die Praxis der Philippustaufe sah vor, dass Täufer und Täufling gemeinsam ins Wasser hinabsteigen (Apg 8,38). Das könnte auf den Exodus (Durchzug durchs Rote Meer) als Bezugsrahmen deuten und damit auf die Aspekte des Schutzes, der Reinigung und der Bindung der Täuflinge an den Täufer (vgl. Johannes).

Als reine Wassertaufe ohne Geistmitteilung stand die Philippustaufe in der Nähe zu Tauformen, wie wir sie für die frühchristliche Zeit aus Ephesus und Damaskus kennen (vgl. Apollos). Die Anrufung des Herrennamens im Zusammenhang der Taufe signalisiert den für dieses Taufverständnis kennzeichnenden Zusammenhang von Exhomologese (Sündenbekenntnis) und Konversion. In prophetischer Perspektive wird die Wendung „den Namen des Herrn anrufen" bereits im Alten Testament für die zukünftige Bekehrung der Völker zu dem einen Gott gebraucht (Zef 3,9; Joel 3,5) und daher in der Folge auch auf die Situation der individuellen Konversion angewandt (JosAs). Sündenbekenntnis, Bitte um Sündenvergebung und Bekenntnis zu dem einen Gott sind hier verbunden und markieren in dieser Abfolge den Akt der Bekehrung. Die Taufe des Philippus ist auf dieser Linie zu verstehen, hat nun aber ihre Besonderheit darin, dass es jetzt Jesus ist, der als „Herr" um Sündenvergebung angerufen wird.

Philippus hat seine Taufe offenbar als Umkehrtaufe zur Abwaschung der Sünden verstanden – entsprechend dem Taufverständnis Johannes' des Täufers. Die Taufe fügte sich so nahtlos seiner Missionspredigt an, die ja, wie wir sahen, in ihrem theologischen Kern auf die Anerkennung der Autorität des einen Gottes (Königsherrschaft) zielte, und zwar in der christologischen Zuspitzung, die diese Anerkennung der Gottesherrschaft exklusiv an die Person Jesu band (Apg 8,4–13). Dieser steht nun als der von Gott entgegen dem Urteil seiner Mörder bestätigte und rehabilitierte Gerechte (Apg 8,32 f.; 7,52) als Anwalt derer, die ihn anrufen, zur Rechten des Thrones Gottes, um Vergebung der Sünden für sie zu erwirken (Apg 8,26–40; 7,56.60). Ein Taufverständnis, welches das

mit der Anrufung des Herrennamens abschließende Sündenbekenntnis des Täuflings ins Zentrum stellte und die Taufe selbst als
die zeichenhafte Bestätigung der erflehten Sündenvergebung (Abwaschung) verstand, lag geradezu in der Konsequenz einer solchen
Predigt.
Zugleich ermöglichte das „Anrufen des Herrennamens" eine
neue Bestimmung von Identität und Abgrenzung. Waren Bekenntnis zu Gott und Bitte um Sündenvergebung in der Anrufung des
Herrn Jesus möglich, so bildete das entscheidende Kriterium der
Zugehörigkeit zur Gemeinde Gottes nun eben dieses „Anrufen
des Herrennamens", sodass sich z. B. die Damaszener Christen
selbst als die bezeichneten, „die den Namen des Herrn anrufen"
(Apg 9). Unter dieser gemeinsamen Klammer spielten bisherige
Grenzziehungen, Unterschiede und Hierarchien keine Rolle mehr,
weder die zwischen Juden und Samaritanern, noch zwischen Juden
und Heiden, noch zwischen Männern und Frauen; deshalb wurden
selbst Eunuchen nicht ausgegrenzt. Die Philippustaufe zeichnete
sich damit durch eine egalitäre Tendenz aus, die in einer gewissen
Nähe zu der in Gal 3,28/1Kor 12,13 vorgetragenen paulinischen
Taufkonzeption steht. Die in der Taufe verbürgte Egalität ist für
Philippus aber im Unterschied zu Paulus nicht mystisch-sakramen-
tal („Anziehen des Christus", Gal 3) bzw. pneumatologisch („mit
einem Geist getränkt", 1Kor 12) begründet, sondern durch das Anrufen des Namens des Herrn Jesus, das unterschiedslos allen den
Zugang zur Gemeinde Gottes ermöglicht. Zwar ist auch bei Philippus wie bei Paulus der Wegfall aller Ausgrenzungen und Unterschiede nur von Jesus Christus her zu denken, aber eben nicht
unter dem Aspekt einer Eingliederung in den mystischen Leib
Christi oder eines Durchdrungenseins durch den Geist, sondern
unter dem Aspekt der besonderen Stellung Christi, die man als
„doppelte Anwaltschaft" beschreiben könnte: Durch sein Wirken
ist Jesus der Anwalt der Königsherrschaft Gottes, durch seine Stellung zur Rechten des Thrones Gottes der Anwalt derer, die der
Sündenvergebung bedürfen. Deswegen verbinden sich in der Anrufung seines Namens das Bekenntnis zu dem einen Gott und das
Bekenntnis der eigenen Sünden bzw. die Bitte um Sündenvergebung, und zwar in einer Weise, die Rettung und Heil verbürgt. Weil
das Entscheidende durch das Anrufen des Namens Jesu geschieht,
werden darunter alle bisherigen Ausgrenzungen, Unterschiede und
Hierarchien, seien sie religiöser, kultureller oder geschlechtlicher
Natur, bedeutungslos.

Cäsarea

Sein missionarisches Wirken hat Philippus durch den gesamten heidnischen Küstenstreifen bis hinauf nach Cäsarea geführt, wo er sich dann niedergelassen hat. Aus einer kurzen Notiz in Apg 21,8–9 wissen wir, dass er hier ein „Haus" hatte; dass es sich dabei um mehr als um eine reine Wohnstätte handelte und dass die hier ebenso erwähnten vier prophetisch begabten, jungfräulichen „Töchter" des Philippus nicht nur seinen Familienstand beschreiben sollten, lässt sich mit Fug und Recht vermuten. Allem Anschein nach war Philippus in Cäsarea das spirituelle Haupt eines charismatisch-pneumatischen Zentrums, vielleicht eines Lehrhauses, das von frühchristlichen Propheten wie dem Jerusalemer Agabus, aber eben auch von Paulus aufgesucht wurde. Darauf weist auch der ihm hier beigelegte Titel „Evangelist", der keineswegs dem Differenzierungsbedürfnis der nachapostolischen Zeit entsprang, also nicht – wie Euseb es dann im 4. Jh. gedeutet hat – die Nachfolger der Apostel bezeichnete, sondern aller Wahrscheinlichkeit nach aus dem Bereich eines durchweg prophetisch-charismatisch bestimmten Christentums – vielleicht sogar aus den Kreisen der Hellenisten selbst – stammte und dort nahezu dieselben Funktionen umschrieb, die sonst den Aposteln zukamen (Verkündigung, Mission, Erstbekehrung). Ihre Besonderheit hat die Bezeichnung „Evangelist" mithin in eben jener prophetisch-charismatischen Qualität des missionarischen Wirkens, die wir von Philippus kennen und die recht gut in das Milieu von Prophetinnen und Propheten passt. Darüber hinaus zeigt die Verwendung des Titels in 2Tim 4,5, dass auch die Elemente der Lehre und der Paradosis (Weitergabe) von Überlieferungsgut den „Evangelisten" mit ausmachen.

Dass es sich bei den „Töchtern" um Schülerinnen und nicht um leibliche Kinder handelte, ist vor dem Hintergrund dieser Annahme, dass es sich beim „Haus" des Philippus in Cäsarea um ein geistliches Zentrum handelte, nicht unwahrscheinlich. Jedenfalls werfen diese Prophetinnen, die in der Wirkungsgeschichte ihren „Vater" bald an Bedeutung überflügelten, ein Licht auf die offenbar bedeutende Rolle, die Frauen in dieser „philippischen" Variante des frühen Christentums spielten; dass sich die Montanisten in der Mitte des 2. Jh. gerade auch auf die Töchter des Philippus beriefen, ist daher kein Wunder.

Hierapolis

Augenscheinlich sah sich Philippus in der angespannten Situation der letzten Jahre vor Ausbruch des Jüdischen Krieges zur Auswanderung nach Hierapolis in Kleinasien gezwungen. Antijüdische Pogrome in Cäsarea mögen der konkrete Anlass zur Flucht gewesen sein. Das würde bedeuten, dass Philippus und seine „Töchter" ungefähr ab Mitte der 60er Jahre in Hierapolis weilten, wo sie nach der kleinasiatischen Tradition auch gestorben sind. Die Philippustöchter treten hier vor allem als Tradentinnen von Wunderüberlieferung in den Vordergrund. Ihr „Vater" wird zu einer für die Ostkirche zentralen Autorität, die der Ehrenstellung eines Petrus oder eines Paulus in Rom durchaus zu vergleichen ist.

Literatur: A. von Dobbeler, Der Evangelist Philippus in der Geschichte des Urchristentums. Eine prosopographische Skizze, Tübingen 2000.

Jakobus, der Herrenbruder

Jakobus wurde als der Älteste der vier jüngeren Brüder (Mk 6,3) Jesu in Nazareth geboren. (Zur Diskussion darüber, ob Jakobus tatsächlich ein leiblicher Bruder Jesu gewesen ist, siehe S. 83 ff.) Paulus bezeichnet ihn in einer glaubwürdigen Notiz als „Bruder des Herrn" (Gal 1,19). Über seine Kindheit und Jugend wissen wir nichts. Wir haben darüber keine Informationen und auch spätere Überlieferungen schweigen sich hierüber aus. Wahrscheinlich erlernte er den Beruf seines Vaters und arbeitete mit ihm und seinen Brüdern als Bauhandwerker. Jakobus scheint dem Wirken seines Bruders Jesus als Wandercharismatiker in Galiläa zunächst einige Zeit kritisch-distanziert gegenübergestanden zu haben. Zumindest erwecken mehrere Notizen aus unterschiedlichen Traditionen den Eindruck, dass die Brüder Jesu nicht an dessen Sendung glaubten (Joh 7,1–10). Am schärfsten äußert sich Markus, der davon spricht, dass die Angehörigen Jesu diesen für verrückt hielten (Mk 3,21). Wann Jakobus seine Haltung zu Jesus und seiner Botschaft grundlegend änderte, liegt im Dunkeln der Geschichte. Paulus berichtet in 1Kor 15,7 über eine Christusvision, die Jakobus nach dem Tod Jesu empfing. Jakobus tritt damit in die Reihe der Osterzeugen; darüber, ob er sich bereits vor diesem Ereignis der Jesusbewegung angeschlossen hatte, schweigt sich Paulus wie das gesamte Neue Testament aus.

In judenchristlichen Traditionen wird die herausragende Stellung des Jakobus in der frühchristlichen Zeit dadurch stärker betont, dass er bereits zu Lebzeiten Jesu in seinem Jüngerkreis eine solche Position innegehabt habe. So war Jakobus nach dem Hebräerevangelium nicht nur in hervorgehobener Stellung beim letzten Mahl zugegen, sondern er war auch derjenige, dem der Herr zuerst erschien:

„Als aber der Herr das Leintuch dem Knecht des Priesters gegeben hatte, ging er zu Jakobus und erschien ihm. Jakobus hatte nämlich geschworen, er werde kein Brot mehr essen von jener Stunde an, in der er den Kelch des Herrn getrunken hatte, bis er ihn von den Entschlafenen auferstanden sähe ..." (Hieronymus, De viris illustribus 2).

Teile der altkirchlichen Tradition gehen ebenfalls von einer frühen institutionellen Dominanz des Jakobus in der Urgemeinde aus. Hegesipp beispielsweise meint, dass Jakobus als erster Bischof Jerusalems Petrus vorgeordnet war (Eus.h.e. II,23,4), und Clemens von Alexandrien weiß zu berichten, dass Petrus und die beiden Zebedaiden ohne Streit Jakobus zum ersten Bischof wählten (Eus.h.e. II,1,3).

Das Wenige, was wir über Jakobus aus dem Neuen Testament wissen (1Kor 15,7; Apg 1,14; 12,17; 15,13–21; 21,17; Gal 1,19, 2,2–10), stützt die späteren judenchristlichen Nachrichten in dem Sinne, dass Jakobus offensichtlich als ortsfester Gemeindeleiter in Jerusalem wirkte und sich dadurch charakteristisch von den charismatischen Wandermissionaren aus dem ursprünglichen Jüngerkreis, zu denen auch Petrus gehörte, unterschied: So hat er offensichtlich nie mit missionarischem Ziel Jerusalem verlassen. Von ihm werden keine Wundertaten überliefert, auch gehörte er zu keiner Zeit dem Zwölferkreis an. Jakobus – legitimiert durch seine Blutsverwandtschaft mit Jesus und durch seine Christusvision – war offenbar der herausragende Vertreter einer ortsfesten Jerusalemer Gemeindeleitung. Eine auf Hegesipp zurückgehende Personallegende beschreibt – in ihrem Kern sicher historisch zutreffend – einen weiteren Aspekt, der die Bedeutung des Apostels für die Jerusalemer Gemeinde zu erklären vermag:

„Schon von Mutterleib an war er heilig. Wein und geistige Getränke nahm er nicht zu sich, auch aß er kein Fleisch. Eine Schere berührte nie sein Haupt, noch salbte er sich mit Öl oder nahm ein Bad. Jakobus allein war es gestattet, das Heiligtum zu betreten, denn er trug kein wollenes, sondern ein leinenes Gewand. Allein pflegte er in den Tempel zu gehen, und man fand ihn auf den Knien liegend und für das Volk um Verzeihung flehend. Seine Knie wurden hart wie die eines Kamels, da er ständig auf den Knien lag, um zu Gott zu beten und ihn um Verzeihung für sein Volk zu bitten. Wegen seiner hervorragenden Gerechtigkeit wurde er der Gerechte genannt; er war ein Oblias, was im Griechischen 'Stütze und Halt des Volkes' heißt, und war die Gerechtigkeit, von welcher die Propheten sprechen" (Eus.h.e. II,23,5–7).

Jakobus genoss in den religiösen Kreisen des Jerusalemer Judentums hohes Ansehen, das ihn für eine vermittelnde Rolle zwischen den sich langsam auch dem Heidentum öffnenden jüdischen Christusbekennern und gesetzesstrengen jüdischen Kreisen in Jerusalem geradezu prädestinierte.

Sein innergemeindliches Ansehen beruhte nicht auf dem gemeinsamen Wirken mit Jesus als charismatischem Wandermissionar, sondern auf einer Vision des Auferstandenen (1Kor 15,7)[31], seiner Stellung als des ältesten Herrenbruders (Gal 1,19; Jos.ant. XX,200) sowie der Anerkennung, die er offensichtlich unter den gesetzestreuen und frommen Kreisen der Jerusalemer Juden genoss. Er erwies sich damit als idealer Vermittler zwischen den jüdischen Messiasbekennern und ihrer jüdischen Umwelt in Jerusalem. Jakobus befand sich wahrscheinlich schon sehr früh nach Jesu Hinrichtung im inneren Kreis der Christusgläubigen (Apg 1,14). In Gal 1,19 wird erwähnt, dass Paulus anlässlich seines ersten Jerusalembesuchs nach seiner Christuserscheinung neben Petrus, bei dem er wohnte, nur noch Jakobus traf (ca. 38 n.Chr.). Als Petrus wegen der Verfolgung unter Agrippa I. 44 n.Chr. aus Jerusalem fliehen musste, bittet er die im Haus der Maria anwesenden Christen, seine Flucht dem Jakobus mitzuteilen (Apg 12,1–17). Zur Zeit des sog. Apostelkonzils (ca. 48 n.Chr.) gehört Jakobus zu den „Angesehenen". Von der als „drei Säulen" bezeichneten Dreiergruppe wird er vor Johannes und Petrus an erster Stelle genannt (Apg 15,1–29). Als dann schließlich Paulus um 58 n.Chr. nach Jerusalem kam, um eine Kollekte zu überbringen, traf er auf Jakobus, der offensichtlich einem Kreis von Ältesten gemeindeleitend vorstand (Apg 21,18).

Jakobus nahm eine Rolle ein, die diejenige des Petrus als charismatischer Wandermissionar ideal ergänzte. Dass beide unter die „Säulen" innerhalb der Jerusalemer Gemeinde gerechnet wurden, zeigt diese Nähe bei unterschiedlichen Aufgaben. Beide standen daneben durch ihre *praxis judaica* (vgl. für Petrus Apg 3,1; 11,8), durch ihre Christusvision, ihre palästinische Herkunft und ihre Verbundenheit mit Jerusalem auf einem gemeinsamen tragenden Grund. So kann es nicht verwundern, dass auch die anfängliche petrinische Missionspraxis stark mit der Jerusalemer Ortsgemeinde verknüpft war; Petrus blieb auch als Missionar ein Vertreter der Jerusalemer Tradition. Entscheidend für die Entwicklung des frühen Christentums ist aber nun, dass sowohl Petrus als auch Jakobus sich schon bald einem sehr viel stärker integrativen Modell öffneten, das im Zurücktreten des „Zwölferkreises" und in den Vereinbarungen des Apostelkonzils seinen Niederschlag fand. Man kann auch sagen, dass Petrus und Jakobus zu Vermittlern zwischen Heiden- und Judenchristentum wurden. Dieses Bild von Jakobus widerspricht der häufig geäußerten Annahme, Jakobus sei der Vertreter eines engen gesetzesstrengen Judenchristentums gewesen, der dem „liberaleren" Petrus langsam oder putschartig in Jerusalem die Macht aus den Händen schlug und ihn aus seiner leitenden Position in der Urgemeinde verdrängte.

Sowohl Petrus als auch Jakobus nahmen in der Jerusalemer Urgemeinde eine Sonderstellung ein. Die Autorität beider wurde offensichtlich anerkannt, doch beruhte sie nicht nur auf Gemeinsamkeiten (s. o.), sondern auch auf typischen Unterschieden. Gemeinsam war beiden die Erfahrung einer Christusoffenbarung, die als Legitimationsgrundlage breite Anerkennung gefunden hat. Paulus hätte sonst hierüber nicht als ihm vorgegebene Überlieferung berichten können (1Kor 15,5–7). Doch wird in der Forschung heftig diskutiert, ob sich im Bericht des Paulus über die Erscheinungen nicht verdeckt qualitative Unterschiede, ja ein Konkurrenzverhältnis zwischen Jakobus und Petrus widerspiegeln. Beide werden hier als Einzige namentlich genannt und dadurch besonders hervorgehoben. Die Reihenfolge der Erscheinungen ist im vorliegenden Text chronologisch angeordnet; Petrus und Jakobus sind jeweils einer Gruppe zugeordnet. Adolf v. Harnack (1922, 62–80; bes. 66 ff.) sah in diesen beiden parallel konstruierten Notizen Rivalitätsformeln, die auf einen Streit um die Ersterscheinung zwischen den Anhängern des Petrus und dem Kreis um Jakobus schließen ließen. Auch Wilhelm Pratscher, der die Entstehung der Formel in 1Kor 15,7 in die Mitte der 30er Jahre n. Chr. datiert, schließt sich im Kern dieser These an, indem er behauptet, „dass die Person des Jakobus auf Kosten des Petrus in den Vordergrund gerückt wurde" (1987, 45 f.). Diese These erscheint mir eher durch eine grundsätzliche Sicht des frühen Christentums als einer Konfliktgeschichte evoziert als durch den Textbefund. Denn der Text hat in seiner Aussageabsicht keinerlei polemischen, sondern legitimatorischen Charakter. Sowohl Petrus als auch Jakobus als dann schließlich auch Paulus sollen für ihre jeweilige Funktion durch eine Christusvision legitimiert werden. Die zeitliche Rangfolge, die Petrus die Protovision zugesteht, beruht höchstwahrscheinlich auf historischen Tatsachen. Doch sogar Ulrich Wilckens, der zu Recht in 1 Kor 15,5–7 Legitimationsformeln sieht und den Text als Beleg für eine durchaus harmonisch sich vollziehende Einflussverschiebung von Petrus zu Jakobus interpretiert (1963, 56–95), fragt nicht nach der funktionellen Ausrichtung der Legitimation oder anders formuliert: Er fragt nicht danach, für welche Aufgabe Jakobus und Petrus legitimiert wurden (s. u.). Die Notiz in Gal 1,19 sagt weder etwas über eine Konkurrenz zwischen Petrus und Jakobus noch etwas über eine Rangfolge aus. Aus der kurzen paulinischen Notiz kann man schließen, dass Paulus ein primäres Interesse daran hatte, Petrus zu treffen und dass Jakobus zu einer relativ frühen Zeit eine so wichtige Rolle in Jerusalem spielte, dass auch er mit Paulus zusammentraf. Mehr gibt der Text nicht her. Auf dem sog. Apostelkonzil läuft die Konfliktlinie ebenfalls nicht zwischen Petrus und Jakobus, sondern zwischen den beiden Säulenaposteln und gläubig gewordenen Pharisäern, die an der Beschneidung festhalten wollen (Apg 15,5).[32] Bemerkenswert ist hier, dass sowohl Petrus als auch Jakobus die beschneidungsfreie Heidenmission befürworteten. Ob Jakobus anlässlich des Apostelkonzils bereits die sog. Jakobusklauseln als einen Minimalkonsens für das Zusammenleben von Heiden- und Judenchristen ins Gespräch brachte, wie es die Apg darstellt (Apg 15,20), führt uns direkt zu der Frage, ob der in Gal 2,11–14 erwähnte „antiochenische Konflikt" ein Hinweis auf eine Führungsstellung des Jakobus ist, der sich auch Petrus und Barnabas nicht entziehen konnten. Die Beurteilung des antiochenischen Zwischenfalls wird durch die umstrittene Datierung des Ereignisses und durch seine subjektive und hoch emotionale Darstellung durch Paulus erschwert. Wenn man Paulus nicht eine bewusst falsche Darstellung der Ergebnisse des Apostelkonzils unterstellen will, sollte man davon ausgehen, dass die im sog. „Aposteldekret" (Apg 15,22–29) festgeschriebenen Jakobusklauseln eine Reaktion auf den antiochenischen Konflikt gewesen sind. Dies schließt allerdings nicht aus, dass bereits vorher diese Form eines Zusammenlebens von Jakobus intendiert gewesen war. Paulus unterstellt Petrus, er sei nicht aus Einsicht, sondern „aus Furcht" (Gal 2,12) auf die Forderungen der Leute aus dem Jakobuskreis eingegangen, doch scheint diese Unterstellung den Kern nicht zu treffen und ist eher auf die Erregung des Paulus zu verrechnen. Schon der Umstand, dass nicht nur Petrus, sondern auch die anderen Judenchristen sich der Meinung der Jakobus nahe stehenden Jerusalemer anschlossen, lässt darauf schließen, dass mehr als „Druck" ihr Verhalten motivierte. Auch ist schwer vorstellbar, welche furchterzeugenden Druckmittel Jakobus zur Hand gehabt haben soll. Offensichtlich lag den antiochenischen Judenchristen viel daran, ein Einvernehmen mit Jakobus, der sich – wie auf dem Apostelkonzil geschehen – seinerseits kompromissbereit gezeigt hatte, aufrechtzuerhalten. Ein Konkurrenzverhältnis zwischen Petrus und Jakobus lässt sich auch aus dem „antiochenischen Konflikt" nicht herleiten. Er ist eher ein Hinweis auf die unterschiedlichen, funktional bedingten Erfahrungshorizonte, die Petrus und Jakobus immer stärker prägten. Die große kirchengeschichtliche Leistung des Jakobus bestand darin, dass er die Öffnung des frühen Christentums auch für Heiden den nach der Tora lebenden Judenchristen zu vermitteln vermochte. Die Anerkennung der beschneidungsfreien Heidenmission und die im „Aposteldekret" festgelegten Regeln für ein Zusammenleben von Juden- und Heidenchristen belegen, dass er zusammen mit Petrus einen konsensfähigen Kompromiss gefunden hat.

Petrus und Jakobus unterscheiden sich nicht dadurch, dass Petrus ein „laxeres" Verständnis des Gesetzes hatte, sondern darin, dass Petrus die charismatisch-pneumatologische Seite des frühen Christentums im Kreis der Jerusalemer Christen mit Autorität vertrat. Auch die Konflikte, die Petrus in Jerusalem bis hin zu seiner Verhaftung durchzustehen hatte, waren eher durch sein Auftreten als charismatischer Wundertäter und Prediger „im Namen Jesu Christi" evoziert als durch eine Auseinandersetzung um das Gesetz zwischen Judenchristen und Juden bzw. innerhalb des Jerusalemer Judenchristentums. Die These einer Einflussverlagerung von Petrus hin zu Jakobus lässt sich aus meiner Sicht nicht aufrechterhalten. Einfluss verloren hatte ein exklusives Heilsverständnis, wie es sich in der ursprünglichen Konzeption des Zwölferkreises äußerte. Es ist das Verdienst des Petrus, dass er die Jerusalemer Judenchristen überzeugen konnte, dass die beschneidungsfreie Heidenmission Gottes Willen entspricht. Es ist das Verdienst des Jakobus, dass er neben anderen die Folgen dieses „neuen Denkens" für die Jerusalemer Gemeinde in einem vermittelnden Sinne so bewältigte, dass es zu keinem Bruch in dieser frühen Zeit gekommen ist.

Als um das Jahr 57 n.Chr. Paulus nach Jerusalem kommt, um die von ihm gesammelte Kollekte zu überbringen, muss Jakobus gewusst haben, wie bedroht das Leben des Apostels war. Sein Auftreten erregte offensichtlich eine starke religiöse Empörung unter der jüdischen Bevölkerung. Man warf Paulus vor, gegen das Gesetz zu lehren und den Tempel verunreinigt zu haben (Apg 21,37 ff.). Nach der Darstellung des Lukas entging er zweimal nur durch römische Hilfe Mordanschlägen fanatisierter Juden. Einige Forscher werfen nun Jakobus vor, er habe Paulus in dieser lebensbedrohenden Situation im Stich gelassen. Man ging so weit, zu behaupten, Jakobus habe mit diplomatischem Geschick Paulus in Jerusalem geradezu ans Messer geliefert bzw. er habe ihn durch absichtliches Schweigen seinem Schicksal überlassen. Doch müssen wir festhalten, dass die Apostelgeschichte als einzige Quelle, die über jene Vorgänge, die zur römischen Schutzhaft des Paulus in Cäsarea führten, das Verhalten des Jakobus anders darstellt. Zusammen mit den anderen Ältesten warnt Jakobus Paulus und unterrichtet ihn von der Stimmung in der Stadt und den Vorwürfen, die gegen ihn erhoben werden (Apg 21,21). Und Jakobus eröffnet ihm einen Weg, wie er seine Achtung gegenüber dem Tempelkult öffentlich machen könne: Paulus solle durch seine aktive Teilnahme an einem kultischen Akt im Tempel seine Treue zum Gesetz in aller Öffentlichkeit unter Beweis stellen (Apg 21,23f.26). Paulus nahm den Rat des Jakobus an; dass er damit die gegen ihn aufgeheizte Stimmung nicht beruhigen konnte, kann man Jakobus nicht zum Vorwurf machen. Auf den weiteren Verlauf der Geschehnisse hatte Jakobus keinen Einfluss. Mangels offizieller Funktionen innerhalb der jüdischen Selbstverwaltung konnte er vor den römischen Statthaltern, die das Verfahren gegen Paulus in die Hand genommen hatten, nicht als Prozesspartei auftreten.

Über das Martyrium des Jakobus (61/62 n. Chr.) haben wir einen historisch unverdächtigen Bericht des Flavius Josephus. Es fällt in die Zeit eines Machtvakuums zwischen dem Tod des römischen Statthalters Festus und der Ankunft seines Nachfolgers Albinus in Juda:

„Der jüngere Ananos jedoch, dessen Ernennung zum Hohepriester ich soeben erwähnt habe, ... gehörte zur Sekte der Sadducäer, die, wie schon früher bemerkt, im Gerichte härter und liebloser sind als alle anderen Juden. Zur Befriedigung dieser seiner Hartherzigkeit glaubte Ananus auch jetzt, da Festus gestorben, Albinus aber noch nicht angekommen war, eine günstige Gelegenheit gefunden zu haben. Er versammelte daher den Hohen Rat zum Gericht und stellte vor dasselbe den Bruder des Jesus, der Christus genannt wird, mit Namen Jakobus, sowie noch einige andere, die er der Gesetzesübertretung anklagte und zur Steinigung führen ließ. Das aber erbitterte auch die eifrigsten Beobachter des Gesetzes, und sie schickten deshalb insgeheim Abgeordnete an den König [gemeint ist: der jüdische König Agrippa II.] mit der Bitte, den Ananus schriftlich aufzufordern, dass er für die Folge sich ein ähnliches Verhalten nicht mehr beifallen lasse, wie er auch jetzt durchaus im Unrecht gewesen sei. Einige von ihnen gingen sogar dem Albinus ... entgegen und stellten ihm vor, dass Ananus ohne seine Genehmigung den Hohen Rat gar nicht zum Gericht habe berufen dürfen. ... Agrippa aber entsetzte ihn infolge dieses Vorfalls schon nach dreimonatiger Amtsführung seiner Würde ..." (Jos.ant. XX,199–203).

Über die Motive des Ananos II. können wir nur spekulieren. Hintergrund seines Handelns dürfte sein, dass seine Einsetzung zum Hohepriester in streng religiösen Kreisen umstritten war. Durch die Hinrichtung führender Judenchristen erhoffte er sich wohl eine Stärkung seines Ansehens in pharisäischen Kreisen. Allerdings macht der Bericht des Josephus deutlich, dass er die Situation in Jerusalem gründlich falsch einschätzte. Jakobus genoss bis zu seinem Tod gerade unter frommen Juden hohes Ansehen. Seine Hinrichtung erregte nicht nur wegen des offensichtlichen Rechtsbruchs, der ihr vorausging, große Empörung und führte zur baldigen Absetzung des Hohepriesters. Schließen möchten wir mit dem auf Hegesipp zurückgehenden zweiten Bericht über das Martyrium des Jakobus, der deutliche Spuren legendarischer Ausschmückung zeigt, aber vielleicht gerade deshalb die Persönlichkeit des Herrenbruders, den man schon bald „den Gerechten" nannte, würdigen kann:

„Bevor Albinus die Provinz erreichte, zog der Hohepriester Ananos einen Vorteil aus dem herrschaftslosen Zustand. Er berief eine Versammlung ein und wollte Jakobus dazu zwingen, öffentlich zu leugnen, dass Christus der Sohn Gottes ist. Als er sich weigerte, befahl Ananos, ihn steinigen zu lassen. Nachdem man ihn von einem Turm des Tempels geworfen hatte, hob er noch halb lebend seine Hände gegen den Himmel und sagte: Herr vergib ihnen, denn sie wissen nicht, was sie tun....".

Literatur: W. Pratscher, Der Herrenbruder Jakobus und die Jakobustradition, Göttingen 1987.

Die Ausbreitung des Christentums in die römisch-hellenistische Welt

Die Jesusbewegung war ein rein innerjüdisches Phänomen. Und auch die ersten Gemeinden von Jesus-Anhängern waren ihrem Selbstverständnis nach *jüdische* Gruppen, die ihre Identität nicht in Abgrenzung zum Judentum fanden, sondern sich als Juden in der Kontinuität der Geschichte Israels sahen. Das Bekenntnis zu dem Messias Jesus bedeutete keineswegs einen Bruch mit der eigenen jüdischen Tradition, sondern setzte sie geradezu voraus. Die Hoffnungen, die sich mit diesem Bekenntnis verbanden, artikulierten sich als Hoffnungen von Juden auf dem Hintergrund jüdischer Identität und Geschichte. Und auch die ersten Deutungen des gewaltsamen Geschicks Jesu bedienten sich ganz selbstverständlich aus dem Repertoire der Vorstellungs- und Gedankenwelt, die die jüdisch-alttestamentliche Tradition bereithielt. Die Bezeichnung „Judenchristen", die sich in der Forschung eingebürgert hat, ist daher durchaus problematisch, suggeriert sie doch, die ersten Jesus-Anhänger hätten sich als *Christen* (jüdischer Herkunft) verstanden und ihre Identität als Gruppe von einem – so noch gar nicht existierenden – *Christentum* her definiert.

Nach dem Zeugnis der Apostelgeschichte wurden Jesus-Anhänger zuerst im syrischen Antiochia „Christen" genannt (11,26); hierbei handelte es sich freilich um eine Fremdbezeichnung, die daher wenig Aufschluss über das Selbstverständnis dieser Gruppe gibt. Die frühen Selbstbezeichnungen wie „Jünger", „Heilige", „Anhänger des neuen Wegs" oder „die den Namen des Herrn anrufen" deuten jedenfalls noch keineswegs auf eine Selbstdefinition außerhalb des Judentums. Interessant ist freilich der Zusammenhang, in dem die kurze Notiz über das erste Aufkommen des Christennamens begegnet: In Apg 11,20 heißt es nämlich, dass einige der nach dem Stephanusmartyrium aus Jerusalem vertriebenen Jesus-Anhänger, die es nach Antiochia verschlagen hatte, „auch zu den Griechen" redeten und auch ihnen „das Evangelium predigten". Offenbar ist es also in Antiochia zu den ersten (planmäßigen?) Versuchen einer Missionierung von Nicht-Juden gekommen, und es ist historisch durchaus wahrscheinlich, dass dieser Schritt über die Grenzen Israels hinaus aufs Engste mit der Herausbildung einer eigenen christlichen Identität zusammenhängt. Dort, wo die Grenze zwischen Juden und Nicht-Juden durch die Einbeziehung von Heiden aufgeweicht wurde, war ein für das Judentum identitätsstiftendes implizites Axiom (vgl. Ritschl, 1986, 147–166), nämlich die besondere Stellung Israels im Gegenüber zur Völkerwelt, aufgegeben, und es ergab sich die Notwendigkeit einer Neudefinition der eigenen Identität, die nun nicht mehr in bruchloser Kontinuität zur jüdischen Tradition gesucht werden konnte.

Es kann daher nicht verwundern, dass die Frage der Heidenmission unter den Jesus-Anhängern im ersten Jahrhundert zu den umstrittensten Fragen überhaupt gehörte. Davon, welches Konfliktpotenzial sich damit verband, zeugt u.a. das so genannte „Apostelkonzil" (48 n.Chr.) in Jerusalem (Apg 15). Die hier verabschiedete Kompromissformel, welche die christusgläubigen Heiden zwar von der Beschneidungsverpflichtung entband, ihnen aber mit den „Jakobusklauseln" (Apg 15,20.29) Mindestanforderungen auferlegte, war der Versuch, für das Hinzukommen von Heiden einen Weg zu finden, der sich auch innerjüdisch noch rechtfertigen ließ. Denn die für die christusgläubigen Heiden im so genannten „Aposteldekret" verabschiedete Verpflichtung, sich vom Götzenopfer, von Blut, Ersticktem und Unzucht fern zu halten, knüpfte an die Bestimmungen an, die schon nach Lev 17+18 für „Fremdlinge in Israel" galten. Es ist historisch durchaus wahrscheinlich, dass sich die Bestimmungen des Aposteldekrets in weiten Teilen der Jesus-Anhängerschaft zunächst als eine tragfähige Grundlage für die Einbeziehung von Heiden erwiesen.

Einen anderen Versuch, jüdische Identität und Heidenmission in Einklang zu bringen, stellt das Matthäusevangelium dar. Nach Mt 28 werden die Jünger durch den Auferstandenen ausdrücklich zu allen Heidenvölkern gesandt; nach Mt 10,5b.6 ist ihnen dies jedoch ebenso ausdrücklich untersagt: „Nicht auf eine Straße der Heiden und nicht in eine Stadt der Samaritaner geht, sondern geht vielmehr zu den verlorenen Schafen des Hauses Israel." Die scheinbare Widersprüchlichkeit der beiden Aufträge ist in der Forschung stets als ein Symptom dafür gewertet worden, dass die matthäische Gemeinde durch die Öffnung gegenüber der Heidenwelt bereits auf dem Weg war, ihren Standort *extra muros* des Judentums zu suchen, christliche Identität sich mithin hier bereits im Gegenüber zum Judentum artikulierte. Es spricht aber einiges dafür, dass die beiden Sendungslogien aus der Sicht des ersten Evangelisten einander nicht widersprechen, sondern nebeneinander Geltung besitzen und als komplementäre Wirkungen des Messias Jesus zu betrachten sind (vgl. von Dobbeler, 2000, 18–44). Da die beiden Sendungsaufträge nicht nur unterschiedliche Zielgruppen haben (Israel/Völker), sondern auch unterschiedliche Ziele verfolgen und entsprechend unterschiedliche Aufträge beinhalten, ist es irreführend, sie unter dem Stichwort Mission zusammenzufassen; vielmehr geht es im Blick auf Israel um die *Restitution* des am Boden liegenden Volkes, das aufgerichtet und so für die Herrschaft seines Gottes bereitet werden soll. Bei den Heiden geht es dagegen darum, sie allererst unter die Herrschaft des einen Gottes zu bringen, und das bedeutet: sie von den toten Götzen zu dem lebendigen Gott zu *bekehren*, wie dies in der prophetischen Vision von der Wallfahrt der Völker zum Zion bereits alttestamentlich vorabgebildet war. *Restitution Israels* und *Bekehrung der Heiden* sind demnach die komplementären Aspekte der *einen* messianischen Sendung, Mt 10 und Mt 28 mithin Aspekte einer Position, die die Gültigkeit des jüdischen impliziten Axioms der besonderen Stellung Israels in der Völkerwelt unberührt lässt.

Das Beispiel des Matthäusevangeliums zeigt, dass auch im letzten Drittel des ersten Jahrhunderts die Frage der Konsolidierung christlicher Identität in der Ambivalenz von Kontinuität und Diskontinuität zum Judentum noch offen und keineswegs bereits in Richtung einer Standortbestimmung *extra muros* des Judentums entschieden war.

Dass es relativ früh auch andere Positionen gab, belegt das Missionswerk des Paulus. Seine Position einer bedingungslosen Öffnung gegenüber den Heiden, die sich historisch letztlich durchgesetzt hat, wird in den Anfängen aber eher die eines Außenseiters gewesen sein. Davon zeugt nicht nur der so genannte „antiochenische Konflikt", von dem Paulus uns im Galaterbrief berichtet (Gal 2,11 ff.), sondern auch der Umstand, dass Barnabas, der anfängliche Förderer und Begleiter des Paulus, auf Grund seiner kompromisslosen Haltung schließlich mit ihm bricht (Apg 15,39).

Die Tatsache, dass die Apostelgeschichte in ihrem zweiten Teil Paulus zur zentralen Figur der christlichen Mission schlechthin stilisiert hat, darf uns nicht den Blick dafür verstellen, dass Paulus keineswegs der Einzige war, der die Christusbotschaft in die römisch-hellenistische Welt trug. Neben ihm sind außer dem bereits erwähnten Barnabas, der später als der Missionar seiner Heimatinsel Zypern verehrt wurde, noch der Alexandriner Apollos, der vor allem in Ephesus und Korinth missionarisch tätig war und vielleicht

mit Paulus in Konflikt geriet, und auch die Verfasser des Markus-
evangeliums und des lukanischen Doppelwerks zu nennen, deren
Schriften sich mit apologetisch-missionarischem Impetus an die
Heidenwelt richten.

Die Öffnung gegenüber Nicht-Juden und die Ausbreitung des
Christentums in die römisch-hellenistische Welt hatte aber nicht nur
zur Folge, dass sich in zunehmendem Maße christliche Identität aus
dem Judentum herausdifferenzierte und schließlich gegen Israel zu
artikulieren begann, sondern die Inkulturation des durch und durch
jüdischen Jesus-Glaubens in die hellenistische Kultur führte auch zu
einer Transformation zentraler Inhalte. So hat sich z.B. die Bedeutung des schon früh auf Jesus übertragenen Titels „Kyrios", der in
der Septuaginta, der griechischen Übersetzung des Alten Testaments, für den Gottesnamen steht und unter den jüdischen Jesus-
Anhängern in Anlehnung an die Hekaloth-Mystik den Nazarener
als einen Repräsentanten Gottes kennzeichnen sollte (vgl. Berger,
1994, 61f.), durch den Kontakt mit dem hellenistischen Synkretismus und den hier gefeierten Kyrioskulten verändert: Der Kyrios
Jesus wurde nun zu einer präexistenten Gestalt, deren Inkarnation
kosmische Dimensionen hatte (vgl. Phil 2,6ff.) und dessen Anrufung
– in Analogie zu den hellenistischen Kyrioskulten – zum Zentrum
des christlichen Gottesdienstes wurde.

Auch im Blick auf die sakramentalen Feiern des Urchristentums
– Taufe und Abendmahl – lässt sich eine ähnliche Bedeutungsver-
schiebung feststellen: So kann man vermuten, dass die Interpretation der Taufe als ein „Mitsterben mit Christus" (Röm 6) deutlich
durch hellenistische Mysterienreligionen beeinflusst ist; die Taufe
erscheint hier als ein Mysteriengeschehen, das den Täufling in das
Geschick des Kultgottes Christus einbezog.

Auch das Abendmahl wurde als sakramentale Mahlzeit durch hellenistische Ideen beeinflusst, als der Christusglaube sich mit spät-
antikem Geist verband. Zwei Traditionslinien aus der hellenistischen Mysterienfrömmigkeit haben hier ihre Spuren hinterlassen
(vgl. Berger/Colpe, 1987, 80f.): Zum einen Gastmähler, bei denen
der jeweilige Kultgott als Gastgeber und Tischherr galt, wie sie vor
allem von den ägyptischen Gottheiten Isis, Anubis und Serapis bekannt sind. Sie gehen auf die so genannten Omophagien, das Essen
von rohem Fleisch zerrissener Tiere, die mit der Gottheit identifiziert wurden, zurück. Zum anderen das symbolische Essen und Trin-
ken im Zusammenhang der Initiation zu Mysterienkulten, wie z.B.
den Eleusinischen Mysterien.

Der Schritt über die Grenzen Israels hinaus und die Ausbreitung des Christusglaubens in die römisch-hellenistische Welt hinein ist für die weitere Entwicklung des Christentums von schlechthin zentraler Bedeutung gewesen. Denn ohne diesen Schritt wäre der Christusglaube eine partikularistische Erscheinung am Rande des Römischen Reichs geblieben. Das Christentum, wie wir es kennen, verdankt sich der Öffnung gegenüber der hellenistischen Kultur. Der „Preis", der dafür zu zahlen war, war allerdings nicht gering: Das Christentum löste sich von seinen jüdischen Wurzeln, wandte sich in seinem Selbstverständnis gegen Israel und wurde durch die Aufnahme von Elementen der hellenistischen Mysterienfrömmigkeit, die sich schon auf Grund missionsstrategischer Überlegungen als notwendig erwies, zu einer synkretistischen Religion.

Apollos

Im Städtedreieck Alexandria, Ephesus, Korinth spielt die uns noch erkennbare Geschichte des urchristlichen Missionars Apollos. Sein Lebensweg verbindet die drei Kultur- und Wirtschaftsmetropolen des 1. nachchristlichen Jh. im östlichen Mittelmeerraum. Jede der drei Städte repräsentiert in eigener Weise die für die hellenistische Zeit typische Mischung unterschiedlicher religiös-kultureller Traditionen: Das von Alexander dem Großen (356–323 v. Chr.) gegründete oberägyptische Alexandria entwickelte sich unter der Herrschaft der Ptolemäer zu einem Zentrum der Wissenschaft, das seine Kraft aus einer Verbindung ägyptischer Weisheit, griechischer Philosophie und jüdischer Religiosität schöpfte; in Ephesus begegneten sich die Traditionen klassischer griechischer Architektur, Rhetorik und Götterverehrung, ekstatische Kulte aus dem Inneren Kleinasiens, wie der Kybele-Attis-Kult, und der strenge Monotheismus des Judentums; Korinth schließlich stand nach seiner Neugründung unter Caesar (100–44 v. Chr.) für die Verbindung des Hellenentums mit der römischen Kultur. Als Hafenstädte befanden sich die drei Zentren darüber hinaus in einem regen Austausch.

Apollos war einer jener christlichen Prediger der ersten Generation, die neben Paulus und unabhängig von ihm missionarisch tätig waren, auch wenn sich ihre Wege in Ephesus und Korinth wahrscheinlich gekreuzt haben. Obwohl er zu den führenden Gestalten der frühen Missionsgeschichte des Christentums gehört, sind nur sehr wenige Nachrichten über ihn erhalten. Im Neuen Testament begegnet uns Apollos nur in der Apostelgeschichte des Lukas, im 1. Korintherbrief und im Titusbrief.

Alexandria

Geboren und aufgewachsen ist Apollos in der jüdischen Gemeinde Alexandrias (Apg 18,24). Juden genossen seit der Gründung der Stadt hier Bürgerrecht; Alexander der Große hatte ihnen als Gegenleistung für die Unterstützung, die sie ihm im Kampf gegen die Ägypter gewährt hatten, in einem besonderen Bezirk der Stadt zu wohnen erlaubt und sie bürgerrechtlich den Griechen gleichgestellt, ein Privileg, das auch unter den Diadochen und den Römern fortbestand. Reichtum und Kultur, Wohlstand und Wissenschaft prägten gleichermaßen das Bild Alexandrias. Leinewebereien, Betriebe der Papyrusherstellung, der Export ägyptischen Getreides sowie vor allem der Transithandel hatten die Stadt zu einer wirtschaftlich prosperierenden Metropole gemacht, in der nach Angaben des griechischen Historikers Diodorus Siculus (17,52,6) im 1. Jh. v. Chr. über 300 000 Freie wohnten.

Seit dem Beginn der Ptolemäerherrschaft galt Alexandria zudem als Zentrum der Wissenschaft und Kunst. Die Bibliothek der Stadt umfasste zeitweise 900 000 Bände. Was Athen für die klassische griechische Antike war, das war Alexandria für die Zeit des Hellenismus: das geistig-kulturelle Zentrum des östlichen Mittelmeerraums.

In diesem Umfeld hatte auch die jüdische Gemeinde Alexandrias einen hohen Standard theologisch-philosophischer Gelehrsamkeit entwickelt und war dadurch zum geistigen Mittelpunkt des hellenistischen Judentums avanciert. Kennzeichnend für die weisheitlich geprägte Theologie des alexandrinischen Judentums war die Verzahnung von griechischer Philosophie und Bibelauslegung. Besonders für ihre apologetische Kompetenz und ihre exegetische Kunst waren die jüdischen Gelehrten Alexandrias berühmt. Es ist nicht verwunderlich, dass die Übersetzung des Alten Testaments ins Griechische (Septuaginta) gerade in Alexandria erarbeitet wurde.

In diesem geistigen Milieu ist Apollos aufgewachsen, und es ist durchaus möglich, dass er zu den Schülern Philos von Alexandrien (geb. 15/10 v. Chr.) gehörte, des Großmeisters jüdisch-alexandrinischer Bibelexegese, der ohne Abstriche als der berühmteste jüdische Sohn der Stadt bezeichnet werden kann. Auf eine Schülerschaft des Apollos deuten nicht nur Ähnlichkeiten in Sprache und Gedankenführung, sondern vor allem auch die für Philo wie Apollos kennzeichnende Symbiose von griechischer philosophisch-rhetorischer Bildung und exegetischer Kompetenz (vgl. Beatrice, 1995, 1236).

Die Apostelgeschichte beschreibt Apollos als einen Mann von großer „Beredsamkeit", der zugleich „gelehrt in der Schrift" war (18,24), und deutet damit die beiden wesentlichen Quellen seiner Bildung an: griechisches Denken und jüdische Bibelwissenschaft. Die Besonderheit dieses typisch alexandrinisch gebildeten Juden lag nun aber in einer spezifischen Profilierung seiner Gelehrsamkeit. Denn zum einen wird seine Beredsamkeit durch den Hinweis, er habe „brennend im Geist" zu reden vermocht, näher qualifiziert (Apg 18,25). Zum anderen gilt als besonderes Kennzeichen seiner Schriftgelehrsamkeit, dass er die Fähigkeit besaß, aus der Schrift zu erweisen, dass „Jesus der Christus" ist (18,28). Die Verbindung einer aus der griechischen Tradition schöpfenden philosophisch-rhetorischen Bildung mit einer charismatisch-pneumatischen Begabung einerseits sowie eine im christologischen Schriftbeweis mündende Kombination von traditionellem jüdischen Bibelstudium und exakter Kenntnis des „Weges Jesu" (18,25) andererseits gaben dieser Figur offenbar ihr ganz eigenes Gepräge.

Der wegen seiner Eloquenz in der Apostelgeschichte gepriesene Apollos war also kein Rhetor im klassischen Sinne, sosehr er die geschliffene Rede beherrscht haben wird; vielmehr hat er wohl vor allem durch sein *geisterfülltes* Reden beeindruckt, und das heißt nicht zuletzt auch durch die Geistesgabe der Zungenrede. Uns mag eine solche Verbindung von gelehrter Weisheitsrede und ekstatischer Glossolalie widersprüchlich vorkommen – vor dem Hintergrund der jüdisch-hellenistischen Theologie Alexandrias war sie das keinesfalls. Denn hier war es bereits zu einer weitgehenden Identifizierung von „Weisheit" und „Geist" gekommen; so heißt es z.B. in der nach allgemeiner Auffassung in Alexandria im 2. vorchristlichen Jh. entstandenen ›Weisheit Salomos‹:

„Nur mit Mühe enträtseln wir, was auf der Erde ist, und was wir (hier) in Händen (haben), finden wir nur unter Mühe. Wer sollte das, was im Himmel ist, aufspüren? Wer aber hat deinen (sc. Gottes) Plan erkannt außer dem, dem du Weisheit gegeben und deinen Heiligen Geist aus der Höhe geschickt hast?" (9,16f.).

Der wahre Philosoph ist demnach der mit dem Geist Gottes beschenkte Pneumatiker. Denn nur der Geist vermittelt Einblicke in die tiefen Geheimnisse der Welt. Als einen solchen Pneumatiker haben wir Apollos zu sehen. Seine Weisheit und seine Beredsamkeit waren in erster Linie Früchte des Geistes Gottes, der ihn beseelte, sosehr er auch aus den Traditionen klassischer griechischer Bildung schöpfte.

Wie seine Beredsamkeit verdankte sich auch seine exegetische Kompetenz einem doppelten Grund: Geschult in der jüdisch-alexandrinischen Schriftauslegung, von deren Qualität und Eigenart die Werke Philos Zeugnis geben, war Apollos doch erst durch seinen Geistbesitz in der Lage, „durch die Schrift zu erweisen, dass Jesus der Christus ist" (Apg 18,28). In dieser christologischen Zuspitzung lag ja das besondere Profil seiner Auslegung der alttestamentlichen Schriften, und dazu konnte er nur kraft des Heiligen Geistes vordringen. Zu Grunde liegt hier die Vorstellung, dass weder die Kenntnis des „Weges Jesu" noch das Studium der biblischen Schriften an sich schon dazu führen, in Jesus den Messias zu erkennen, dass vielmehr eine solche Erkenntnis nur der Heilige Geist vermitteln kann. Paulus, der diese Vorstellung offenbar teilte, fasst sie in dem Satz zusammen: „Niemand kann Jesus den Herrn nennen außer durch den Heiligen Geist" (1Kor 12,3). Diese pneumatische Erkenntnis des Herrseins Jesu wurde bei Apollos augenscheinlich zu einem die Schriftauslegung leitenden Prinzip oder besser: zum entscheidenden Schlüssel, der allein die Tiefendimensionen der Schrift und die Bedeutung Jesu erschließt. Man kann sich dieses Verfahren etwas schematisiert als ein hermeneutisches Dreieck vorstellen, das die Eckpunkte „Schrift", „Weg Jesu" und „geistgewirkte Erkenntnis des Herrseins Jesu" verbindet; ein wirkliches Verstehen der biblischen Überlieferung und des Lebens Jesu eröffnet demnach nur der Geist Gottes. Auch im Blick auf die Schriftgelehrsamkeit war Apollos also in erster Linie Pneumatiker.

Das scheint schlecht zu einem anderen Merkmal dieses Mannes zu passen, das die Apostelgeschichte als besonders bemerkenswert hervorhebt: Apollos habe, heißt es in Apg 18,25, „nur von der Taufe des Johannes gewusst". Damit ist wohl gemeint, er habe ein ähnliches Taufverständnis und eine ähnliche Taufpraxis gehabt wie Johannes der Täufer. Bei Johannes dem Täufer besiegelte die Taufe die im Sündenbekenntnis formulierte Reue und den Entschluss zur Umkehr zu Gott. Sie war ein Reinigungsakt, als Bußtaufe zur Abwaschung der Sünden vermochte sie vor dem Gericht Gottes zu retten. Zugleich begründete die Taufe zwischen Täufer und Täufling eine enge persönliche Bindung, die man am ehesten als Lehrer-Schüler-Verhältnis wird beschreiben können. In dieser Tauftradition stand offenbar auch Apollos. Das ist insofern verwunderlich, weil der große Geistträger Apollos mit einer Taufe getauft haben soll, die

als reine Wassertaufe vollzogen wurde – ohne dass den Täuflingen
dabei der Heilige Geist verliehen worden wäre. Schon für Lukas
war das offensichtlich nicht mehr vorstellbar, denn wenn er schreibt,
Apollos habe „nur" von der Johannestaufe gewusst, deutet er an,
dass diese aus seiner Sicht als „christliche" Taufe unzureichend ist.
Für Lukas gehört bereits die Verleihung des Geistes als konstituti-
ves Element zur christlichen Taufe hinzu. Für Apollos galt das so offenbar noch nicht. Für ihn stand wie bei Johannes dem Täufer im
Mittelpunkt der Taufe der Reinigungsakt und der Beginn einer Bindung zwischen Täufling und Täufer.
Das hat in der Forschung zu allerlei Spekulationen über Apollos
geführt. Weil man sich nicht vorstellen konnte, dass es frühe Chris-
ten gegeben haben könnte, die – obwohl selbst Geistträger – die
Taufe ohne Geistverleihung praktizierten und damit ganz auf der
Linie Johannes' des Täufers blieben, hat man in Apollos einen
„Noch-nicht-Christen" gesehen, hat ihn zum *jüdischen Missionar*
mit besonderer Beziehung zur Täuferbewegung gemacht oder zum
Juden mit Sympathie für das Christentum und genauer Kenntnis der
Worte und Taten Jesu, zu einem *Jünger Johannes' des Täufers*, der
entweder bei einem Aufenthalt in Palästina von Johannes selbst getauft und schon zu Lebzeiten Jesu dessen Anhänger wurde, dann
aber wegen Abwesenheit aus Palästina Pfingsten verpasste, oder
aber in Alexandria die Täufertheologie von einem dorthin gekommenen Schüler des Täufers kennen gelernt habe, zu einem „gewissermaßen" *jüdischen Jesusanhänger*, der aber noch nicht Christ war,
was auch immer das heißen mag, oder zum *Vertreter eines voröster-
lichen Christentums*, in dem anfangs noch die Johannestaufe gespendet wurde. Dass in der Angabe über die Kenntnis der „Taufe des Johannes" aber gerade das theologische Spezifikum des christlichen
Missionars aufleuchten könnte, also ein besonderes Taufverständnis,
das die Taufe analog der Johannestaufe als Bußtaufe verstand, die
eine besondere Bindung der Getauften an den Täufer implizierte, ist
selten erwogen worden (zuletzt sehr überzeugend von Thiessen,
1995, 43.60). Dabei kommt dies der historischen Wahrheit wohl am
ehesten nahe.

Palästina
Es ist zwar möglich, dass Apollos das Christentum in Alexandria
kennen lernte und im Zuge der ersten großen missionarischen Welle
außerhalb Palästinas zum Christen wurde.[33] Wahrscheinlicher ist
aber die Annahme, dass er in Palästina mit der Jesusbewegung in

Kontakt kam. Jedenfalls lassen es die Hinweise auf seine an Johannes anknüpfende Taufkonzeption und sein detailliertes Wissen über das Leben Jesu als durchaus denkbar erscheinen, dass Apollos in den späten 20er-Jahren des 1. Jh. n. Chr. – aus welchen Gründen auch immer – von Alexandria nach Palästina gekommen war und sich hier der Bußbewegung Johannes' des Täufers angeschlossen hatte, der ja auch Jesus zunächst angehörte. Die Betonung seiner akkuraten Kenntnis des „Weges Jesu" lässt ihn unter den ersten Anhängern des Nazareners vermuten. Dass Apollos auch in der Nachfolge Jesu seine tauftheologischen, auf Johannes zurückgehenden Prägungen durchhielt, ist keineswegs verwunderlich, da Jesus offensichtlich keine eigene Taufkonzeption entwickelt hat.

Apollos wäre dann ein Gefolgsmann der ersten Stunde gewesen, der wie Jesus aus der „Schule" Johannes' des Täufers kam, sich dann aber zu Jesus hielt, nachdem dieser sich von seinem Lehrer Johannes „emanzipiert" hatte. Man wird diesen „Schulwechsel" nicht als einen theologischen Bruch bewerten müssen, denn obwohl unterschiedlich in der Akzentsetzung, verband Jesus viel mit Johannes: Die endzeitliche Erwartung des nahen Gottesreichs, den damit einhergehenden Gerichtsgedanken sowie eine entsprechend rigoristische Ethik finden wir hier wie dort, auch wenn Jesus gegenüber Johannes die Barmherzigkeit und den Gnadenwillen Gottes stärker betont. Apollos ist freilich seinem ersten Lehrer insofern treu geblieben, als er weiterhin an dessen Taufverständnis und Taufpraxis festhielt. Das unterscheidet ihn von anderen Christen der ersten Generation. Denn Jesus und seine Jünger haben – wenn überhaupt – nur anfänglich die Wassertaufe des Johannes weiter praktiziert (Joh 4,1–3); wahrscheinlich ist schon von Jesus die Taufe mit Wasser durch die Vorstellung einer Taufe „mit dem Heiligen Geist und mit Feuer" ersetzt worden (Mt 3,11/Lk 3,16). Deswegen war auch unter den frühchristlichen Missionaren die Wassertaufe keinesfalls eine selbstverständliche Praxis. Paulus z. B. dankt Gott sogar dafür, dass er in seiner missionarischen Tätigkeit nur sehr selten getauft hat (1Kor 1,14–17). Hier mag ein Grund für die späteren Differenzen zwischen Apollos und Paulus in Korinth liegen.

Ob Apollos zur Gruppe der einhundertzwanzig Jünger gehörte, die sich mit den Zwölfen zwischen Ostern und Pfingsten im Obergemach eines Jerusalemer Hauses traf (Apg 1,15), wie Johannes Chrysostomos später vermutet hat (Hom.Act.Apost. 30,1), oder, wie noch spätere Quellen meinen, einer der siebzig Jünger war, die in Lk 10,1 ff. erwähnt werden, ist nicht mehr mit Sicherheit zu ermitteln. Vielleicht hat er sogar eine besondere Funktion innerhalb der Jüngerschar innegehabt; Nilus von Ancyra (gest. um 430 n.Chr.) scheint in ihm eine Art „Mundschenk" gesehen zu haben. Es deutet jedenfalls alles darauf hin, dass Apollos zu den ersten Anhängern Jesu zählte und dessen „Weg" aus eigenem Erleben kannte.

Dass Apollos Pneumatiker war, mag mit den Pfingstereignissen zusammenhängen – immerhin sind unter den „ausländischen" Juden, die Zeugen der Ausgießung des Geistes wurden, auch solche aus Ägypten gewesen (Apg 2,10). Dagegen spricht allerdings, dass Apollos offenbar ein Pneumatiker von anderer Art als die Zwölf war, die zu Pfingsten mit dem Geist beschenkt wurden. Denn während der Kreis um Petrus den Heiligen Geist im Zusammenhang von Mission und Taufe an die zum Glauben Gekommenen weitergab – u. a. durch Handauflegen –, begriff sich Apollos augenscheinlich in einem exklusiveren Sinne als Geistträger; sein Pneumatikertum äußerte sich jedenfalls nicht darin, dass er anderen den Geist verlieh, sondern war ausschließlich auf seine Person bezogen. Man kann seine Geistbegabung vielleicht am besten als eine Art *Berufung* verstehen (vgl. Thiessen, 1995, 81). Durch den Geist wird Apollos zum Missionar *bestellt* und zugleich zum missionarischen Wirken (Verkündigung, Schriftauslegung, charismatisches Auftreten) *befähigt.*

Hier werden unterschiedliche Vorstellungen vom Heiligen Geist und der Funktion des Pneumatikers sichtbar. Apollos stand als Pneumatiker den sog. Hellenisten, insbesondere Philippus viel näher als dem Kreis der Zwölf; mit Philippus verbindet ihn darüber hinaus die Kombination von ekstatischen Geisterfahrungen und Schriftauslegung sowie die Taufe nach Art des Johannes. Diese Nähe zu den Hellenisten mag auch darin begründet sein, dass Apollos wie die Gruppe um Stephanus und Philippus zu den in griechischer Sprache und Kultur verwurzelten Diasporajuden zählte.

Ephesus
Die späteren Wirkungsstätten seiner missionarischen Tätigkeit, von denen wir wissen, bringen Apollos in Beziehung zu Paulus: In Ephesus und Korinth haben beide missioniert, und zwar wahrscheinlich unabhängig voneinander, auch wenn es Berührungspunkte gegeben haben mag. Die Darstellung der Apostelgeschichte, der zufolge Apollos erst *nach* Paulus in Ephesus wirkte (Apg 18,19–21.24 ff.), muss nicht unbedingt den historischen Tatsachen entsprechen, sondern könnte von dem Bestreben geleitet sein, Paulus ganz

in den Mittelpunkt zu stellen und ihm einen „konkurrierenden"
Missionar wie Apollos zu- und unterzuordnen. Deswegen erscheint
Apollos hier auch nicht als Missionar im strengen Sinne, der Menschen zum Christusglauben bekehrt, sondern als einer, der „denen
viel half, die zum Glauben gekommen waren" (Apg 18,27), also
nicht gemeindegründend (das war Paulus vorbehalten), sondern ge-
meindestabilisierend tätig war. Damit rückt er hinter Paulus ins
zweite Glied. Derselben Darstellungsabsicht verdankt sich wohl
auch die Notiz über das Katechumenat, das Apollos bei den Paulus-
vertrauten Aquila und Priszilla absolviert haben soll (Apg 18,26).
Was hätten die Zeltemacher Aquila und Priszilla (Apg 18,3) dem
alexandrinisch gebildeten, schriftgelehrten, geistbegabten und „richtig" über Jesus lehrenden Judenchristen Apollos (Apg 18,24f.)
eigentlich noch beibringen sollen? In Wahrheit wird Apollos vielmehr unabhängig von Paulus, Aquila und Priszilla in Ephesus gewirkt haben, wahrscheinlich sogar vor ihnen, und hier eine eigene
Gemeinde gegründet haben. Vielleicht ist das Wort „Gemeinde"
etwas hoch gegriffen, vielleicht auch in gewisser Weise irreführend;
man muss wohl eher von einem Kreis von „Schülern" sprechen, den
Apollos in Ephesus um sich geschart hat.

Nach allem, was wir von Apollos wissen, legt sich die Vermutung
nahe, dass die „ungefähr zwölf" ephesinischen „Jünger", von denen
Apg 19,1ff. berichtet, von ihm bekehrt und getauft worden sind und
den Kreis seiner Schüler bildeten. Lukas erzählt von ihnen, nachdem er Apollos aus Ephesus in die römische Provinz Achaja (Korinth) hat reisen lassen (Apg 18,27f.): Paulus sei in Ephesus auf
einige Jünger gestoßen, die ihm auf seine Frage, ob sie denn den
Heiligen Geist empfangen hätten, als sie zum Glauben kamen, ant-
worteten, sie wüssten überhaupt nichts vom Heiligen Geist; sie seien
mit der Taufe des Johannes getauft worden. Paulus habe sie daraufhin erneut – nun auf den Namen Jesu – getauft und ihnen durch
Handauflegen den Geist vermittelt (Apg 19,1–7). Da zu dem besonderen theologischen Profil des Apollos neben seiner Kenntnis des
Weges Jesu, seinem Geistbesitz und seiner christologischen Schriftauslegung eben auch eine Taufkonzeption und eine Taufpraxis gehörten, die dem Taufverständnis Johannes' des Täufers durchaus
nahe standen, besitzt die Annahme, die Ephesus-Jünger seien Apol-
los-Schüler gewesen, einige historische Plausibilität. Man muss in
ihnen keineswegs Jünger Johannes' des Täufers, also Vertreter einer
zur christlichen Gemeinde in Konkurrenz stehenden „Täuferge-
meinde" sehen, wie dies in der Forschung häufig geschieht (vgl. den

Überblick bei Thiessen, 1995, 61–70). Paulus begegnet in ihnen vielmehr frühen ephesinischen Christen, die durch Apollos zum Glauben gekommen (Apg 19,2) und von ihm getauft worden waren – und zwar mit einer Wassertaufe nach Art des Johannes. Dass dies unzureichend sei und der Wiedertaufe bedürfte, meint wohl erst der Autor der Apostelgeschichte. Für Apollos und die frühen Christen in Ephesus war der Glaube an Jesus als den Christus und eine Wassertaufe ohne Geistmitteilung offensichtlich durchaus vereinbar und auch völlig hinreichend. Wenn Apollos seinen Geistbesitz – wie wir vermutet haben – strikt funktional auf seine Aufgabe als Missionar bezogen, ihn also fast schon als eine Art „Amtsgnade" verstanden hat, dann ist es vollkommen verständlich, dass er den Geist nicht weitergab.

Da sich Paulus in der ersten Hälfte der 50er-Jahre drei Jahre in Ephesus aufgehalten hat,[34] werden wir die Apollos-Mission vor diesem Zeitraum anzusetzen haben, also vielleicht gegen Ende der 40er-Jahre. Ob es Überschneidungen gegeben hat und die beiden Männer sich hier bereits begegnet sind, ist nicht mehr zu klären. Jedenfalls ist Apollos nach seiner Korinth-Reise offenbar noch ein zweites Mal nach Ephesus gekommen, und spätestens hier muss er mit Paulus zusammengetroffen sein, denn in dem aus Ephesus gegen Ende seines dortigen Aufenthalts (54/55 n. Chr.) geschriebenen 1. Korintherbrief erwähnt Paulus, er habe Apollos mehrfach gedrängt, nochmals nach Korinth zu reisen; es sei aber „durchaus nicht sein Wille" gewesen, diesem Wunsch nachzukommen. Paulus nennt Apollos in diesem Zusammenhang „Bruder", was man als Ausdruck einer relativen Nähe der beiden Missionare deuten kann. Man kann darin aber auch die Achtung des Paulus vor einem als gleichrangig betrachteten und von ihm unabhängigen Missionar sehen. Dass Apollos sich von Paulus seine Reisepläne nicht diktieren ließ, deutet ebenfalls in diese Richtung.

Apollos hat also aller Wahrscheinlichkeit nach vor Paulus – vielleicht als erster christlicher Missionar – in Ephesus gewirkt. In der von ihm ins Leben gerufenen Gemeinde oder „Schule" verbanden sich Christusglaube und Johannestaufe; da der Geistbesitz hier kein Gemeindephänomen, sondern auf Apollos beschränkt war, wird man die ephesinische Gemeinde in der Tat ohne jeden polemischen Unterton als die Manifestation eines frühen „geistlosen" Christentums bezeichnen können. Vielleicht bildeten die „ungefähr zwölf" Jünger, von denen Apg 19,7 spricht, eine Art Führungszirkel dieser Gemeinschaft. Ob Paulus versucht hat, korrigierend auf die von

Apollos zum Christentum Bekehrten einzuwirken, oder sie gar
einer Wiedertaufe unterzogen hat, ist ungewiss. Ganz auszuschlie-
ßen ist es nicht. Die Tatsache, dass Paulus auf seiner Reise von Korinth nach Jerusalem im Jahr 57 n. Chr. nicht in Ephesus Station
machte, sondern die Ältesten der ephesinischen Gemeinde nach
Milet kommen ließ, um sich dort von ihnen zu verabschieden (Apg
20,13 ff.), könnte ein Indiz in diese Richtung sein. Vielleicht musste
er Ephesus meiden, weil es dort zu Konflikten gekommen war, die
ihm einen erneuten Aufenthalt in der Stadt nicht ratsam erscheinen
ließen. Paulus selbst berichtet von der „Bedrängnis, die uns in der
Provinz Asia (sc. in Ephesus) widerfahren ist, wo wir über die
Maßen beschwert waren und über unsere Kraft, sodass wir auch am
Leben verzagten" (2Kor 1,8). Diese „Bedrängnis" muss sich keineswegs nur auf Druck von außen – etwa staatliche Verfolgung – bezie-
hen; es können hier auch innerchristliche Auseinandersetzungen mit
eine Rolle gespielt haben, vielleicht von ähnlicher Art, wie wir sie
dann aus Korinth kennen.

Korinth

Nach Korinth wird Apollos in der ersten Hälfte der 50er-Jahre gekommen sein. Hier stellte sich die Ausgangslage für sein missionarisches Wirken anders dar als in Ephesus, denn in Korinth traf nun
Apollos auf eine bereits von Paulus ins Leben gerufene christliche
Gemeinschaft (50/51 n. Chr.). Paulus selbst beschreibt die Entstehung der korinthischen Gemeinde so: „Ich habe gepflanzt, Apollos
hat begossen; aber Gott hat das Gedeihen gegeben" (1Kor 3,6).
Auch die Apostelgeschichte setzt voraus, dass Apollos von Ephesus
aus in eine bereits existierende korinthische Gemeinde aufbricht,
wenn sie berichtet, die ephesinischen Christen hätten ihm Empfeh-
lungsbriefe an die „Jünger" in Korinth mitgegeben, um ihm die Aufnahme dort zu erleichtern. Über die Phase seiner Wirksamkeit in
Korinth äußert sich die Apostelgeschichte nur sehr allgemein: „Als
er dahin gekommen war, half er denen viel, die gläubig geworden
waren durch die Gnade. Denn er widerlegte die Juden kräftig und
erwies öffentlich durch die Schrift, dass Jesus der Christus ist" (Apg
18,27b.28). Immerhin geht aus dieser Notiz hervor, dass Apollos sich
in Korinth offenbar vornehmlich in der Diskussion um die Messianität Jesu engagiert hat. Die Apostelgeschichte lässt es so erscheinen, als hätten sich in dieser Diskussion Christen und Juden gegenübergestanden; man wird aber in dieser frühen Phase eher von einer
innerjüdischen Auseinandersetzung zu sprechen haben – zwischen

christusgläubigen und nicht-christusgläubigen Juden. Dass in Korinth von Paulus auch Heiden zu Christus bekehrt worden waren, spielte in diesem Streit – wenn überhaupt – nur eine untergeordnete Rolle. Die Behauptung, dass Jesus der ersehnte Messias sei, musste fast notwendig jüdischen Widerspruch provozieren, denn sein Geschick, sein schmachvoller Tod am Kreuz, schien diese Behauptung eindeutig zu widerlegen. Es bedurfte schon sehr geistreicher und schriftkundiger Köpfe, um sich gegenüber solchem Widerspruch, der die Schrift und die Traditionen auf seiner Seite zu haben schien, behaupten zu können. Dazu war Apollos der rechte Mann; seine umfassende Bildung, seine exegetische Kunst und sein rhetorisches Geschick machten ihn zu einer großen Hilfe für die Christusgläubigen. Die Widerlegung der gegnerischen und der Erweis der eigenen These im öffentlich geführten Diskurs waren seine Sache in Korinth.

Paulus erwähnt Apollos in den ersten vier Kapiteln des 1. Korintherbriefs im Zusammenhang mit Besorgnis erregenden Entwicklungen in der korinthischen Gemeinde. Es war hier zu einer Aufsplitterung der Gemeinde in unterschiedliche Gruppen gekommen, die ihre Gruppenidentität auf die Bindung an bestimmte „Schulhäupter" aufbauten. Paulus nennt vier Gruppierungen (1Kor 1,12): „Ich meine aber dies, dass unter euch der eine sagt: Ich gehöre zu Paulus, der andere: Ich zu Apollos, der Dritte: Ich zu Kephas, der Vierte: Ich zu Christus." Diese von Paulus scharf attackierte Gruppenbildung hing offensichtlich mit der Taufe bzw. einem bestimmten Taufverständnis zusammen (1Kor 1,13–16). Man fühlte sich in besonderer Weise demjenigen verbunden, von dem man getauft worden war, und diese Verbundenheit war anscheinend so bestimmend, dass dadurch die Gemeinde in Fraktionen auseinander zu brechen drohte.

Paulus unterstreicht nachdrücklich, dass er für ein solches Verständnis der Taufe nicht verantwortlich zu machen ist: „Ich danke Gott, dass ich niemand unter euch getauft habe außer Krispus und Gajus, damit nicht jemand sagen kann, ihr wäret auf meinen Namen getauft" (1Kor 1,14f.). Wie ist es dann aber zur Bildung der korinthischen „Parteien" gekommen? Paulus schweigt darüber; aber es gibt einige Indizien, die darauf deuten, dass sich hier der Einfluss des Apollos bemerkbar machte. Immerhin haben wir bei Apollos ein Verständnis der Taufe kennen gelernt, das in der Tradition der Johannestaufe eine enge Bindung der Täuflinge an den Täufer vorsah. Die harsche Kritik des Paulus an den korinthischen Entwicklungen würde sich dann indirekt gegen Apollos als den dafür Verantwortlichen richten. Zwar meinen die meisten Forscher, dass die Art und Weise, wie Paulus Apollos in 1Kor 1–4 erwähnt, keine Rückschlüsse auf irgendwelche Rivalitäten, Animositäten oder Konflikte zwischen den beiden Missionaren erlaube, sondern im Gegenteil auf freundschaftliche Beziehungen und missionarische Kooperation weise. Die Texte lassen aber durchaus auch eine andere – freilich nur von einer Minderheit der Exegeten geteilte – Sicht der Dinge zu. Demnach wäre die Kontroverse in der Gemeinde von Korinth im Kern auf eine Auseinandersetzung zwischen Paulus und Apollos zurückzuführen. Dafür sprechen könnte die Tatsache, dass Paulus in 1Kor 3,4ff. und 1Kor 4,6 im Zusammenhang seiner Kritik an den Gruppenbildungen nicht mehr alle vier Parteien nennt, sondern nur noch von sich und Apollos spricht; hinzu kommt, dass sich keinerlei Andeutungen einer Kritik an der „Kephas-Partei" finden lassen. Die rätselhafte „Christus-Partei" schließlich könnte nach einer Vermutung von Gerhard Sellin (1982, 72ff.) mit ihrem Slogan „Ich gehöre zu Christus" nichts anderes als ein Reflex des Verständnisses sein, das Apollos von seiner eigenen apostolischen Berufung hatte.

Der eigentliche Konflikt hätte sich dann also zwischen den „Apollosleuten" und den „Paulusleuten" abgespielt, und der Gegner, auf den die paulinische Kritik zielte, wäre allein Apollos gewesen. Dabei oszilliert die Sprache, in der Paulus schreibt, in eigentümlicher Weise zwischen frontalen Angriffen auf die „Lehre" des Apollos und einer – wenn auch zögernden – Wertschätzung seiner Person (vgl. Beatrice, 1995, 1245). Was der Inhalt der von Paulus aufs Korn genommenen apollonischen Lehre war, lässt sich nur aus den Wendungen erschließen, mit denen Paulus sich polemisch dagegen abgrenzt.

Einen ersten Hinweis gibt 1Kor 1,17: „Denn Christus hat mich nicht gesandt zu taufen, sondern das Evangelium zu verkündigen; (und zwar) nicht mit der Weisheit des Wortes, damit das Kreuz Christi nicht entleert werde." Paulus setzt sich hier gegen eine missionarische Praxis ab, in der die Taufe offenbar eine zentrale Funktion hatte, und polemisiert zugleich gegen eine Verkündigung, deren Inhalt durch die „Weisheit des Wortes" geprägt ist. In der korinthischen Gemeinde scheint es eine „Vorliebe für wohlgeformte und scharfsinnige Erörterungen über die Geheimnisse des Glaubens" (Schenke/Fischer, 1978, 95) gegeben zu haben, die der alexandrinisch geschulte Apollos wohl besser zu befriedigen wusste als der tarsische Pharisäer Paulus. Paulus sah sich heftigen Anwürfen ausgesetzt, die im Kern auf eine Bestreitung der Legitimität seines Apostelamtes hinausliefen. Denn sosehr er den hohen korinthischen Maßstäben in seinen Briefen genügen konnte, in seinem persönlichen Auftreten und seiner Rhetorik wurde er als „schwach und kläglich" erlebt (2Kor 10,10). In dieser Beziehung wird ihm Apollos mit großer Wahrscheinlichkeit den Rang abgelaufen haben. Dass Paulus einen Gegensatz zwischen der „Weisheit des Wortes" und dem „Kreuz Christi" konstruiert, ist vor diesem Hintergrund als apologetische Strategie zu verstehen und bedeutet keinesfalls, dass der Weisheitslehrer Apollos in seiner Verkündigung das Kreuz Christi gering geschätzt haben muss.

Apollos wird in Korinth in einer Weise gewirkt haben, die den philosophischen Traditionen Griechenlands angemessen war. Dem entspricht auch, dass er mit Empfehlungsbriefen versehen nach Korinth kam (Apg 18,27; 2Kor 3,1ff.). Denn das Ausstellen und Benutzen von Empfehlungsschreiben gehörte zur Praxis umherreisender Philosophen, die sich in solchen Schriftstücken ihre philosophischen Qualitäten und intellektuellen Kapazitäten bescheinigen ließen und mit diesen „Zertifikaten" natürlich an fremden Orten eher Aufnahme und Akzeptanz fanden. Anders als Paulus, der diesbezüglich nichts vorzuweisen hatte (2Kor 3,1), konnte Apollos auf Grund solcher „Akkreditive" und auf Grund seiner rhetorischen Brillanz in Korinth einen Stand gewinnen, an den Paulus nicht heranreichte. Die im 2. Korintherbrief in kritisch-ironischer Polemik als „Überapostel" oder „Superapostel" (2Kor 11,5f.; 12,11) bezeichneten Gegner des Paulus waren Leute wie Apollos, die sich auf einem Niveau rhetorisch-philosophischer Bildung bewegten, das Paulus jedenfalls in seinem persönlichen Auftreten nicht erreichen konnte. Die Heftigkeit und Bitterkeit, mit der er sich gegen sie zur Wehr setzt, zeigt, wie schwer es Paulus hier hatte, wusste er doch durchaus, dass es mit seiner Redekunst nicht weit her war (2Kor 11,6).

Das Profil, das die Wirksamkeit des Apollos in Korinth auszeichnete, gewann seine wesentlichen Konturen aber nicht zuletzt durch sein charismatisches Auftreten, das ekstatische und visionäre Elemente beinhaltet haben dürfte. Dazu könnte unter anderem auch das „Zungenreden" (Glossolalie) gehört haben, auf das Paulus in 1Kor 14 ausführlich eingeht. Die Zungenrede, die man sich als ein Hervorstoßen unverständlicher Laute in ekstatischer Verzückung vorzustellen hat, galt als ein besonders wertvoller Erweis des Geistbesitzes. Sie war nicht auf die Vermittlung von Inhalten ausgerichtet, sondern gerade in ihrer Unverständlichkeit lag ihr hervorstechendes Merkmal. Dadurch wurde der Zungenredner als ein vom Geist Gottes Ergriffener qualifiziert, der an den unaussprechlichen und menschlichem Begreifen entzogenen Geheimnissen der himmlischen Welt teilhat. „Wer in Zungen redet, der redet nicht für Menschen, sondern für Gott; denn niemand versteht ihn, vielmehr redet er im Geist von Geheimnissen" (1Kor 14,2). Paulus wertet diese Form ekstatisch-verzückten Lallens keineswegs grundsätzlich ab. Zungenrede ist auch für ihn keine Scharlatanerie, sondern eine Gabe des Geistes. Allerdings fordert er als unabdingbar eine „Übersetzung" oder Auslegung der unartikulierten Laute, die ein Verstehen der Zungenrede allererst ermöglicht. Wenn niemand weiß, was gemeint ist, dann ist Zungenrede seiner Ansicht nach ein nutz- und fruchtloses Reden in den Wind (1Kor 14,9). Paulus stellt die Zungenrede also in einen kritisch-rationalen Rahmen. Dem Reden, Beten und Psalmsingen „im Geist" setzt er ein Reden, Beten und Psalmsingen „im Verstand" entgegen, das höher zu bewerten sei, weil es durch seine Verständlichkeit der Erbauung der Gemeinde dient (1Kor 14,15f.). „Ich will in der Gemeinde lieber fünf Worte reden mit meinem Verstand, damit ich auch andere unterweise, als zehntausend Worte in Zungen" (1Kor 14,19). Die gegenüber der Zungenrede kritische Rationalität, die Paulus einfordert, lässt den Rückschluss zu, dass in Korinth eine ganz andere Einstellung vorherrschend war. Hier bewunderte man augenscheinlich gerade die unverständliche Zungenrede als Wirkung des göttlichen Geistes und den Zungenredner als Träger dieses Geistes. Dass Paulus mit seiner Kritik speziell auf Apollos zielte und Apollos demnach zu den in Korinth bewunderten Zungenrednern gehörte, bleibt freilich eine Vermutung, die nicht zu beweisen ist. Als Möglichkeit sollte man sie aber nicht grundsätzlich von der Hand weisen.

Gleiches gilt auch für die visionäre Erfahrung einer Entrückung in den Himmel, auf die Paulus in 2Kor 12 zu sprechen kommt. Paulus hält es zwar für unnütz, sich mit solchen Erfahrungen zu brüsten, weist aber dennoch in indirekter Form darauf hin, dass auch er selbst mit einer Entrückung in den dritten Himmel aufwarten könnte, die ihn ins Paradies geführt habe und „unaussprechliche Worte, die kein Mensch sagen kann" (1Kor 12,3), habe hören lassen. Offenbar hat Paulus hier Leute im Blick, die sich ihrer „Himmelsreisen" rühmten und in Korinth damit Beachtung fanden. Ob Apollos dazugehörte, muss offen bleiben.

Sicherlich wird sein Auftreten aber durch jene „Zeichen und

Wunder" gekennzeichnet gewesen sein, die Paulus im Zusammenhang mit den „Überaposteln" erwähnt (2Kor 12,12) und die in Korinth offenbar als Ausweis der Legitimität eines Apostels galten.
Als wunderwirkender Charismatiker könnte Apollos vielleicht sogar
mit dem Anspruch aufgetreten sein, er sei in der Lage, mit seinem
Glauben Berge zu versetzen (1Kor 13,2; vgl. Beatrice, 1995, 1249).
Pier Franco Beatrice (1995, 1247 f.) hat vermutet, dass die spannungsgeladene Situation, die sich in Korinth zwischen den „Apollosleuten" und den „Paulusleuten" ergeben hatte, sogar zu einer direkten Konfrontation zwischen Paulus und Apollos geführt habe, die so
weit eskaliert sei, dass es vonseiten des Apollos sogar zur Anwen-
dung physischer Gewalt gekommen sei; Paulus habe ihn auf Grund
dieser Erfahrung als Engel des Satans bezeichnet (2Kor 12,7), und
Apollos sei für sein Verhalten von der Gemeinde gemaßregelt und
bestraft worden (2Kor 2,5 ff.).
Über das weitere Geschick des Apollos ist uns nichts bekannt.
Clemens von Rom erwähnt ihn am Ende des ersten Jahrhunderts in
seinem Brief an die korinthische Gemeinde (1Clem 47,1–3) in deut-
licher Unterordnung unter die Apostel Petrus und Paulus. Der Kirchenvater Hieronymus (340/50–420) nennt Apollos „Bischof von
Korinth" und weiß zu berichten, er habe sich in der Phase des korinthischen Konflikts zeitweise nach Kreta zurückgezogen und sei
erst nach Korinth zurückgekehrt, nachdem Paulus die dortige Gemeinde wieder befriedet hatte (In Tit. 3,13). In anderen Quellen erscheint er als Bischof von Caesarea und sehr späte legendarische
Zeugnisse berichten von seinem Martyrium: Apollos habe in Apa-
mea am Orontes den Feuertod erlitten. Im liturgischen Kalender
der Kirche von Konstantinopel sind der 7. Januar, der 30. Juni und
der 8. Dezember als Gedenktage für Apollos vorgesehen.

Literatur: Beatrice, P. F.: Apollos of Alexandria and the Origins of Jewish-
Christian Baptist Encratism, in: ANRW II 26.2, 1995, 1232–1275.

Barnabas

Einen „Gerechten" und „dreimal Glücklichen" nennt ihn Alexander Monachus,[35] den „großen", den „seligen", den „göttlichen Barnabas", den „heiligen Apostel Christi". Die Hochschätzung und Verehrung, die der zyprische Mönch Alexander im 6. Jh. n. Chr. dem
Weggefährten des Paulus in einer *Laudatio* entgegenbringt, hat

ihren Grund wohl vor allem darin, dass Barnabas die Apostolizität
der Kirche von Zypern verbürgte und damit Gewährsmann ihrer
Selbstständigkeit war.[36] Sie galt als seine Gründung, er als ihr Apostel. Aber das große Ansehen, in dem Barnabas stand, war keinesfalls
auf Zypern beschränkt und hat seine Wurzeln schon im frühen
Christentum. So attestiert ihm bereits im 1. Jh. n. Chr. der ansonsten
vornehmlich an Paulus interessierte Lukas in seiner Apostelgeschichte, dass er ein Mann „voll des Heiligen Geistes und des Glaubens" war (Apg 11,24). Dass Barnabas in seiner Bedeutung dennoch hinter einem Paulus, einem Petrus oder auch einem Jakobus
zurückstand, mag darin begründet liegen, dass er mindestens in drei-
facher Hinsicht ein Grenzgänger war:

Er war ein angesehenes Mitglied der ersten Christengemeinden
in Jerusalem und Antiochia und damit in den beiden wichtigsten
Zentren der frühen Christenheit zu Hause. Obwohl die Entwicklung
des Christentums an beiden Orten schnell einen sehr unterschiedlichen Verlauf nahm, was zu Misstrauen und Spannungen führte, genoss Barnabas offensichtlich hier wie dort so großes Vertrauen, dass
man in ihm den geeigneten Vermittler zwischen Jerusalem und Antiochia sah (Apg 11,22.30; 12,25; 15,2).

Als bei den Aposteln um Petrus ebenso wie im Stephanuskreis
anerkannter Mann war Barnabas augenscheinlich auch wie kaum
ein anderer in der Lage, theologische Unterschiede zwischen paläs-
tinischem Juden(christen)tum und hellenistischem Diasporajuden-
(christen)tum, die z. T. unter den Christus-Anhängern für erhebliche
Unruhe sorgten (Apg 6,1–6), zu überbrücken.

Als Mentor und Förderer des frühen Paulus erkannte Barnabas
offenbar als einer der Ersten die theologischen Qualitäten und das
missionarische Charisma des ehemaligen Christenverfolgers; er
führte den jungen Heißsporn (vgl. Apg 7,58; 9,1) bei den Jerusalemer Autoritäten ein (Apg 9,27), holte ihn, nachdem er von den Jerusalemern auf Grund seines polarisierenden Auftretens nach Tarsus
geschickt worden war (Apg 9,29f.), von dort zurück, um ihn beim
Aufbau der antiochenischen Gemeinde einzusetzen (Apg 11,25f.)
und in die Missionsarbeit einzuführen (Apg 13,1ff.), trennte sich
dann aber doch von seinem Protegé, als dieser die gemeinsame
Basis des mit den Jerusalemern erarbeiteten Kompromisses im
Blick auf die Heidenmission verließ.

Wenn dem Bericht des Lukas in der Apostelgeschichte zu trauen
ist, dann hing die Achtung, die Barnabas unter den ersten Christen
in Jerusalem genoss, nicht zuletzt damit zusammen, dass er Landbe-

sitz verkaufte und den Erlös „den Aposteln zu Füßen legte" (Apg
4,36 f.). Denn das ist das Erste und zunächst Einzige, was von ihm
berichtet wird. Seine Spende ist sicherlich mehr gewesen als nur ein
Beispiel für das unter den Christen der Jerusalemer Urgemeinde
allgemein übliche Verhalten, denn die Nachricht, dass alle, die Ländereien oder Immobilien besaßen, diese verkauften und das Geld
der Gemeinde zur Verfügung stellten (Apg 4,34), verdankt sich
wohl dem idealisierenden Bild eines „urchristlichen Liebeskommunismus", das Lukas sich zu zeichnen bemüht. Nein, die „Tatsache,
dass das wohltätige Verhalten des Barnabas in Erinnerung blieb,
lässt einen Sonderfall und nicht einfach das übliche Verhalten aller
erkennen, ganz abgesehen davon, dass es nicht viele wohlhabende
Christen in der Urgemeinde gegeben haben wird" (Weiser, 1981,
138). Freilich ist die erinnerungswürdige Spende des Barnabas auch
mehr gewesen als nur der Ausdruck individueller Großzügigkeit. Sie
steht zum einen in einer gewissen Tradition des Diasporajudentums,
zu dem der aus Zypern stammende Barnabas ja auch gehörte, und
setzt „ein Wohltäterverhalten fort, das auch andere Diasporajuden
gegenüber Jerusalem und dem Jerusalemer Volk geübt haben", um
ihrer Verbundenheit mit der Heiligen Stadt Ausdruck zu verleihen.
Sie folgten damit zugleich einer „typisch hellenistischen Parole",
nämlich: „allen (Freunden) soll alles gemeinsam sein!", die im hellenistischen Judentum als Programm zum Sozialausgleich zwischen
Reich und Arm verstanden worden war (Theißen, 1996, 330 u. 339).
Zweitens zeigt die Tatsache, dass Besitzverzicht bzw. die Über-
führung des Privatbesitzes in Gemeinschaftseigentum in pythagorei-
schen und essenischen Kreisen im Zusammenhang des Beitritts gefordert wurde, welche *religiösen* Konnotationen mit der Spende des
Barnabas verbunden waren. Dabei mag auch die alttestamentliche
Maxime eine Rolle gespielt haben, die als Zielvorstellung im Zusammenhang der Bestimmungen über das Erlassjahr erwähnt wird:
„Es soll überhaupt kein Armer unter euch sein!" (Dtn 15,4). Und
drittens schließlich diente das Zur-Verfügung-Stellen von Gütern
unter den ersten Christen wohl auch „dem Gesamtzeugnis der Gemeinde" (Pesch, 1986, 183), hatte also kerygmatische Qualität, da
die Weitergabe der gespendeten Erlöse an Bedürftige als Akt der
Diakonie in bewusster Aufnahme und Weiterführung der Ethik Jesu
geschah.
    Die Spende des Barnabas zeigt ihn uns also nicht nur als einen
relativ wohlhabenden Mann mit sozialem Gewissen, sondern ist als
Ausdruck seiner Frömmigkeit zu werten. Damit steht Barnabas in

einer gewissen Nähe zu dem Siebenerkreis um Stephanus und Philippus (Apg 6–8), für den die Wahrnehmung des „Tischdienstes" als Form der Armenfürsorge (Apg 6,2 f.) kennzeichnend war. Wie die Sieben und der von ihnen geleitete Teil der Jerusalemer Urgemeinde, die so genannten „Hellenisten" (Apg 6,1; 9,29), die Griechisch als Muttersprache sprachen und in der Heiligen Stadt ihre eigenen „landsmannschaftlichen" Synagogen unterhielten (Apg 6,9), gehörte auch Barnabas zu den aus der Diaspora nach Jerusalem übergesiedelten Juden. Aber obwohl in Apg 11,19 ausdrücklich erwähnt wird, dass zur Gruppe der Hellenisten um Stephanus auch Juden aus Zypern gehörten, jener Insel, von der auch Barnabas stammte, wird er doch nicht zu den „reinen" Hellenisten gehört haben, die ihre Gottesdienste in ihrer griechischen Muttersprache feierten. Eher haben wir in ihm einen Aramäisch sprechenden Juden zu sehen, der sich gottesdienstlich zu den „Hebräern" (Apg 6,1) hielt, der aber auch des Griechischen mächtig war und mithin zum „Kreis der beiden Kultur- und Sprachbereichen zugehörenden 'Graeco-palästiner'" gehörte (Hengel/Schwemer, 1998, 327).

Nach Apg 4,36 ist Barnabas „aus Zypern gebürtig"; vielleicht war Salamis, neben Paphos die bedeutendste Stadt Zyperns, an der Ostküste unmittelbar am Meer gelegen, sein Heimatort, vielleicht war seine Familie aber auch in einem der vielen kleinen Dörfer der Insel zu Hause. Im Altertum als besonders heiß verrufen, war Zypern dennoch für die Fruchtbarkeit seines Bodens und seine reichen Wein-, Öl- und Getreideernten bekannt. Ein dichter Waldbestand, von dem der alexandrinische Philologe Eratosthenes (284–202 v. Chr.) zu berichten weiß, „es sei in alter Zeit so viel Wald vorhanden gewesen, dass man vor lauter Holz kein Feld bebauen konnte" (zitiert bei Strabo XIV,6,5), machte die Insel zu einem wichtigen Holzlieferanten u. a. für den Schiffbau. Daneben trugen ihre Bodenschätze, insbesondere das an den Hängen des Troodos abgebaute Kupfer, dazu bei, Zypern zu einem bedeutenden Wirtschaftsstandort mit vielfältigen Handelsbeziehungen werden zu lassen. Außer Kupfer lieferte die Insel auch in geringerem Umfang Gold, Silber, Asbest und Salz. Die zahlreichen jüdischen Siedlungen auf Zypern, von denen Philo von Alexandrien zu berichten weiß (De Legatione ad Gaium 282), gehen wohl auf eine spätestens in der Ptolemäerzeit einsetzende Zuwanderung von Juden zurück. Seit 321 v. Chr. war Zypern ptolemäisch und erst in dieser Zeit wurde die Insel, die sich trotz ihrer vielfältigen Handelsbeziehungen stets ihren eigenen kulturellen Charakter bewahrt hatte, ganz hellenisiert. 58 v. Chr. durch Cato ins

Römische Reich eingegliedert, wird die Insel nach vorübergehender Rückgabe im Jahr 30 v. Chr. endgültig römische und 22 v. Chr. senatorische Provinz mit einem in Paphos residierenden Statthalter. Wann die Vorfahren des Barnabas nach Zypern einwanderten, wissen wir nicht. Vielleicht gehörten sie zu den Flüchtlingen, die unter der Schreckensherrschaft des Seleukiden Antiochus IV. Epiphanes (175–164 v. Chr.) Palästina verließen (so Epiphanius, Panarion Haer XXX,25,6–9), aber das ist nicht sicher. Ebenso unsicher ist, wann Barnabas nach Jerusalem kam und wann er zum Christus-Anhänger wurde. Zwar weiß Alexander Monachus zu berichten, dass er im Kindesalter mit seinen Eltern nach Jerusalem zog, um dort als Mitschüler des Paulus „zu Füßen des Gamiliel ... das Gesetz und die Propheten akribisch" zu erlernen, „in Fasten und Gebeten" ein zurückgezogenes Leben im Tempel führte und „wegen seiner Tugend" und seiner Fähigkeit, das Gesetz und die übrigen Schriften zu verkündigen, „ohne schriftlicher Aufzeichnungen zu bedürfen", schnell berühmt wurde (vgl. Kollmann, 1998, 84). Aber diese „Nachrichten" haben eindeutig legendarischen Charakter, genauso wie die Behauptung, Barnabas sei unter dem Eindruck der Wunder Jesu, insbesondere der Heilung des Gelähmten am Teich Betesda (Joh 5) zum Nachfolger Jesu geworden. Auch seiner Identifizierung mit dem für Judas in den Kreis der Apostel nachgewählten Matthias (Apg 1,15 ff.) in den pseudo-clementinischen ›Recognitionen‹ (I,60,5) aus dem 3./4. Jh. ist kaum ein historischer Wert beizumessen. Dass Adolf von Harnack (1924, 58,1) Barnabas sogar „schon im Gefolge Jesu" vermutet, hängt wohl mit der relativ breit bezeugten altkirchlichen Tradition zusammen, die ihn als einen der siebzig bzw. zweiundsiebzig Jünger sah, die Jesus nach Lk 10,1 aussandte. So schreibt Euseb in seiner ›Kirchengeschichte‹:

„Die Namen der Apostel unseres Erlösers sind jedem aus den Evangelien bekannt. Von den siebzig Jüngern jedoch findet sich nirgends ein Verzeichnis. Einer von ihnen soll Barnabas gewesen sein, dessen die Apostelgeschichte an verschiedenen Stellen, ganz besonders aber Paulus in seinem Brief an die Galater gedenkt" (h.e. I,12,1)[37].

Die hier in Form eines „on-dit" präsentierte Einordnung des Barnabas verdankt sich wohl eher dem Wunsch, den in der Alten Kirche hoch geachteten Mann in eine direkte Jüngerbeziehung zu Jesus zu stellen, als konkreten, historisch glaubwürdigen Nachrichten.
Äußerst spekulativ ist schließlich auch der Vorschlag, Barnabas unter den von Paulus in 1 Kor 15,6 erwähnten 500 Brüdern zu ver-

muten und diese wiederum als Zeugen des Pfingstereignisses zu
sehen. Sicherlich *kann* „Barnabas als Augenzeuge des Pfingstge-
schehens in den Bann Jesu gezogen worden sein und in diesem Zusammenhang eine Vision des auferstandenen Jesus gehabt haben"
(Kollmann, 1998, 20), aber wir haben keinen konkreten Anhaltspunkt dafür, dass diese Möglichkeit auch der historischen Wirklichkeit entspricht.

Wie Barnabas zum Nachfolger Christi wurde, bleibt für uns also
historisch weitgehend im Dunkeln. Zwar muss man damit rechnen,
dass er sich schon früh der christlichen Gemeinde anschloss, aber
die Einzelheiten bleiben undeutlich. Allerdings gibt es auch keinen
Grund, ihn gegen das Zeugnis der Apostelgeschichte ganz aus Jerusalem zu verbannen und ausschließlich im syrischen Christentum
(Antiochia) beheimatet sein zu lassen (vgl. Schille, 1983, 146 f.). Dass
Barnabas „vermutlich nie ein Mitglied der Jerusalemer Gemeinde
gewesen" sei und erst Lukas ihn „nach Jerusalem versetzt" habe
(Schmithals, 1982, 109 f.), ist eine reine Vermutung ohne jede historische Plausibilität.

Für eine Verbindung zu Jerusalem sprechen auch die verwandtschaftlichen Beziehungen, die Barnabas in der Heiligen Stadt hatte.
Die Mutter seines Neffen oder Vetters Johannes Markus (Kol
4,10),[38] der ihn und Paulus später auf der ersten Missionsreise ein
Stück begleitete, besaß in Jerusalem ein Haus, das sie offenbar der
Gemeinde geöffnet und als Gebetsstätte zur Verfügung gestellt
hatte; hier fand Petrus nach seiner wunderbaren Befreiung aus dem
Gefängnis und vor seiner Flucht aus Jerusalem Unterschlupf (Apg
12,12 ff.). Da im Bericht der Apostelgeschichte ein Pylon, d. h. ein
eigenes Torgebäude, und eine Magd erwähnt werden, muss es sich
um ein „stattliches Anwesen mit Vorhof und Dienstpersonal" (Kollmann, 1998, 16) gehandelt haben. Ob Maria eine Schwägerin oder
eine Tante des Barnabas war, bleibt ungewiss, da auch die spätere
Überlieferung beide Möglichkeiten kennt. Dass sie wie Barnabas
aus Zypern stammte, ist möglich. Wie dem auch sei, Barnabas hatte
jedenfalls eine recht wohlhabende Verwandte in Jerusalem und man
kann annehmen, dass er sich der Hausgemeinde der Maria zugehörig fühlte.

Außerdem verfügte er wohl selbst über (ererbten oder erworbe-
nen) Landbesitz im Stadtgebiet oder in der näheren Umgebung der
Heiligen Stadt; denn dass der Acker, den Barnabas nach Apg 4,37
verkaufte, um den Erlös der Jerusalemer Gemeinde zu spenden, in
Zypern lag, ist durch nichts angedeutet. Dies alles spricht dafür, dass

Barnabas aus Zypern nach Jerusalem übergesiedelt und hier ansässig geworden war.

In Jerusalem bekommt der eigentlich Joseph heißende Zyprier von den Aposteln den Beinamen Barnabas verliehen (Apg 4,36). Das hatte zum einen den ganz praktischen Grund, dass Verwechselungen vermieden werden sollten. Joseph gehörte zu den häufigsten Namen im jüdisch-palästinischen Raum und es bedurfte daher zur Unterscheidung dringend der Beinamen. Der Beiname diente aber auch der weitergehenden Kennzeichnung des Bezeichneten. Lukas gibt die Bedeutung von „Barnabas" mit „Sohn des Trostes/Sohn der Mahnung" an und liegt damit vielleicht gar nicht so falsch. Jedenfalls ist die in der Forschung häufig erwogene Erklärung, es handele sich bei „Barnabas" um ein ostsemitisch-theophores Patronym, das den Namensträger als Sohn des heidnisch-babylonischen Gottes Nabu/Nebo ausweist, aus philologischen (vgl. dazu Hengel/Schwemer, 1998, 322 f.) und sachlichen Gründen äußerst fragwürdig. Denn warum hätten ausgerechnet die Apostel Joseph diesen heidnischen Götternamen beilegen sollen? Weitaus plausibler ist die Annahme, „Barnabas" sei die abgeschliffene Form des aramäischen „bar n^ebijj" bzw. „bar nabajj", was mit „der prophetisch Begabte" zu übersetzen ist. Denn als „Propheten" kennt die Apostelgeschichte Barnabas (13,1), und die lukanische Deutung wäre dann als eine Umschreibung für „der Mann des (prophetisch inspirierten) Trostworts/Mahnworts" verständlich (Hengel/Schwemer, 1998, 323 f.).

Dass Barnabas „Levit" war (Apg 4,36), muss nicht unbedingt besagen, daß er zum *clerus minor* am Jerusalemer Tempel gehörte, zu jenen Kultusbeamten zweiten Grades also, die im Unterschied zu den Priestern aaronitischer oder zadokidischer Abstammung nur mit Hilfsdiensten betraut waren. Schon gar nicht lässt sich von dieser Bezeichnung her auf eine besondere theologische Ausbildung schließen. Vielmehr „meint die Bezeichnung Levit wahrscheinlich allein eine Zugehörigkeit zum Stamme Levi"; die „im Diasporajudentum Zyperns verwurzelte Familie des Barnabas führte sich offenbar mit Stolz genealogisch auf den Patriarchen Levi zurück" (Kollmann, 1998, 18).

Wir haben uns Barnabas also als einen „Jünger der ganz frühen Zeit in Jerusalem" vorzustellen, „der durch die Gabe der inspirierten Mahnrede und die Spende eines größeren Grundstücks Ansehen in der Urgemeinde und bei ihren Führern gewann und der, obwohl in Zypern geboren, als Griechisch und Aramäisch sprechender

Levit und familiär mit der Heiligen Stadt verbunden vom Gottesdienst her zu den 'Hebräern' gehörte, aber doch ein *Verbindungsmann'* zu den 'Hellenisten' war" (Hengel/Schwemer, 1998, 330 f.). Die vermittelnde Position, die Barnabas innehatte, dürfte auch das Profil der Hausgemeinde seiner Verwandten Maria, der er angehörte, ausgemacht haben. Sie diente griechischsprachigen Judenchristen als Gebets- und Versammlungsstätte und unterhielt zugleich enge Kontakte zu Petrus, dem in der frühen Zeit führenden Kopf der „Hebräer". Dagegen war die Gruppe um den Herrenbruder Jakobus, der nach der Flucht des Petrus zur bestimmenden Figur des aramäischsprachigen Teils der Urgemeinde wurde, hier offenbar nicht zu Hause (Apg 12,17).

Wie man sich die *Vermittlungstheologie* des Barnabas inhaltlich vorzustellen hat, hängt davon ab, wie die theologischen Positionen, zwischen denen er vermittelte, also die Theologien der „Hellenisten" und der „Hebräer" aussahen. Leider ist uns dies nur noch in Umrissen erkennbar, und wir müssen von Andeutungen auf theologische Profile zurückschließen. Hinzu kommt, dass man von „Theologie" im Sinne einer ausformulierten Theorie christlichen Glaubens in dieser frühen Zeit kaum sprechen kann. Die Unterschiede, die es zweifellos zwischen „Hellenisten" und „Hebräern" gegeben hat und die auch einiges Gewicht gehabt und zu Streitigkeiten geführt haben werden (Apg 6,1), lassen sich sicherlich nicht ausschließlich auf der Ebene theologischer Lehrdifferenzen ansiedeln. Hier spielten Prägungen durch die verschiedenen Sprach- und Kulturbereiche eine mindestens ebenso gewichtige Rolle.

Gemeinhin wird die unterschiedliche Bewertung der Tora und des Tempels als wesentlicher theologischer Differenzpunkt zwischen „Hebräern" und „Hellenisten" betrachtet, wobei man den „Hellenisten" eine liberalere und kritischere Haltung attestiert. Tempelkritik, wie sie sich in der großen Verteidigungsrede des Stephanus äußert (Apg 7,48), und Gesetzeskritik, die ihm von seinen Anklägern vorgeworfen wird (Apg 6,13 f.), kennzeichneten demnach das theologische Profil der „Hellenisten", während den „Hebräern" Tora- und Tempeltreue bescheinigt wird. Vielleicht kamen auch eine unterschiedliche Deutung des Todes Jesu, den die „Hellenisten" offenbar nicht als Sühnetod interpretierten (Apg 8,30 f.), und verschiedene Akzentsetzungen in der Christologie und in der Pneumatologie hinzu. Ob dies aber wirklich die entscheidenden Streitpunkte waren, ist fraglich. Denn eine Reihe von Indizien spricht dafür, dass es weniger „dogmatische" Unterschiede waren, die „Hebräer" und

„Hellenisten" voneinander trennten, als vielmehr der konkrete Lebensvollzug des Glaubens, die *praxis pietatis* sozusagen. Dazu gehörten eben auch so scheinbar banale Fragen wie die der Witwenversorgung (Apg 6,1f.). Das „Murren" der „Hellenisten" wegen angeblicher Benachteiligung ihrer Witwen bei der täglichen Speisung darf man nicht als lukanischen Versuch, die eigentlichen dogmatischen Streitpunkte zu kaschieren, abtun. Natürlich spiegeln sich im konkreten Verhalten auch immer dogmatische Vorentscheidungen, aber diese betreffen im Streit zwischen „Hellenisten" und „Hebräern" dann doch eher die unterschiedliche Bewertung praktischer Diakonie und nicht Tora oder Tempel. Der besonderen Bedeutung, die dem „Zu-Tische-Dienen" aufseiten der „Hellenisten" beigemessen wurde – als Kennzeichen wahrer Geistbegabung in der Tradition der großen Prophetie –, stand aufseiten der „Hebräer" eine Konzentration auf die Verkündigung gegenüber.

Ob man von der Existenz zweier Leitungsgremien, der „Zwölf" (Apostel) und der „Sieben", auf eine Spaltung in der Jerusalemer Gemeinde schließen darf, ist in der Forschung umstritten. Allerdings spricht einiges dafür, dass es eine organisatorische und institutionelle Trennung gab. Wie ist es sonst zu erklären, dass nach dem Zeugnis der Apostelgeschichte offenbar nur die „Hellenisten" Opfer der großen Verfolgungs- und Vertreibungsaktion wurden, die nach dem Stephanusmartyrium einsetzte (Apg 8,1)?

Die Frage, die die frühe Christenheit wie keine andere in Atem hielt, nach der Legitimität und den Voraussetzungen der Heidenmission wird auch zwischen „Hellenisten" und „Hebräern" diskutiert worden sein. Aber auch wenn es mehr als wahrscheinlich ist, dass die „Hellenisten" weniger Vorbehalte gegenüber einer Mission über die Grenzen Israels hinaus hatten und wohl auch die Ersten waren, die Nicht-Juden missionierten (Apg 8), muss man doch davon ausgehen, dass sich gerade in dieser zentralen Frage unterschiedliche Ansichten quer zu den beiden Gruppen verteilten.

Die Homogenität dieser Gruppen bestand in erster Linie auf der sprachlichen Ebene (Aramäisch/Griechisch als Muttersprache) und erst in zweiter Hinsicht in theologischen Positionen. Deswegen brachte Barnabas als Griechisch *und* Aramäisch sprechender *Graecopalästiner* die besten Voraussetzungen für eine vermittelnde Tätigkeit mit, und man braucht bei ihm keineswegs schon wegen seiner Vermittlerrolle die „Infragestellung einzelner Lehrsätze der Mosetora ... und eine kritische Haltung gegenüber dem Tempelkult" (Kollmann, 1998, 25) anzunehmen.

Barnabas wurde nicht mit den „Hellenisten" aus Jerusalem vertrieben, offenbar weil er zur aramäischsprachigen Gemeinde gehörte und lediglich intensive Beziehungen zu den griechischsprachigen
Judenchristen unterhalten hatte. Ob und in welchem Umfang diese
Beziehungen auch nach deren Vertreibung weiterbestanden, wissen
wir nicht. Es ist allerdings wahrscheinlich, dass es nach wie vor Verbindungen zu den Verjagten gab, die u. a. ins syrische Antiochien
und vielleicht auch nach Damaskus geflohen waren.

Das würde jedenfalls verständlich machen, warum es gerade
Barnabas war, der den frisch bekehrten Paulus in Jerusalem bei den
Aposteln einführte (Apg 9,27) und von den Jerusalemer Autoritäten
als „Syrienbeauftragter" nach Antiochien geschickt wurde, als die
ersten Nachrichten von der dort praktizierten Heidenmission die
Heilige Stadt erreichten (Apg 11,22).

Paulus war vor und in Damaskus zum Christus-Nachfolger geworden (Apg 9,10ff.; 22,10ff.; 26,20). Wenn es sich bei den Damaszener Christen, die den Wandel des Paulus vom Verfolger zum Bekenner und seine ersten Versuche in der Verkündigungstätigkeit beglei-
teten, um versprengte „Hellenisten" gehandelt (so Räisänen, 1992,
158) und Barnabas die alten Jerusalemer Kontakte zu ihnen auch
über die räumliche Distanz hinweg aufrechterhalten haben sollte,
war er der geeignete Mann, die Glaubwürdigkeit des gewandelten
Paulus, der bei den Gemeinden in Judäa noch immer als brutaler
Christenverfolger berüchtigt war (Gal 1,23), zu verbürgen.

Und auf die Inspektionsreise nach Antiochien schickten die Apostel wohl deswegen gerade Barnabas, weil es aus Jerusalem vertrie-
bene „Hellenisten" waren, die dort „auch den Griechen" das Evangelium predigten (Apg 11,19f.), unter ihnen vermutlich auch der ursprünglich aus Antiochia stammende Proselyt Nikolaus, der in Apg
6,5 als Mitglied des Stephanuskreises genannt ist. Man war offenbar
auf Jerusalemer Seite nicht an einer Konfrontation interessiert und
sandte deswegen einen Mann, der traditionell gute Beziehungen zu
den „Hellenisten" hatte.

Der erste Kontakt zwischen Barnabas und Paulus, den beiden
·späteren Weggefährten der Mission, endet mit einem Eklat. Paulus,
für dessen neue christliche Integrität Barnabas in Jerusalem gegenüber den Reminiszenzen an den wutschnaubenden (Apg 9,1) Verfolger eingestanden war, gerät sofort in einen heftigen Disput mit
griechischsprachigen Juden. Der Streit eskaliert und nimmt Formen
an, die für Paulus und die christliche Gemeinde bedrohlich werden.[39] Man entschließt sich, Paulus rasch aus dem Verkehr zu zie-

hen, und schickt ihn über Caesarea in seine Heimatstadt Tarsus. Ob
Barnabas sich durch das unbedachte Verhalten des Paulus desavou-
iert fühlte, erfahren wir nicht, auch nicht, ob er (mit)verantwortlich
dafür war, Paulus aus der Schusslinie zu nehmen. Vorstellbar ist es
aber alle Mal.

Was führte die beiden eigentlich zusammen? Oder besser: Was
veranlasste den allseits wegen seiner Vermittlerqualitäten und seiner Kompromissfähigkeit angesehenen Barnabas, sich für den vermutlich jüngeren[40] und in seiner Radikalität eher auf Konfrontation
angelegten Paulus einzusetzen? Man kann hier nur mutmaßen. Vielleicht war es gerade die ungeheure Konsequenz, mit der Paulus
seine Ziele verfolgte – sei es als Verfolger oder dann als Verkünder
des Christentums –, die den moderaten Barnabas faszinierte; vielleicht war er aber auch von der intellektuellen Brillanz und Schriftgelehrsamkeit des ehemaligen Pharisäers beeindruckt. Immerhin
muss der Eindruck, den Paulus auf Barnabas gemacht hatte, nachhaltig gewesen sein. Denn als Barnabas drei bis vier Jahre später
(ca. 39/40 n. Chr., vgl. Hengel/Schwemer, 1998, 270) nach Antiochien
gesandt wird, ist ihm ein „Abstecher" in das immerhin 200 km Luft-
linie entfernte Tarsus nicht zu weit, um Paulus von dort zurückzuho-
len und für die Organisation der Antiochener Gemeinde einzusetzen (Apg 11,25).

Der nach dem Bericht der Apostelgeschichte ursprünglich nur zur
Inspektion der dortigen kirchlichen Verhältnisse nach Antiochien
gesandte Barnabas bleibt in der Stadt am Orontes und wird hier
zum führenden Kopf eines die Gemeinde leitenden Fünfergre-
miums aus „Lehrern und Propheten" (Apg 13,1).

Ob man der Darstellung der Apostelgeschichte in dieser Hinsicht
Glauben schenken kann, ist in der Forschung immer wieder ange-
zweifelt worden. Man meinte vielmehr, in Barnabas einen der *Gründer* der antiochenischen Gemeinde erkennen zu können (vgl. z.B.
Schneemelcher, 1981, 128), der keineswegs erst als Jerusalemer Ge-
sandter in die syrische Stadt gekommen war, sondern zu den „durch
die Verfolgung in Jerusalem Versprengten" gehörte (Schrage, 1995,
295) oder aber sich „als 'gemäßigter' Sympathisant ... ohne äußeren
Verfolgungsdruck ... an die Fersen der versprengten Hellenisten ge-
heftet" hatte (Kollmann, 1998, 32). Folgende Beobachtung liegt dieser Ansicht zu Grunde: Nach Apg 11,20 sind es „Männer aus Zypern
und Kyrene" gewesen, die als Erste in Antiochien unter Heiden missionierten, und in Apg 13,1 werden im Leitungsgremium Antiochiens mit Barnabas und Lucius ein Zyprier und ein Kyrenäer an

führender Stelle genannt. Da beide Nachrichten alte Antiochener Lokaltraditionen seien, lege sich der Schluss nahe, dass Barnabas und Lucius zu den in Apg 11,20 erwähnten Protagonisten der Heidenmission gehörten und Barnabas folglich historisch als einer der Gründer der christlichen Gemeinde Antiochiens zu gelten habe (vgl. Haenchen, 1977, 356 f.). Damit wäre nicht nur die „Inspektionsreise" im Auftrag der Jerusalemer Autoritäten, sondern auch die Einführung des Paulus bei den Aposteln als freie lukanische Erfindung entlarvt. Allerdings sind solche „Erkenntnisse" gegen die einzige Quelle, die wir überhaupt besitzen, methodisch äußerst fragwürdig. Denn weder ist erkennbar, warum Lukas diese Klimmzüge einer geschichtsklitternden Darstellung gemacht haben sollte, noch gibt es wirklich stichhaltige Argumente gegen die historische Plausibilität der lukanischen Darstellung. Dass Paulus in Jerusalem auf die Vermittlung des Barnabas setzte, ist nur zu verständlich; vielleicht war er von den Damaskus-Christen auf ihn als „Verbindungsmann" aufmerksam gemacht worden. Nicht weniger plausibel erscheint die Entsendung eines solchen „Verbindungsmannes" in die syrische Provinzhauptstadt angesichts der von den „Hellenisten" dort begonnenen Heidenmission. Wir haben mithin keinen Grund, der Darstellung der Apostelgeschichte grundsätzlich zu misstrauen.

Dann ergibt sich für die Jerusalemer Zeit des Barnabas folgende Chronologie: Schon vor dem Martyrium des Stephanus (32/33 n. Chr.) ist Barnabas ein angesehenes Mitglied der Urgemeinde und auf Grund seiner Zweisprachigkeit ein geschätzter Vermittler zwischen „Hebräern" und „Hellenisten". Da er sich gottesdienstlich zu den „Hebräern" hält, wird er nicht Opfer der Vertreibung der „Hellenisten", sondern bleibt in der Heiligen Stadt. Als drei Jahre später Paulus zum ersten Mal nach Jerusalem kommt (36 n. Chr.), stellt Barnabas den Kontakt zu den Aposteln her. Wiederum zwei bis drei Jahre später (38/39 n. Chr.) wird er als „Syrienbeauftragter" der Jerusalemer Gemeinde nach Antiochien entsandt (zur Chronologie vgl. Hengel/Schwemer, 1998, 473 ff.). Wir haben also mit einer mindestens achtjährigen Wirksamkeit des Barnabas in Jerusalem zu rechnen.

Dass er dann in Antiochien blieb, mag unterschiedliche Gründe gehabt haben. Sei es, dass er den Eindruck hatte, er werde „in dieser neuen wachsenden, aber noch ungefestigten Gemeinde dringender gebraucht" als in Jerusalem; sei es, dass ihn „das offene Milieu und das weite Missionsfeld" reizte, das sich hier auftat (Hengel/Schwemer, 1998, 332). Vielleicht bewog ihn aber auch der große Erfolg,

der seiner geisterfüllten Verkündigung hier beschieden war, zum
Bleiben, denn durch ihn wurde „viel Volk für den Herrn gewonnen"
(Apg 11,24).

Das besondere Profil der antiochenischen Gemeinde lag zweifellos in ihrer Öffnung gegenüber unbeschnittenen Heiden. In der for-
melhaft anmutenden Weise, in der Paulus später in seinen Briefen
mehrfach die Bedeutungslosigkeit von Beschneidung oder Unbe-
schnittenheit hervorhebt (1Kor 7,19; Gal 5,6; 6,15; vgl. 1Kor 12,13;
Gal 3,26–28), kann man den Niederschlag der theologischen Reflexion dieser früh geübten Praxis der Heidenmission sehen.

Antiochien, neben Alexandria die bedeutendste Metropole im
Osten des Römischen Reichs, bot dazu einen geeigneten Rahmen.
Die von Seleukos I. Nikator (312–280 v. Chr.) im Jahr 300 v. Chr. zu
Ehren seines Vaters Antiochos gegründete Stadt, deren rasches Auf-
blühen wohl vor allem das Werk der Seleukiden war und deren Ein-
wohnerzahl zu neutestamentlicher Zeit bei 500 000 gelegen haben
dürfte (Kollmann, 1998, 29), zeichnete sich durch Liberalität und
Weltoffenheit aus. Das zeigt sich nicht zuletzt auch darin, dass die
Juden, die seit der Stadtgründung neben Makedoniern und Griechen einen stattlichen Anteil der Bevölkerung Antiochiens aus-
machten, Bürgerrecht als gleichberechtigte Antiochener besaßen.
So schreibt Flavius Josephus:

„Seleukus Nikator verlieh ihnen (sc. den Juden) in den Städten, die er in
Asien und im unteren Syrien gegründet hatte, sowie in der Haupstadt Antiochia selbst das Bürgerrecht und stellte sie den dort wohnenden Macedo-
niern und Griechen völlig gleich. Dieses Recht gilt auch heute [d. h. nach 70
n. Chr.] noch" (Jos.ant. XII,119).

Für die Anfänge der Heidenmission von entscheidender Bedeutung war aber, dass die Antiochener Judenschaft bereits seit zwei
Jahrhunderten „unter Heiden" lebte und prosperierte und die jüdische Religion offenbar für die heidnischen Mitbürger eine immense
Anziehungskraft besaß, sodass sich eine große Anzahl sog. Gottesfürchtiger um die Antiochener Synagogen scharte (vgl. Jos.bell.
VII,45). Das waren Nicht-Juden, die sich vom jüdischen Monotheismus angezogen fühlten, ohne regelrecht zum Judentum zu konver-
tieren.[41] Es gab also bereits etablierte Kontakte zur heidnischen
Umwelt, auf die die christliche Heidenmission aufbauen konnte.

Als die heidnischen Sympathisanten der Synagogengemeinden
werden die Gottesfürchtigen die ersten Adressaten der christlichen
Heidenmissionare gewesen sein. Durch den Verzicht auf die Beschneidungsforderung und die darin begründete Relativierung des

jüdischen Zeremonialgesetzes (z. B. Speisegebote) hatten die christlichen Prediger gegenüber den jüdischen Gemeinden auf diesem Missionsfeld einen entscheidenden Vorteil. Denn sie verhießen vollgültige Aufnahme in die Gemeinde auch denen, die sich nicht beschneiden ließen und nicht bereit waren, jüdische Speisegebote zu achten.

Aus der Sicht traditionell-jüdischer Kreise war dies eine sehr weitgehende Position, die Abgrenzung und Widerspruch provozieren musste. Vielleicht spiegelt der in Antiochien zum ersten Mal begegnende Name „Christen" (Apg 11,26) als Fremdbezeichnung für die Jesus-Nachfolger etwas von dieser kritisch-ablehnenden Haltung. Sicherlich kann man im Blick auf die Christen Antiochiens noch nicht von einer Ablösung der Kirche vom Judentum sprechen, aber von einer gewissen Verselbstständigung wird man wohl ausgehen müssen, da die christliche Gemeinde in zunehmendem Maße ein *corpus permixtum* aus Juden und Heiden, Beschnittenen und Unbeschnittenen wurde und damit kaum noch als eine einfache Sondergruppe integrierbar war.

Wie ist die Stellung des Barnabas in diesem Umfeld zu beurteilen? Immerhin war er selbst kein „Hellenist", allenfalls ein Sympathisant, und gehörte zu der im Blick auf die Heidenmission eher traditionell-kritisch eingestellten Gruppe der Jerusalemer „Hebräer" – und das über lange Jahre hinweg. Man wird ihn also nicht einfach als Protagonisten der programmatisch beschneidungsfreien Heidenmission apostrophieren können; vielmehr zeigt sein späterer Bruch mit Paulus, dass er auch in dieser Frage eine eher moderate Position vertreten haben wird. Eine solche war auch aus Jerusalemer Sicht nicht unmöglich, hatte man doch auch dort – manchmal vielleicht zähneknirschend – vereinzelte Aufnahmen unbeschnittener Heiden in die Gemeinde tolerieren können, wenn auch nur mit dem Vorbehalt, dass solche Toleranz nur außerhalb des jüdischen Palästinas gelten könne (Hengel/Schwemer, 1998, 332). Im syrischen Antiochien das Evangelium „auch den Griechen" zu predigen, muss also auch für den Jerusalemer Barnabas keineswegs an sich schon anstößig gewesen sein; nur wird er dadurch noch nicht zum Vorreiter einer *programmatisch beschneidungsfreien* Heidenmission.

Die mit der Mission unter den gottesfürchtigen Heiden einhergehende Verselbstständigung gegenüber dem Verband der Synagogen stellte die christliche Gemeinde Antiochiens vor erhebliche Aufgaben: Organisations- und Leitungsstrukturen mussten geschaffen werden; vor allem aber musste für die innere Konsolidierung der noch nicht gefestigten Gemeinschaft gesorgt werden, einer Gemeinschaft immerhin von Juden(christen) und Heiden(christen), für die es keine „historischen" Vorbilder gab. Barnabas hat diese Aufgabe offenbar als dringlich und zugleich als reizvoll empfunden; vielleicht wollte er auch mit dafür Sorge tragen, dass die Entwicklungen in Antiochien nicht aus dem Ruder liefen und es zum Bruch mit Jerusalem kam. Er ging diese Aufgabe mit großer Energie und Zielstrebigkeit an: Als Erstes holte er sich Paulus als Mitarbeiter (39/40 n. Chr.) – dafür war ihm selbst der Weg nach Tarsus in Kilikien nicht zu weit. Es folgt ein Jahr intensiver gemeinsamer Arbeit in Antiochien (Apg 11,26), das Barnabas und Paulus vor allem der *Lehre* widmeten, denn der Lehre vor allem bedurfte die sich allmählich aus dem Synagogenverband herausbildende christliche Gemeinde zu ihrer inneren Festigung.

Hinzu kam eine äußerst gefährliche politische Situation, die sog. „Caligula-Krise", die ungefähr zu der Zeit ihren Höhepunkt erreichte, als Barnabas Paulus aus Kilikien nach Syrien holte. Ausgelöst durch Unruhen in Alexandrien (38 n. Chr.) kam es schnell im ganzen jüdischen Palästina und in Syrien zu Spannungen, die an den Rand eines Krieges führten. Der Protest der Alexandriner Judenschaft gegen die Entweihung ihrer Synagogen durch das Aufstellen von Kaiserbildnissen, das der von Caligula eingesetzte König Agrippa I. befohlen hatte, führte zu einem blutigen antijüdischen Pogrom, Auftakt zu einer ganzen Welle antijüdischer Aktionen unter dem Vorzeichen des Kaiserkults, die auch das syrische Antiochien erreichten. In dieser aufgeheizten Stimmung verschärfte Caligula die Situation durch den Befehl, sein Standbild im Tempel in Jerusalem aufzustellen (39 n. Chr.). In Antiochien wurden die antijüdischen Unruhen durch ein ganz banales Ereignis ausgelöst. Ein Zwist der Zirkusparteien entwickelte sich, da die antiochenische Judenschaft eine der beiden Parteien unterstützte, im Handumdrehen zum antijüdischen Pogrom. Mit Schadenfreude betrachtete man auf heidnischer Seite die Entweihung des Jerusalemer Tempels durch Caligula, wusste man doch schon von alters her gruselig-blutige Geschichten über die Juden, ihren Tempel und ihre Kultmahlzeiten zu erzählen.[42]

Die Christen Antiochiens gerieten in dieser Situation in eine besonders schwierige Lage und drohten, zwischen den Fronten zerrieben zu werden. Denn einerseits konnten sie durch ihre tempelkritische Haltung der heidnischen Polemik bis zu einem gewissen Grad den Wind aus den Segeln nehmen, andererseits zogen sie sich gerade dadurch die erbitterte Feindschaft der traditionellen Judenschaft Antiochiens zu. Es ist verständlich, „dass Barnabas in jener kritischen Zeit gerade den Theologen Paulus aus Tarsus nach Antiochien holte" (Hengel/Schwemer, 1998, 286). Erst als sich nach dem Regierungsantritt des römischen Kaisers Claudius (41 n. Chr.) die Lage etwas beruhigt hatte, konnten Barnabas und Paulus es wagen, Antiochien zu kurzen Missionsreisen ins syrische Umland zu verlassen. Leider haben wir über diese Zeit außer der kurzen Notiz in Gal 1,21 keine Nachrichten, können aber – allein aus sprachlichen Gründen[43] – vermuten, dass die beiden Missionare sich auf die Städte konzentrierten, namentlich auf die neben Antiochien bedeutendsten Orte Apameia, Seleukeia Pieria und Laodikeia.

Dass Barnabas und Paulus zu zweit loszogen, entspricht der frühchristlichen Missionspraxis (vgl. Mk 6,7; Lk 10,1). Die sog. *Kollegialmission* „soll dem zu verkündigenden Wort das Gewicht zweier Zeugen verleihen"; außerdem ist gegenseitige Hilfe „in die Wirksamkeit zu zweit sicherlich miteingeschlossen" (Gnilka, 1978, 238). Zu den Besonderheiten ihrer Missionsweise gehörte, dass Barnabas und Paulus bewusst darauf verzichteten, sich von den Gemeinden unterstützen zu lassen (1Kor 9,6). Als Apostel hätten sie das Recht auf Unterhalt durch die Gemeinden gehabt, machten aber – wohl um ihrer Unabhängigkeit willen – von diesem Recht keinen Gebrauch (1Kor 9,12), sondern sorgten durch eigener Hände Arbeit für ihr Auskommen (vgl. 2Thess 3,7f.). Diese Missionspraxis war außergewöhnlich und trug Paulus später den Vorwurf ein, kein richtiger Apostel zu sein.

In die Zeit dieser gemeinsamen Missionsarbeit in Syrien, Phönizien und Kilikien fällt der Besuch von „Propheten" aus Jerusalem, von dem Lukas Apg 11,27–30 berichtet (43/44 n. Chr.). Dabei handelte es sich wohl nicht um eine offizielle Delegation aus Jerusalem, sondern um freie Charismatiker, die sich von dem „spirituellen Klima" Antiochiens angezogen fühlten. Nirgends finden wir im frühen Christentum eine solche Betonung des Charismatischen wie bei den „Hellenisten", verbunden mit einer besonderen Wertschätzung der prophetischen Tradition und des Heiligen Geistes bzw. seiner Wirkungen (Exorzismen, Wunderheilungen). Die antiochenische Christengemeinde war durch den Einfluss der „Hellenisten" zu einer Hochburg dieser charismatisch-prophetischen Variante des frühen Christentums und damit zum Anziehungspunkt für Charis-

matiker und Propheten geworden. Einer aus der Jerusalemer Pro-
phetengruppe, Agabus mit Namen, prophezeite eine große Hungersnot, „die über das ganze Reich kommen sollte", und zwar in der
Regierungszeit des römischen Kaisers Claudius (41–54 n. Chr.).
Zwar wissen wir nichts von einer reichsweiten Hungersnot unter
Claudius, wohl aber von einer ganzen Serie von lokalen und regio-
nalen Hungersnöten oder Versorgungskrisen.[44] Der römische Kai-
serbiograph Sueton kennzeichnet die Regierungszeit des Claudius
als eine Zeit „andauernder Missernten" (Claud 18,2). Auch Judäa
wurde von einer Hungersnot heimgesucht, die das Land vermutlich
zwischen 44 und 46 n. Chr. in schwere Not stürzte (vgl. Riesner,
1994, 119). Die Christen Antiochiens beschließen eine Kollekte für
die Jerusalemer (Apg 11,29), ein Akt praktizierter Solidarität und
zugleich ein Zeichen der Hochachtung für die „Muttergemeinde";
Barnabas und Paulus sollen die Gabe überbringen.

Die „Kollektenreise"[45] (43/44 n. Chr. oder 44/45 n. Chr.) führt die
beiden in einer Zeit des Umbruchs nach Jerusalem. Durch die von
Herodes Agrippa I. eingeleiteten Verfolgungsmaßnahmen verliert
die Urgemeinde zwei ihrer führenden Leute: Der Zebedäussohn Ja-
kobus wird hingerichtet, und Petrus muss aus Jerusalem fliehen; die
Leitung der Gemeinde geht von dem Zwölferkreis der Apostel mit
Petrus an der Spitze auf ein „Ältesten"-Gremium über, in dem der
Herrenbruder Jakobus dominiert. Ob und in welchem Umfang
Barnabas und Paulus diese Ereignisse bei ihrem Jerusalembesuch
miterlebt haben, geht aus den vagen Angaben der Apostelgeschichte nicht hervor. Wir erfahren nur, dass sie nach erfüllter Mission den
Neffen oder Vetter des Barnabas, Johannes Markus, mit nach Antiochien nehmen (Apg 12,25). Er wird sie ein Stück auf der Reise begleiten, zu der Barnabas und Paulus 46/47 n. Chr. im Auftrag der antiochenischen Gemeinde nach Zypern, Kilikien und Südgalatien
aufbrechen (Apg 13+14).

Als „Propheten und Lehrer" (Apg 13,1) gehören sie zu dieser
Zeit dem Fünfergremium an, das die Gemeinde leitet – Barnabas in
führender, Paulus in untergeordneter Stellung. Die Bezeichnung
„Propheten und Lehrer" meint vermutlich noch keine klar umrisse-
nen Ämter, sondern spiegelt zum einen die für Antiochien typische
Form des prophetischen Charismatikertums, zum anderen die Praxis
der „Schriftauslegung, Gemeindeunterweisung und Weitergabe von
Jesustradition" (Kollmann, 1998, 37), die sowohl beim Gemeinde-
aufbau als auch in der Mission von zentraler Bedeutung war. Die
uns fremd anmutende Kombination von charismatisch-propheti-

schen und lehrhaften Funktionen ist gleichwohl für bestimmte Kreise des frühen Christentums geradezu kennzeichnend gewesen (vgl.
das Lebensbild des Philippus).

Dem entspricht auch die Art und Weise, wie Barnabas und Paulus
zu ihrer ersten großen Missionsreise beauftragt werden, nämlich im
Rahmen eines Gottesdienstes durch Weisung des Geistes. Im Grunde sind sie also nicht Gesandte (Apostel) der Gemeinde, sondern
des Heiligen Geistes. Die geistgewirkte Bestallung zum Apostel mag
ein Charakteristikum der Antiochener Gemeinde gewesen sein. Johannes Markus gehört nicht zu den vom Geist Gesandten, sondern
begleitet Barnabas und Paulus lediglich als „eine Art untergeordneter Assistent" (Kollmann, 1998, 39). Über das Ziel oder die Route
ihrer Reise wird bei ihrer Entsendung nichts gesagt. Die Tatsache,
dass Barnabas aus Zypern stammte, legte es aber nahe, die Mittel-
meerinsel als erste Station anzusteuern.

In der Hafenstadt Seleukia schiffen sie sich nach Zypern ein, wo
sie zunächst in Salamis, der im Osten der Insel gelegenen ehemaligen Hauptstadt, „in den Synagogen der Juden" predigen – mit
welchem Erfolg, erfahren wir nicht. Ihr Weg führt sie weiter nach
Nea-Paphos im Westen, dem Sitz des römischen Prokonsuls Sergius
Paulus, der offenbar zum Kreis der mit dem Judentum sympathisie-
renden Heiden zu rechnen ist, da er sich an seinem Hof einen jüdischen Traumdeuter und Astrologen namens Barjesus hält. Die
Apostelgeschichte bezeichnet ihn – wohl wegen seines Widerstands
gegen Barnabas und Paulus – abfällig als *Magier* und *Pseudopro-
pheten* (Apg 13,6). Der römische Statthalter wird ihn „als seinen Be-
rater in allen Lebenslagen" beschäftigt haben, als Traumdeuter,
Weissager, als Hoftheologen und -astrologen. Das war übrigens keineswegs außergewöhnlich: „Ein jüdischer Prophet, der es verstand,
sich in der römischen Kaiserzeit mithilfe von Astrologie, Traumdeu-
tung und weiteren Kenntnissen als Hoftheologe bei einem hohen
römischen Beamten zu etablieren, dürfte kein Ausnahmefall gewesen sein" (Klauck, 1996, 64f.). Gerade die jüdische Magie genoss zu
jener Zeit unter Heiden ein hohes Ansehen.

Sergius Paulus, offenbar ein religiös interessierter Mann, lädt
Barnabas und Paulus ein, um zu erfahren, was sie verkünden. Barjesus intrigiert gegen die beiden, offensichtlich weil er seine Felle da-
vonschwimmen sieht und den Verlust seiner komfortablen Position
am Hof des Statthalters befürchtet. Es kommt zu einer direkten
Auseinandersetzung zwischen Barjesus und Paulus, die ganz im Stil
volkstümlicher Überlieferungen vom Wettkampf konkurrierender

Zauberer erzählt wird (vgl. Klauck, 1996, 60). Paulus geht als Sieger aus dieser Konfrontation hervor und schlägt Barjesus, den er als „Sohn des Teufels" entlarvt, mit zeitweiser Blindheit. Tief beeindruckt von diesem Strafwunder wird der römischer Statthalter „gläubig" (Apg 13,12). Ob das heißt, er sei Christ geworden, sei einmal dahingestellt, aber er hält sich jetzt an die „größeren Zauberer".

Es ist nicht unwahrscheinlich, dass die weitere Reiseroute von Barnabas und Paulus sich der besonderen Gunst des Sergius Paulus verdankt, denn der Stammsitz seines Geschlechts lag im pisidischen Antiochia, der nächsten Station der beiden Missionare, und in Südgalatien, der Landschaft, durch die ihre weitere Reise führte, besaß seine Familie große Ländereien. Es könnte also durchaus sein, dass der Prokonsul Barnabas und Paulus riet, ins pisidische Antiochia zu reisen, weil er ihnen dort durch Empfehlungsschreiben Kontakte zur römischen Oberschicht verschaffen konnte.

Interessant ist, dass nicht Barnabas dem jüdischen Zauberer entgegentritt, sondern der jüngere Paulus, der bisher immer nur im Gefolge seines Lehrmeisters auftauchte. Im Darstellungszusammenhang der Apostelgeschichte tritt von nun an Paulus ins Rampenlicht der Erzählung. Barnabas wird nur noch am Rande erwähnt und zählt jetzt zu denen, „die um Paulus waren". Ob das der historischen Entwicklung entspricht, ist fraglich. Man könnte allenfalls mutmaßen, dass es dieser „Rollenwechsel" war, der den „Assistenten" Johannes Markus dazu bewog, sich nach der Landung in Kleinasien von Barnabas und Paulus zu trennen und nach Jerusalem zurückzukehren (Apg 13,13). Die Apostelgeschichte jedenfalls lenkt unseren Blick jetzt ganz auf Paulus; auf den weiteren Stationen der Reise durch Pamphylien, Pisidien und Südgalatien (Perge – Antiochia Pisidiae – Ikonion – Lystra – Derbe) tritt er als Prediger und Wundertäter in den Vordergrund. Über Barnabas hören wir nur noch wenig.

Auch auf dem sog. Apostelkonzil in Jerusalem (48 n.Chr.) bleibt Barnabas ziemlich farblos. Er gehörte mit Paulus und anderen zu der Delegation, die die antiochenische Gemeinde nach Jerusalem sandte. Hintergrund der Zusammenkunft war der andauernde Konflikt um die Heidenmission, insbesondere die Frage, ob bei bekehrungswilligen Heiden auf die Beschneidungsforderung verzichtet werden kann und in welchem Maße die Gebote der Tora für sie als verpflichtend zu betrachten sind. Die gegensätzlichen Einschätzungen in dieser Frage reichten von der Forderung christlicher Pharisäer nach Beschneidung und vollständiger Gesetzesobservanz bis zur beschneidungs- und gesetzesfreien Heidenmission, die wir als

paulinische Position aus seinen Briefen kennen. Über die Ergebnisse der Jerusalemer Konferenz gibt es zwei voneinander abweichen-
de Berichte: Paulus schreibt im Galaterbrief, ihm sei im Blick auf
die Heidenmission „nichts auferlegt" worden, und referiert als Ergebnis nur die Verpflichtung der heidenchristlichen Gemeinden zu
einer Jerusalemkollekte und die Aufteilung der Missionsgebiete:
Die Jerusalemer, namentlich Petrus, sollten die Verkündigungsauf-
gabe unter Juden wahrnehmen, die Antiochener, insbesondere
Barnabas und Paulus, sich der Heidenmission widmen (Gal 2,5–10).
Dagegen einigte man sich nach Darstellung der Apostelgeschichte
auf einen von Petrus und Jakobus erarbeiteten Kompromiss: Heidenchristen waren zwar von der Beschneidungsverpflichtung befreit, hatten aber als Mindestanforderung auf Götzendienst, Unzucht[46] und den Verzehr von Ersticktem und Blut zu verzichten
(Apg 15,20.29).[47]

Dass wir die Position des „Vermittlungstheologen" Barnabas in
dieser Frage wahrscheinlich auf der Linie eines solchen Kompromisses zu suchen haben, zeigt ein Ereignis, das in der Forschung als „antiochenischer Konflikt" bezeichnet wird. Nach der Darstellung, die
Paulus im Galaterbrief gibt, kündigte bei einem Besuch von „Jakobusleuten" in Antiochien neben Petrus auch Barnabas die zuvor
praktizierte Tischgemeinschaft mit den Heidenchristen auf (Gal
2,11–13). Paulus geißelt dieses Verhalten als „Heuchelei" und In-
konsequenz. Im Kern geht es dabei um die Frage, unter welchen
Voraussetzungen Judenchristen und Heidenchristen gemeinsam in
einer Gemeinde leben können (Tischgemeinschaft). Die paulinische
Antwort lautet: Ohne jede Voraussetzung! Jede Einschränkung dieser voraussetzungslosen Gemeinschaft würde die „Wahrheit des
Evangeliums" infrage stellen (Gal 2,14). Petrus und Barnabas betrachten dagegen eine solch kompromisslose Haltung offenbar um
der Einheit mit den Jerusalemern (Jakobusleuten) willen für nicht
durchhaltbar. Man kann das Heuchelei nennen, man kann darin
aber auch das ehrliche Ringen um die Einheit der Christen sehen.

Ob sich dieser „Zwischenfall" vor dem Apostelkonzil ereignete
und vielleicht sogar dessen Auslöser war oder ob es sich um einen
Konflikt im Gefolge der Jerusalemer Vereinbarungen handelte, lässt
sich nicht mit Sicherheit klären. In jedem Fall wird hier eine theologische Differenz zwischen Barnabas und Paulus sichtbar, die
schließlich auch zum Bruch zwischen den beiden Missionaren geführt haben dürfte. Das ist jedenfalls wahrscheinlicher als die Darstellung der Apostelgeschichte, nach der es zur Trennung kam, weil

Paulus und Barnabas sich nicht einigen konnten, ob sie auf ihre geplante zweite Missionsreise noch einmal Johannes Markus mitnehmen sollten (Apg 15,36–39). Nach dem Bruch mit Paulus wandte sich Barnabas gemeinsam mit Johannes Markus wieder der Zypernmission zu (Apg 15,39). Hier verlieren sich seine Spuren. Die spätere legendarische Überlieferung weiß zu berichten, dass er auf Zypern durch Steinigung (so die Laudatio des Alexander Monachus 29) oder durch den Feuertod (Act.Barn. 23) zum Märtyrer wurde. Schriften oder Briefe von Barnabas sind uns nicht erhalten. Zwar hielt ihn schon Clemens von Alexandrien (gest. vor 215 n.Chr.) für den Verfasser einer um 131 n.Chr. entstandenen und seither *Barnabasbrief* genannten Schrift (Strom. II,116,3; V,63,1), und Tertullian (gest. nach 220 n.Chr.) scheint in seiner Schrift ›Über die Ehrbarkeit‹ als selbstverständlich vorauszusetzen, dass der *Hebräerbrief* aus der Feder des Barnabas stammt (Pud. 20) – eine Ansicht, die bis in unsere Tage Unterstützung findet –, aber einer kritischen Prüfung halten diese Zuschreibungen trotz mancher Anhaltspunkte kaum stand. Der legendarischen Überlieferung zufolge wurde Barnabas „gemeinsam mit den Unterweisungen, die er von Matthäus empfangen hatte", bestattet (Act.Barn. 24). Das Körnchen historischer Wahrheit in diesem Bericht liegt wohl darin, dass das theologische Profil des Judenchristen Barnabas, das ihn letztlich von Paulus schied, ihn in besonderer Weise mit dem judenchristlichen Matthäusevangelium verbindet.

Literatur: B. Kollmann, Joseph Barnabas. Leben und Werk, Stuttgart 1998.

Paulus, der Apostel der Heiden

Nach dem Bericht der Apostelgeschichte wurde Paulus in Tarsus im kleinasiatischen Kilikien geboren. Diese Angabe steht in einem gewissen Widerspruch zu einer Nachricht, die Hieronymus überliefert (De viris illustribus 5; ad Philemon 23): danach sei der Geburtsort des Paulus das obergaliläische Gischala; von dort seien seine Eltern wegen der zahlreichen Unruhen in diesem Landstrich nach Tarsus ausgewandert, wo Paulus dann aufwuchs. Mit der Vermutung, dass Paulus aus Palästina stammte, könnte übereinstimmen, dass sich zur Zeit kurz vor seiner Verhaftung durch die Römer in Jerusalem (ca. 57 n.Chr.) dort ein Neffe aufhielt, der ihn vor einem Mordkomplott warnte (Apg 23,16). Aus derselben Notiz können wir entnehmen, dass der Apostel zumindest eine Schwester gehabt haben könnte. Über sein Geburtsjahr fehlen uns Nachrichten, wahrscheinlich wurde er im ersten Jahrzehnt unserer Zeitrechnung geboren.[48] Jesus von Nazareth war also nur unwesentlich älter als sein großer Apostel. Tarsus, die Stadt, in der Paulus zumindest seine Kindheit verbrachte, war eine phönikische Gründung, die ihren orientalischen Charakter auch nach ihrer Hellenisierung und der Besetzung durch die Römer erhalten hatte. Tarsus lebte als Hafenstadt besonders vom Seehandel und dem starken Karawanenverkehr auf der an der Küste entlang führenden *Via maris*, daneben blühten die Fischerei und die Herstellung und Verarbeitung von Textilien. Besonders die Herstellung von Zelten aus Ziegenhaar wurde dort gepflegt. Paulus selbst erlernte das Handwerk eines „Zeltmachers" (Apg 18,3). Diese Ausbildung ermöglichte ihm später während seiner Missionsreisen eine von den Gemeinden unabhängige Existenz, worauf der Apostel immer wieder stolz verwies (vgl. 1Thess 2,9; 1Kor 4,12; 2Kor 11,27). Seit den Zeiten Alexanders des Großen blühte in Tarsus die hellenistische Kultur. Die Stadt besaß eine berühmte Akademie, besonders die stoische Philosophie stand in Blüte. Der Historiker Strabo (XIV,673) nennt die Hauptstadt der römischen Provinz Kilikien direkt hinter Athen und unterstreicht damit ihre Bedeutung. Ein Lehrer des Kaisers Augustus kam aus Tarsus. Die Aufnahme stoischer Begrifflichkeit in seine Argumentation könnte auf Berührungen hinweisen, die Paulus mit dieser großen philosophischen Tradition seiner Heimatstadt gehabt haben könnte. Seine Muttersprache war Griechisch, die Septuaginta die Ausgabe des ersten Testaments, die er benutzte. Die Bevölkerung der Stadt war bunt gemischt, eine der größten Gruppen waren die Juden. Im Rückblick auf seine „vorchristliche" Zeit schreibt Paulus im Philipperbrief: „Ich wurde am achten Tag beschnitten, bin aus dem Volk Israel, vom Stamm Benjamin, ein Hebräer von Hebräern, lebte als Pharisäer nach dem Gesetz, verfolgte voll Eifer die Kirche und war untadelig in der Gerechtigkeit, wie sie das Gesetz vorschreibt" (3,5 f.). Als Anhänger der pharisäischen Reformbewegung vertrat Paulus eine streng am Gesetz orientierte Lebensweise, insbesondere eine rituelle Orthopraxie, mit deren Hilfe er den Alltag heiligen wollte. Paulus, der Pharisäer aus der jüdischen Diaspora, war überzeugt, dass durch die religiöse Ausgestaltung der alltäglichen Lebensweise jedes jüdische Haus an der Heiligkeit des Tempels teilhatte. Der Glaube an die Auferstehung und die Überzeugung, dass der Wille Gottes im ganzen Leben zum Ausdruck gebracht werden sollte, machten ihn ebenso sensibel für die Christusbotschaft wie die Hoffnung auf ein baldiges Kommen des Messias, die in pharisäischen Kreisen virulent war. Die Apostelgeschichte berichtet, Paulus habe Tarsus verlassen, um in Jerusalem als Schüler des berühmten Rabbi Gamaliel I. (Apg 22,3) die Tora zu studieren. Danach sei er in Jerusalem ein eifriger Verfolger der tempelkritisch eingestellten hellenistischen Judenchristen gewesen. Lukas berichtet, der Apostel habe bereits als Jüngling der Steinigung des Stephanus zugesehen (Apg 7,58–60) und später eigenhändig Christen und Christinnen aus ihren Häusern ins Gefängnis geschleppt (Apg 8,3). Anlässlich eines Verhörs vor dem römischen Statthalter Festus lässt Lukas Paulus bekennen, er habe Todesurteilen gegen Christen zugestimmt (Apg 26,10). Nach Damaskus sei er mit Vollmachten der priesterlichen Aristokratie aufgebrochen, um dortige Christen gefesselt nach Jerusalem zu überführen (Apg 9,1 f.). Die historische Zuverlässigkeit dieses lukanischen Berichts ist in der Forschung heftig umstritten. Es wird gefragt, ob es rechtlich möglich gewesen sei, dass der Hohepriester die Verfolgung von Christen in Damaskus anordnen konnte. Judäa war seit 6 n. Chr. eigenständige römische Provinz, Damaskus der römischen Provinz Syrien eingegliedert. Der dort herrschende Nabatäerkönig Aretas IV. (9 v. Chr.–39 n. Chr.; 2Kor 11,32) übte außerdem noch eine gewisse selbstständige Macht aus. Eigene Gerichtsbarkeit besaßen die Juden jeweils nur auf lokaler Ebene. Todesurteile durften sie weder aussprechen noch vollstrecken. Als wichtigster Zeuge gegen die lukanische Darstellung eines längeren Jerusalemaufenthaltes des Paulus als strenggläubiger Pharisäer vor seiner Berufung wird Paulus selbst ins Feld geführt. Denn im Galaterbrief schreibt er: „Ich war unbekannt von Angesicht den christlichen Gemeinden in Judäa. Sie hatten nur gehört: Der uns früher verfolgte, der predigt jetzt den Glauben, den er früher zu zerstören suchte …" (Gal 1,22 f.). Historisch haltbar ist mit Sicherheit, dass Paulus eifrig Christen verfolgte. Dies berichtet der Apostel selbst an mehreren Stellen. Doch wo verfolgte er die frühen Christen? Diejenigen Forscher, welche die Darstellung der Apg für eine Fiktion halten, nehmen zumeist Damaskus und seine Umgebung an. Paulus habe dann als ein Pharisäer aus der Diaspora in diesem Gebiet Mission getrieben und sei bei dieser Tätigkeit mit Griechisch sprechenden Judenchristen heftig zusammengestoßen. Diese Kritik an der Darstellung der Apg erscheint mir allerdings nicht stichhaltig, denn der entscheidende

Beleg aus Gal 1,22f. bezieht sich insgesamt auf die Zeit nach der Bekehrung des Apostels. Paulus spricht ja auch ausdrücklich von Judäa und nicht von Jerusalem. Er hat hier die gesamte römische Provinz im Blick. Und in deren zahlreichen judenchristlichen Gemeinden hatte er sich gewiss nicht überall persönlich vorstellen können. Auch ist in Damaskus kein pharisäisches Lehrhaus nachgewiesen, sodass man annehmen kann, dass er seine Toraausbildung tatsächlich in Jerusalem erhalten hatte. Paulus wäre dann als junger Toraschüler in die heftigen Auseinandersetzungen zwischen Griechisch sprechenden Juden und den aus ihrem Kreis hervorgegangenen Griechisch sprechenden Judenchristen hineingezogen worden. Martin Hengel schreibt über diese Zeit:

„Durch die Kritik am Tempelkult und an einzelnen rituellen Gesetzesbestimmungen ..., gerieten sie (sc. die Griechisch sprechenden Judenchristen) in einen heftigen Konflikt mit den Griechisch sprechenden landsmannschaftlichen Synagogen, an dessen Ende die Steinigung des Stephanus stand ... Der junge Gelehrtenschüler Paulus war an diesen Ereignissen beteiligt, ja wurde zu einem Hauptantreiber einer nun weitergehenden oder bald erneut aufbrechenden Verfolgung, die zur Folge hatte, dass diese Griechisch sprechende Gemeindegruppe aus der Heiligen Stadt vertrieben wurde" (Hengel/Schwemer, 1998, 56f.).

Einige der in Jerusalem Verfolgten gingen wahrscheinlich auch nach Damaskus, wo sie in den dortigen jüdischen Synagogengemeinden Anschluss suchten. Wahrscheinlich befürchteten die Jerusalemer Tempelaristokraten Verunsicherung und Unruhe durch die geflohenen Messiasbekenner und schickten den fanatischen Christenverfolger Paulus nach Damaskus, um dort massiv gegen die tempel- und gesetzeskritische Position der „Hellenisten" vorzugehen. Die Notiz der Apostelgeschichte, Paulus solle die Christen gefesselt nach Jerusalem zurückbringen (9,2f.), scheint den tatsächlichen Sachverhalt zu dramatisieren. Eine rechtliche Handhabe für ein solches Vorgehen hatte er mit Sicherheit nicht. Auf dem Weg nach Damaskus kurz vor den Toren der Stadt widerfuhr Paulus das entscheidende Erlebnis seines Lebens. Was ist vor Damaskus geschehen? Die Apostelgeschichte berichtet an drei Stellen (Apg 9,1–19; 22,6–21; 26,4–20). Diese Berichte gleichen sich in ihrer Grundstruktur; sie sind aber in Einzelheiten durchaus variantenreich. Nach allen drei Berichten widerfährt dem Apostel auf dem Weg nach Damaskus in Gegenwart von Begleitern eine Lichterscheinung in Kombination mit einer Audition: Eine Stimme vom Himmel fragt: „Saul, Saul, was verfolgst du mich?" Auf die Gegenfrage des Paulus „Wer bist du Herr?" antwortet die Stimme: „Ich bin Jesus, den du verfolgst." In zwei der drei Berichte wird ein damaszenischer Christ mit Namen Ananias erwähnt, der den kurzfristig erblindeten Paulus nach Damaskus mitnimmt und dort heilt und tauft. Ausschließlich in Apg 22 hat Paulus eine weitere Vision und Audition im Jerusalemer Tempel, durch die er zum Heidenmissionar berufen wird. Paulus selbst beschreibt im Galaterbrief dieses Ereignis in knapper Form und ohne auf die näheren Umstände einzugehen. Er schildert die Offenbarung des Gottessohnes als ein inneres Erlebnis, betont, dass er bereits von Mutterleib an ein durch Gottes Gnade auserwählter Mensch gewesen sei, und nennt unmittelbar die Folge seines Christuserlebnisses: das Evangelium unter den Heiden zu verkünden (Gal 1,15 f.). Rückblickend deutet Paulus sein Christuserlebnis als eine Umwertung aller Werte. Im Philipperbrief schreibt er: „Aber was mir (sc. vor der Berufung) Gewinn war, das habe ich um Christi willen für Schaden erachtet" (3,7). Paulus schildert seine Berufung im Galaterbrief im Kontext einer heftigen Auseinandersetzung mit judenchristlichen Gegnern, die ihm die Legitimität seiner Verkündigung absprechen. Dem Apostel liegt deshalb nichts daran, seine Berufung in ihrem äußeren Ablauf zu erzählen, wie es Lukas in der Apostelgeschichte unternimmt. Es geht ihm allein um die göttliche Legitimation seiner Evangeliumsverkündigung, die keiner Bestätigung durch frühchristliche Autoritäten bedarf. Wie die großen Propheten Jesaja und Jeremia fühlt er sich bereits im Mutterleib durch Gott zum Völkerapostel ausgewählt. Deutlich wird diese Analogie durch ein Zitat aus dem Berufungsbericht des Jeremia: „Ich kannte dich, ehe ich dich im Mutterleib bereitete, und sonderte dich aus, ehe du von der Mutter geboren wurdest, und bestellte dich zum Propheten für die Völker" (Jer 1,5; vgl. Jes 49,5). Paulus kann dieses Offenbarungserlebnis auch in mystischen Kategorien deuten. Für ihn bedeutet sein Offenbarungserlebnis nicht nur die Legitimation zur Mission unter den Heiden, sondern auch die Teilhabe am Leib Christi. Der Apostel spricht häufig vom „Sein in Christo" und meint damit, dass sein ganzes Leben, Denken und Fühlen durch die Zugehörigkeit zu Christus bestimmt ist. Seine eigenen Leidenserfahrungen kann er daher so stark mit dem Leiden Christi identifizieren, dass er davon spricht, die Malzeichen Jesu an seinem Leib zu tragen (Gal 6,17). Er deutet die vielen Bedrohungen und Gefahren, psychischen und körperlichen Leiden, die ihm während seiner Wirksamkeit als Apostel widerfahren sind, nicht als eine Form von persönlichem Heroismus, sondern als

Nachfolge Christi. Der wahre apostolische Dienst steht für ihn in enger Beziehung zum Schicksal des gekreuzigten Christus: „Allezeit tragen wir das Sterben Jesu am Leibe herum", schreibt er im 2. Korintherbrief. All diese Aussagen haben einen sehr realen Hintergrund: Das Reisen im östlichen Mittelmeerraum barg zahlreiche Gefahren, obgleich die Verkehrswege in römischer Zeit erstaunlich gut ausgebaut waren. Paulus selbst berichtet von den Gefahren der Schiffsreisen, von Hunger und Kälte. Räuber bedrohten ihn auf seinen Wanderungen, Flussüberquerungen gefährdeten seine Gesundheit und sein Leben. Während einer Reise erlitt er Schiffbruch und trieb eine Nacht und einen Tag auf der offenen See (vgl. 2Kor 11,16–32). Die Apostelgeschichte berichtet in einer dramatischen Erzählung von einem weiteren Schiffbruch des Paulus vor Malta auf der Reise als Gefangener nach Rom. Neben diesen *alle Reisenden* der antiken Welt bedrohenden Gefahren nennt Paulus aber auch Leiden, die durch Konflikte auf Grund seiner Verkündigung verursacht worden sind. Diese heftigen Auseinandersetzungen werfen nicht nur ein Schlaglicht auf die Biographie des Apostels, sondern sie sind auch der Ursprung für die Präzisierung und Weiterentwicklung seiner theologischen Gedanken. Mit wem trug Paulus Konflikte aus? Von wem hatte er Verfolgung und Leid auf Grund seiner Botschaft zu erwarten? Innerhalb des sich entwickelnden frühen Christentums geriet Paulus in Auseinandersetzungen sowohl mit gemäßigten judenchristlichen und heidenchristlichen Gruppierungen als auch mit strengen Judenchristen. Auf seinen Missionsreisen brachen heftige Autoritätskonflikte mit anderen Wandermissionaren auf, die zu Turbulenzen in den von Paulus gegründeten Gemeinden führten. Daneben führte seine Missionsstrategie, die häufig im Umfeld von Diasporasynagogen ansetzte, zu massiven Streitigkeiten mit jüdischen Autoritäten. Letztlich geriet Paulus immer auch dann in Schwierigkeiten, wenn seine messianische Verkündigung von der paganen Umwelt und hier besonders von staatlichen Autoritäten als ein Programm gegen den politischen Herrschaftsanspruch des römischen Kaisers missverstanden wurde.

Nach seiner Berufung entzog sich Paulus zuerst bewusst einer Auseinandersetzung mit anderen christlichen Gruppierungen der ersten Generation. Erst drei Jahre nach Damaskus zieht er nach Jerusalem, um dort Petrus zu besuchen. Er wohnte fünfzehn Tage im Haus des Apostels. Ohne allzu spekulativ zu sein, können wir annehmen, dass sich Paulus und Petrus intensiv theologisch austauschten. Wahrscheinlich besprachen die beiden die Möglichkeit einer beschneidungsfreien Heidenmission, wie sie dann später auf dem Apostelkonzil durchgesetzt wurde. Spätestens nach seinem Besuch bei Petrus wird Paulus auch detailliert über das Leben des historischen Jesus informiert gewesen sein. Dennoch wird er später die Bedeutung des Menschen Jesus von Nazareth für seine Theologie fast demonstrativ leugnen. In 2Kor 5,16 schreibt er an die Christen in Korinth: „Darum kennen wir von nun an niemanden mehr nach dem Fleisch; und auch wenn wir Christus gekannt haben nach dem Fleisch, so kennen wir ihn doch jetzt so nicht mehr." Mit dieser grundsätzlichen Aussage versucht Paulus auch einen Angriffspunkt seiner apostolischen Gegner zu entkräften: Nur wer den Menschen Jesus gekannt habe, könne sich legitimerweise als Apostel bezeichnen. Während seines Aufenthaltes bei Petrus trifft Paulus, was auffallend ist, lediglich noch den Herrenbruder Jakobus aus dem Kreis der Apostel und einflussreichen Gemeindeglieder der Urgemeinde. Auch hiermit will er wohl den Christen in Galatien seine unmittelbar von Gott gegebene Legitimität als Apostel und Missionar ins Bewusstsein rufen. Sein Aufenthalt in Jerusalem dient nicht dazu, sich von den Jerusalemer Autoritäten anerkennen zu lassen. Nach diesem Besuch in Jerusalem hält sich Paulus in der weiteren Umgebung seiner Heimatstadt Tarsus auf und missioniert in Nordsyrien und Kilikien (1,21; vgl. Apg 9,30; 11,25f.).

Wahrscheinlich auf Initiative des Barnabas kommt Paulus kurze Zeit später in das erste hellenistisch geprägte frühchristliche Missionszentrum Antiochia. Nach einem längeren dortigen Aufenthalt bricht er zusammen mit Barnabas und Johannes Markus zu einer ersten größeren Missionsreise auf (Apg 13–14).

Diese Reise führt von Antiochia aus über Zypern nach Pisidien und Ikonien und erreicht in Derbe ihren äußersten Punkt. Von dort aus geht es zurück bis zum Ausgangspunkt Antiochia. Auf dieser ersten großen Reise tritt Paulus noch nicht als eigenständiger Missionar auf. Er erscheint als ein einfacher antiochenischer Gemeindemissionar, der seinem Begleiter Barnabas untergeordnet ist. Die in der Apostelgeschichte berichteten Ereignisse auf dieser Reise sind durchaus dramatisch. Mehrmals geraten die Missionare in heftige Auseinandersetzungen mit Juden, die ihre Predigt ablehnen und mit Gewalt auf ihre Botschaft reagieren. In Lystra kommt es sogar zu einer Steinigung, die Paulus überlebt (Apg 14,8–20). Barnabas und Paulus praktizieren eine Missionsstrategie, die Paulus bis an sein Lebensende beibehalten wird. Sie missionieren nicht „flächendeckend" – dies hätte ihre Möglichkeiten überfordert –, sondern konzentrieren sich auf das Zentrum des jeweiligen Landstrichs. Dort versuchen sie zuerst in den jüdischen Synagogen neue Anhänger zu gewinnen. Doch regelmäßig führen die Diskussionen mit den jüdischen Glaubensgenossen zu keinem Erfolg. Anklang findet die Missionspredigt bei gottesfürchtigen Heiden. Neben der Missionspredigt tritt besonders in den Schilderungen der Apostelgeschichte der charismatische Zug der frühchristlichen Mission deutlich hervor: Paulus tritt ebenso wie beispielsweise Petrus auch als Wunderheiler auf. Paulus selbst sieht in seinen Wundertaten das spezifische Erkennungszeichen eines Apostels in der Nachfolge Jesu (2Kor 12,12). Spätestens auf dieser Missionswanderung lernt Paulus die Umsetzung der Missionstheologie jener griechisch sprechenden, „Hellenisten" genannten Judenchristen kennen, die sich von den hebräisch sprechenden Christen der Urgemeinde auf Grund ihrer unterschiedlichen Kulturzugehörigkeit und Sprache schon bald getrennt hatten. Nach ihrer Vertreibung aus Jerusalem missionierte besonders Philippus in Samarien, während andere griechisch sprechende Judenchristen bis nach Antiochia gingen und dort eine Gemeinde gründeten, die neben Judenchristen auch Heidenchristen umfasst. Paulus wird von Barnabas das Programm einer beschneidungsfreien Heidenmission verbunden mit den theologischen Kernaussagen jener Antiochener kennen gelernt und übernommen haben. Eine Zusammenfassung der hellenistischen Missionsverkündigung überliefert der Apostel in seinem ersten erhaltenen Brief: „Denn sie berichten von uns, welchen Eingang wir bei euch gefunden haben und wie ihr euch bekehrt habt zu Gott von den Abgöttern, zu dienen dem lebendigen und wahren Gott und zu warten auf seinen Sohn vom Himmel, den er auferweckt hat von den Toten, Jesus, der uns von dem zukünftigen Zorn errettet" (1Thess 1,9f.). Bereits die antiochenischen Christen verzichteten angesichts des baldigen Kommens des Messias auf die Beschneidung als Trennungszeichen zwischen Heiden und Juden. Nach seiner Bewährung als Gemeindemissionar gewinnt Paulus stetig an Einfluss in Antiochia (vgl. Apg 11,25f.) und erreicht dort mit der Zeit gemeindeleitende Bedeutung neben Barnabas.

An der Frage der Beschneidung von Heiden entzündete sich der erste große Konflikt, den Paulus mit anderen Messiasbekennern durchzustehen hatte. Ganz offensichtlich betrachteten Teile der Jerusalemer Christen im Sinne eines jüdischen Bundesnomismus die Beschneidung als heilsnotwendig und damit als unaufgebbar. Um diesen Konflikt zwischen Antiochia und Jerusalem zu lösen, zog

Paulus als einer der führenden Repräsentanten der antiochenischen Gemeinde (Gal 2,1; Apg 15,2) zusammen mit Barnabas und dem unbeschnittenen Heidenchristen Titus zum sog. Jerusalemer Apostelkonvent (48 n. Chr.), etwa 14 Jahre nach seinem ersten dortigen Besuch. Anlass, Darstellung und Ergebnis der Zusammenkunft gehen bei Paulus (Gal 2,1–10) und Lukas (Apg 15,1–29) zwar auseinander, können aber zu einem Bild zusammengefügt werden. Von zentraler Bedeutung ist, dass sich auf diesem Zusammentreffen Paulus und Barnabas mit den führenden Kräften der Urgemeinde, mit Petrus, Jakobus und Johannes auf die Anerkennung einer beschneidungsfreien Heidenmission einigen konnten (vgl. Gal 2,9). Allerdings hatte die Einigung, wie sich später herausstellte, zwei folgenschwere Schönheitsfehler: Man diskutierte zwar über die Bedeutung der Beschneidung für das Christsein, auch über unterschiedliche Vorgehensweisen bei der Mission von Juden und Heiden, man sprach aber nicht darüber, wie strenge Judenchristen und Heidenchristen im alltäglichen Leben in einer Gemeinde zusammenleben können. Konkret diskutierte man nicht, wie man sich bei gemeinsamen Mahlzeiten zu verhalten hat. Der zweite Schönheitsfehler war, dass die Jerusalemer Einigung nicht von allen Anwesenden mitgetragen wurde. Es gab eine größere Gruppe strenger Judenchristen, Lukas identifiziert sie als Pharisäer, die Jesus als den Messias anerkennen, für die aber nach wie vor die Beschneidung Bedingung für das Erlangen des Heils vor Gott war. Aus diesen beiden Schönheitsfehlern entsprangen für Paulus zwei heftige Auseinandersetzungen, die letztlich zu einer eigenständigen Mission und einer eigenständigen Theologie des Apostels führten. Kurze Zeit nach der Einigung auf dem Apostelkonzil brach in Antiochia die Frage nach dem Zusammenleben zwischen Juden- und Heidenchristen in heftiger Form auf. Was war geschehen? Nachdem Petrus nach Antiochia gekommen war, schloss er sich der dort üblichen Praxis an und hielt Tischgemeinschaft mit Juden- und Heidenchristen, ohne sich über die damit zusammenhängenden Fragen der Einhaltung der Speisegebote Gedanken zu machen. Diese Praxis wurde offensichtlich in Jerusalem bekannt und erregte dort Anstoß. Die Beurteilung der sich nun entzündenden Auseinandersetzung wird dadurch erschwert, dass wir nur einen emotional gefärbten Bericht des Paulus über dieses Ereignis besitzen (Gal 2). Sicher wissen wir, dass Jakobus einige Abgesandte nach Antiochien schickte, um für die Einhaltung eines Minimums an kultischer Reinheit bei der Tischgemeinschaft zwischen Juden- und Heidenchristen zu sorgen. Die antiochenischen Christen

– unter ihnen auch Petrus und Barnabas – schlossen sich offensichtlich der Argumentation von Jakobus an. Paulus allerdings machte
die Tischgemeinschaft zum status confessionis, warf Petrus Heuchelei vor und provozierte damit nicht nur einen menschlichen Bruch
mit seinem engsten Weggefährten Barnabas (Gal 2,13), sondern
auch mit Petrus (Gal 2,11–14). Die Gemeinschaft zwischen Paulus
und Antiochien ist zerstört; wahrscheinlich hat er die Stadt nie mehr
besucht. Wahrscheinlich lag dieser Auseinandersetzung ein verdeck-
ter Konflikt zu Grunde:

„Die Vertragspartner des Paulus meinten, die Heidenchristen ohne Beschneidung als 'Vorstufe' zum wahren Christentum akzeptieren zu können –
nach Analogie der Gottesfürchtigen. Sie erwarteten vielleicht, dass auch an
ihnen das eschatologische Wunder einer vollen Bekehrung zum Judentum
(mit Übernahme der Beschneidung) sich ereignen werde. Wenn man darauf
verzichtet, Heidenchristen zur Beschneidung zu nötigen, so heißt das nicht,
dass es verboten war, sich auf Grund von innerer Überzeugung freiwillig beschneiden zu lassen. Paulus aber sah in der Aufnahme von Heidenchristen
in die Gemeinde eine vollgültige Mitgliedschaft, die durch keine weiteren
Auflagen und Erwartungen belastet werden sollte" (Theißen, 2000, 229
Anm. 3).

Im Kern versuchten sowohl Jakobus als auch Petrus und Barnabas einen Kompromiss zu erreichen, der auch strenggläubigen Judenchristen ein reales Zusammenleben mit noch nicht beschnittenen Glaubensgenossen ermöglichte. Ob sich Paulus und Petrus ir-
gendwann später wieder versöhnten, wie es die christliche Legende
suggeriert, bleibt im Dunkeln. Einige Jahre später kam es zwischen
den beiden Aposteln nochmals zu einem nachweisbaren indirekt
ausgetragenen Konflikt. Offensichtlich hatten beide in Korinth mit
Erfolg missioniert, sodass in der dortigen Gemeinde unterschiedliche Parteien entstanden. Die Gemeindeglieder fühlten sich wahrscheinlich mit den Missionaren besonders verbunden, die sie getauft
hatten. In einem Schreiben an die korinthische Gemeinde (1Kor)
betont Paulus vehement die Gleichwertigkeit aller Apostel, nicht
ohne zu betonen, dass er es war, der wie ein guter Architekt das
Fundament gelegt habe, auf dem die anderen Missionare nun wei-
terarbeiten können (1Kor 3,10). Paulus erkennt zwar das Missionswerk Petri an, betont theologisch eindrücklich, dass alle Apostel nur
„Diener Christi" (1Kor 4,1) seien, lässt aber auch seine eigene Vor-
rangstellung durchscheinen, denn er war es, der in Korinth das Fundament legte, auf dem die anderen weiterbauen konnten.
    Nach dem Konflikt in Antiochia trennte sich Paulus von Barnabas.

Zusammen mit einem angesehenen Jerusalemer Christen namens
Silas als neuem Begleiter zieht er nun durch Syrien und Kilikien.
Im Südteil der Provinz Galatien erreichen sie Lystra, wo Paulus Timotheus als weiteren Mitarbeiter gewinnen kann. Die Apostelgeschichte deutet hier einen überraschenden Charakterzug des Apostels an,
der sich auch in seinen Briefen findet: Paulus kann immer dort, wo er
sich nicht persönlich angegriffen und seine Botschaft in Frage gestellt sieht, durchaus zu erstaunlichen Kompromissen fähig sein. So
lässt er Timotheus aus Rücksicht gegenüber den Juden beschneiden
(Apg 16,1–3). Als er rund acht Jahre später aus Korinth einen Brief
an die römische Gemeinde schreibt, um sich und sein theologisches
Denken dort vorzustellen, schlägt er ebenfalls in Blick auf die dortigen Juden und Judenchristen moderate Töne an. Paulus blickt zu dieser Zeit auf seine Mission im Osten zurück. Sein neues Ziel ist Spanien, das er von Rom aus missionieren möchte.

Eine größere jüdische Kolonie in Rom ist spätestens seit der Eroberung Palästinas im Jahr 63 v. Chr. durch Pompeius belegbar, da
dieser dort gefangene Juden als Kriegssklaven ansiedelte. Diese
brauchten ihre Religion nicht abzulegen und organisierten sich in
Synagogen. Zur Zeit des Paulus sind 12 römische Synagogen bekannt. 19 n. Chr. kam es zu einer Vertreibung von Juden aus Rom
unter Tiberius. Vordergründig beruhte die Strafmaßnahme auf dem
Vorwurf, dass einige Juden die Tempelspende einer vornehmen Pro-
selytin unterschlagen hätten. Die eigentliche Ursache lag wohl in
der Konversion einflussreicher Heiden zum Judentum. Unter Claudius erfolgte 41 n. Chr. (Dio Cassius, Hist. Romana 60b) ein Ver-
sammlungsverbot für Juden und 49 n. Chr. das sog. Claudius-Edikt,
dessen entscheidende Passage bei Sueton überliefert ist: „Die Juden
vertrieb er aus Rom, weil sie, von Chrestus aufgehetzt, fortwährend
Unruhe stifteten" (Claudius 25). Anlass für die Maßnahme waren
tumultartige Zwischenfälle in Synagogen, die durch christliche Missionare verursacht waren. Man ist sich darüber einig, dass nicht alle
der rund 50000 Juden aus Rom vertrieben worden sind. Die Ereignisse lassen sich mit einiger Wahrscheinlichkeit rekonstruieren:

„Ausgelöst wurde die Strafmaßnahme durch die Verkündigung des Messias
Jesus in römischen Synagogen. Deshalb und vielleicht besonders wegen der
forcierten Predigt des gesetzesfreien Evangeliums kam es zu gewaltsamen
Zwischenfällen. Die Weitergabe apokalyptischer Prophetien durch Judenchristen mag den ohnehin schon vorhandenen Verdacht der Behörden verstärkt haben, Juden seien in besonderer Weise für Magie, Zukunftsweis-
sagungen und umstürzlerische Gedanken offen" (Riesner, 1994, 139–180).

Juden und Christen wurden offensichtlich von der römischen
Umwelt noch nicht als zwei verschiedene Glaubensgemeinschaften
wahrgenommen. Über die Umstände der Vertreibung und damit
auch über die Zustände in den christlichen Gemeinden Roms war
Paulus durch Aquila und Priszilla unterrichtet (Apg 18).
Das Claudius-Edikt ist für das Verständnis des Römerbriefs deshalb so wichtig, weil es ein Schlaglicht auf die konfliktgeladenen
Verhältnisse innerhalb der jüdischen Gemeinden Roms wirft, in
denen Juden und Christen noch nicht vollständig getrennt waren.
Deshalb schreibt Paulus den Römerbrief nicht an die „Gemeinde
in Rom", sondern an die „Heiligen in Rom" (1,7). Die Bekannt-
schaft mit Aquila und Priszilla zeigt, dass Paulus Menschen nahe
stand, die in die römischen Konflikte unmittelbar involviert waren.
Unmittelbar vor seiner Reise nach Jerusalem zur Überbringung der
Kollekte und am Ende seiner Orientmission schreibt Paulus den
Brief an die Römer ca. 56 n. Chr. aus Korinth. Er möchte auf der
Durchreise nach Spanien in Rom Station machen (15,24). Bisher
war Paulus öfters daran gehindert gewesen, diesen Besuch in die
Tat umzusetzen (1,13). Mit dem Schreiben eines Briefes an die ihm
bisher persönlich unbekannten Christen in Rom wirbt Paulus um
die sachliche Anerkennung seines Evangeliums und um Vertrauen
in seine Person. Da Paulus Rom als Basis für seine Spanienmission
braucht, stellt er zum einen werbend seine Theologie vor und versucht in Blick auf die Außen- und Binnenstruktur der Gemeinde
konfliktvermeidend und schlichtend einzuwirken. Da Paulus in
Rom nicht persönlich bekannt ist, möchte er im Blick auf seine weitere missionarische Tätigkeit im Westen Vertrauen herstellen und
persönliche Missverständnisse aus dem Weg räumen (Röm 15,22).
So versucht er drei mögliche sachliche Vorwürfe auszuräumen. In
Röm 3,8f. wehrt er sich gegen die Behauptung, er vertrete in seiner
Ethik libertinistische Prinzipien: „Ist es etwa so, wie wir verlästert
werden und einige behaupten, dass wir sagen: Lasst uns Böses tun,
damit Gutes daraus komme? Deren Verdammnis ist gerecht." Auch
verwahrt er sich in Blick auf den judenchristlichen Teil der römischen Gemeinde gegen die Meinung, er disqualifiziere das Gesetz.
Paulus betont gegen solche antinomistischen Vorwürfe mehrmals
die erzieherische Bedeutung der Tora (Röm 3,8 in Verbindung mit
3,31 und 7,7). Unter Hinweis auf seine jüdische Abstammung wehrt
er sich auch gegen Anklagen, er sei antijudaistisch eingestellt: „So
frage ich nun: Hat denn Gott sein Volk verstoßen? Das sei ferne!
Denn ich bin auch ein Israelit, vom Geschlecht Abrahams, aus dem

Stamm Benjamin. Gott hat sein Volk nicht verstoßen, das er zuvor
erwählt hat" (11,1f.).

Im Römerbrief fasst Paulus Themen seiner Theologie zusammen
und korrigiert manche scharfen und pointierten Aussagen aus
früheren Schreiben in einer ausgleichenden Weise: Besonders seine
harten Äußerungen über die Juden (vgl. 1Thess 2,14–16) nimmt er
zurück. In drei Kapiteln (9–11) beschreibt er das Gottesverhältnis
Israels und kommt zu dem letztendlichen Schluss, dass auch Israel
von Gott am Ende der Zeiten errettet wird. Paulus fühlt sich nicht
als ein Feind Israels. Auch seine scharfe Polemik gegenüber den
Speisegeboten nimmt er zu Gunsten einer toleranten und auf das
Gewissen der Judenchristen Rücksicht nehmenden Haltung zurück
(Röm 14–15). Ähnlich wie in der Gemeinde von Korinth tritt Paulus
an diesem Punkt als Schlichter und Versöhner auf. In der von Paulus
gegründeten korinthischen Gemeinde entzündete sich ein Konflikt
zwischen Juden und Heidenchristen an der Frage, ob man Götzenopferfleisch essen darf. Es stehen sich zwei Positionen gegenüber, wobei Paulus die Rolle des Vermittlers zufällt. Während sich
die 'Starken' auf die Erkenntnis berufen, dass es nur einen Gott
gibt, jedoch keine Götzen und daher auch kein Götzenopferfleisch
(1Kor 8,4ff.), meiden die 'Schwachen' seinen Genuss bzw. verzehren
es nur mit schlechtem Gewissen, da rituelle Handlungen bei keiner
Schlachtung ausgeschlossen seien. Die Position der Heidenchristen
zur Speisefrage ist rational: „Eine Speise bringt uns Gott nicht
näher; wenn wir nicht essen, so haben wir keinen Nachteil, wenn wir
essen, so haben wir keinen Gewinn." In 1Kor 10,26 greift Paulus ein
Argument auf, das bereits aus der „aufgeklärten" paganen Position
innerhalb des 4Makk bekannt ist: Das auf dem Fleischmarkt Verkaufte gehört mit zu Gottes Schöpfung (vgl. auch 1Tim 4), es
ist damit naturgegeben und braucht nicht dämonisiert zu werden,
dennoch ermahnt er den „aufgeklärten" Teil seiner Gemeinde zur
Rücksichtnahme auf das Gewissen derer, denen aus ihrer jüdischen
Tradition heraus der Genuss von Götzenopferfleisch ein Gräuel ist.
Paulus, der durchaus fanatische Charakterzüge trägt, kann auf der
anderen Seite durchaus seelsorgerisch handeln und überzogene
Positionen bei ruhiger Betrachtung zurücknehmen.

Doch zurück zur 2. Missionsreise des Apostels. Von Lystra aus
durchwandern Paulus und seine Begleiter Phrygien, Galatien und
Mysien. Im kleinasiatischen Troas hat Paulus eine Erscheinung: Er
solle seine Mission in Mazedonien fortsetzen (Apg 16,10). Philippi
ist seine erste Station in Europa. Dort bekehrt er die Purpurhändle-

rin Lydia. Über Thessalonich und Athen kommt er nach Korinth. Dort wirkte Paulus ungefähr anderthalb Jahre (49/50–52/53). Die Stadt liegt verkehrsgünstig an der Landenge zwischen Ägäischem und Adriatischem Meer. Die Zitadelle von Akrokorinth mit dem Tempel der Aphrodite überragt die Stadt. Der Geograf Strabo beschreibt die Hafenstadt folgendermaßen:

„Korinth wird als reich bezeichnet, weil die Feier der Isthmischen Spiele große Menschenmengen dorthin brachten; das Heiligtum der Aphrodite war so reich, dass es mehr als eintausend Kurtisanen besaß; die Seeleute brachten ihr Geld dorthin, weshalb das Sprichwort sagt: ‚Die Reise nach Korinth ist nicht jedermanns Sache.‘ "

In Korinth vermischten sich die unterschiedlichsten Kulturen und Rassen. Die sozialen Unterschiede zwischen Arm und Reich waren krass. Die Spannweite der Bevölkerung reichte von römischen Aristokraten bis zu besitz- und heimatlosen Armen. In dieser fabelhaft reichen Stadt kam es vor, dass die Ärmsten der Armen beim Brotverkäufer Krumen vom Boden auflasen. Die sozialen Unterschiede spiegeln sich auch in der dortigen christlichen Gemeinde. Paulus geht auf diese Spannungen in den Briefen ein, die er um 54/55 n. Chr. dorthin schreiben wird und in denen er sich bemüht, zahlreiche innergemeindliche Konflikte zu lösen, die aufgetreten waren. Auch wird er sich gegen heftige persönliche Angriffe durch andere Apostel verteidigen müssen.

Der erste Brief an die Korinther wurde von Paulus wahrscheinlich 55 n. Chr. in Ephesus geschrieben. Als Antwort auf Spaltungen innerhalb der Gemeinde entfaltet Paulus in ihm seine Kreuzestheologie als Umwertung aller Werte im Gegensatz zu aller menschlichen Weisheit (1Kor 1–2): „Die Juden fordern Zeichen, die Griechen suchen Weisheit. Wir dagegen verkündigen Christus als den Gekreuzigten: für Juden ein empörendes Ärgernis, für Heiden eine Torheit, für die Berufenen aber, Juden wie Griechen, predigen wir Christus, Gottes Kraft und Gottes Weisheit" (1,22–24). In dieser grundsätzlichen Aussage spiegeln sich die vielen Frustrationen, Zurückweisungen und Ablehnungen, die Paulus auf seinen Missionsreisen erfahren musste. So erntete Paulus von seinen philosophischen Zuhörern in Athen, als er über die Auferstehung Jesu predigt, nur Spott (Apg 17,32). Die Ablehnung seiner Botschaft in den Synagogen der Diaspora ist eine durchgängige Erfahrung während seiner gesamten Missionstätigkeit.

Daneben behandelt er unter dem Gesichtspunkt der Heiligkeit der Gemeinde in Kap. 5–7 wichtige ethische Einzelfragen: Wie soll die Gemeinde mit einem Blutschänder umgehen?; er behandelt die Frage, wie mit Rechtsstreitigkeiten unter Gemeindegliedern umzugehen ist, nimmt Stellung zum außerehelichen Geschlechtsverkehr, gibt Weisungen für Verheiratete und Unverheiratete und Hinweise über die Stellung von Sklaven innerhalb einer christlichen Gemeinde.

Auf Grund von Missständen in der Praxis thematisiert Paulus die Abendmahlspraxis der korinthischen Christen. Er plädiert für eine Trennung von Sättigungs- und Abendmahl, um die massiven sozialen Unterschiede innerhalb der Gemeinde nicht allzu öffentlich werden zu lassen.

Die Lehre von den verschiedenen, aber gleichwertigen Charismen stellt Paulus mithilfe des Bildes von Christus als Leib mit vielen Gliedern dar (1Kor 12–14) und konkretisiert dies besonders an dem Phänomen Zungenrede (Glossolalie), die als ein pneumatisches Phänomen immer im Dienst der Gemeinde stehen müsse.

Seine Lehre von der Auferweckung Christi und der Auferstehung aller Christen stellt Paulus in Kap. 15 in Auseinandersetzung mit Christen, die die allgemeine Auferstehung leugnen, dar.

Bis heute ist die christliche Botschaft vom Kreuz das umstrittene Kernstück des Glaubens. Doch ist nach Paulus die Theologie des Kreuzes das allein Christliche der Verkündigung. Sie spiegelt die paradoxe Logik Gottes: vor ihm kann nur das Erniedrigte gelten.

Im 2Kor haben wahrscheinlich spätere Redaktoren eine Korrespondenz zwischen Paulus und Korinth aus vier ursprünglich selbstständigen Briefen zusammengefasst, die unterschiedlichen Situationen zuzuordnen sind (Bornkamm, 1965).

Ein durchgängiges Thema des Briefes ist die Legitimität seines Apostolats, welches er gegen Angriffe von Gegnern verteidigen muss. Besonders die persönlichen Anwürfe haben den Apostel hart getroffen. Man warf ihm vor, er sei feig (2Kor 10,1) und sein Auftreten sei schwächlich; seine Redegabe sei unterentwickelt (2Kor 11,6); gegenüber seiner Gemeinde habe er sich arglistig und voller Hinterlist verhalten (2Kor 12,16). Bei sachlicher Betrachtung werfen seine korinthischen Gegner Paulus offensichtlich eine fehlende charismatische Begabung vor, die als Kennzeichen der Apostel gilt (2Kor 10,8; 13,10). Für sich selbst beanspruchen sie die Gabe, Wunder zu tun (2Kor 12,12), mit göttlichem Geist begabt zu sein (2Kor 10,10; 11,6) und besonders auch visionäre Erlebnisse (2Kor 12,1). In heftiger Gegenrede beansprucht Paulus auch für sich charismatische Fähigkeiten und visionäre Erlebnisse (2Kor 12,1ff.).

Das paulinische Apostolat als enge Verbindung von Amt und Botschaft umfasst sowohl Herrlichkeit (2Kor 2,14–16) als auch Leiden als Durchleiden der Leiden Christi (2Kor 4,7–12; 6,4–10; 11,23–29). Einen der heftigsten, aber wohl theologisch fruchtbarsten Konflikte durchkämpfte Paulus um 54 n. Chr. in den von ihm gegründeten Gemeinden in der kleinasiatischen Provinz Galatien, mit denen er bisher in gutem Einvernehmen lebte (vgl. Gal 4,12–20). Dort traten Missionare auf, die aus der Sicht des Apostels sein Evangelium radikal bestritten und ein gänzlich anderes Evangelium lehrten. Als strenge Judenchristen forderten sie die Beschneidung für alle Christen (Gal 5,2; 6,12 f.), die Einhaltung des jüdischen Festkalenders (Gal 4,10) und die Einhaltung der Speisegebote. Damit forderten sie die galatischen Heidenchristen auf, die Identifikationsmerkmale des Judentums auch für sich anzunehmen. Sie forderten aber nicht zur Übernahme der gesamten Tora als heilsgeschichtliche Bedingung des Christentums auf. An diesem Punkt wurden sie von Paulus missverstanden. Die von außen gekommenen Judenchristen wollten ganz offensichtlich Paulus nicht bekämpfen, sondern bedrängten die galatischen Heidenchristen, als gottesfürchtige Juden erkennbar zu werden. Vielleicht wollte man mit dieser Strategie Konflikte mit den Synagogengemeinden mildern. Unruhen zwischen Juden und Christen, die in Rom bereits zu staatlichen Sanktionen geführt hatten, sollten verhindert werden. Hierauf weist Gerd Theißen in seiner jüngsten Untersuchung zur Religion der ersten Christen hin (2000, 301). Diese eher pragmatischen Forderungen, die mit den Vereinbarungen des Apostelkonzils, das die Beschneidung ja nicht verbot, vereinbar waren, wurden von Paulus als heftige Angriffe gegen seine Person und die Legitimität seiner Verkündigung verstanden. Besonders der vermeintliche Vorwurf, er habe sein Evangelium von Menschen und nicht von Gott empfangen, musste den Apostel in seinem Selbstverständnis hart treffen (Gal 1,11 f.). Paulus reagiert in einem von Ephesus aus geschriebenen Brief hoch emotional, aber auch theologisch brillant. Ohne sich zu Beginn mit Danksagungen aufzuhalten und ohne den Brief mit den üblichen Grüßen abzuschließen, nimmt er die Herausforderung an. Er droht all denen, die seine Verkündigung zu verunglimpfen scheinen, mit dem göttlichen Gericht (Gal 1,6–10), weist den göttlichen Ursprung seiner Sendung und die Anerkennung durch die anderen Apostel anhand eines biographischen Rückblicks nach und entwickelt eine theologische Gegenposition, die als Lehre von der Rechtfertigung in die Theologiegeschichte einging. Die Heftigkeit seiner Reaktion liegt darin begründet, dass in ihm selbst ein biographisch durchlebter Konflikt wieder aufbricht (vgl. zum Folgenden: Theißen, 2000, 286–300). Das frühe Judentum war bestimmt durch zwei Aporien, die Paulus in seiner eigenen Person bedrängend erfahren hatte und die beide auch im Christentum fortlebten. Als jüdischer Fundamentalist war Paulus in seiner vorchristlichen Zeit davon überzeugt, dass man durch die eifrige Einhaltung der Toragebote sich bei Gott einen Verdienst verschaffen kann. Diese synergistische Auffassung stößt sich mit dem Verständnis des Judentums als einer Gnadenreligion, in der Gott sich in freier Barmherzigkeit den Menschen zuwendet. Im Kern ist hier der Konflikt zwischen Gnade und Werkgerechtigkeit angelegt. Auf genau diesem Hintergrund schildert Paulus im Ich-Stil in Röm 7 in anthropologischen Kategorien den inneren Konflikt eines Menschen, der sich in seinem Tun an den Geboten als dem zu erfüllenden Willen Gottes auszurichten versucht: „Denn das Gute, das ich will, das tue ich nicht, sondern das Böse, das ich nicht will, das tue ich" (7,19). Wahrscheinlich spiegelt diese Passage auch einen verborgenen Konflikt mit dem Gesetz in seinem eigenen Innern, der sich erst mit seiner Bekehrung auflöste. Paulus hat wohl selbst den Widerspruch in sich gespürt, die Gebote des Gesetzes einhalten zu wollen, faktisch aber immer wieder an deren Anspruch zu scheitern. Eng mit diesem Problem verbunden ist die Spannung zwischen Universalismus und Partikularismus, die das Judentum durchzieht. Als Pharisäer stand Paulus ganz auf der Seite der Partikularismus: Gott wählte sich als Gott aller Menschen stellvertretend ein Volk aus, das er zu seinem Bundesgenossen erwählte. Die Pharisäer setzten religionspolitisch auf eine Restituierung des davidischen Reiches und wehrten sich im Gegensatz zu den Sadduzäern gegen alle Assimilierungstendenzen. Theologisch hofften sie, durch eine strenge Einhaltung der Gesetzesgebote das Kommen des neuen Reiches zu beschleunigen. Die Grenze zwischen Juden und Heiden war für Paulus damit streng gezogen. Wer sie verwischte, wurde verfolgt. So erklärt sich, dass Paulus zum Verfolger der hellenistischen, gesetzeskritischen Judenchristen wurde. Gerd Theißen beschreibt beide Merkmale des vorchristlichen Paulus auch als einen verdeckten inneren Konflikt:

„Die Verfolgung einer normabweichenden Minorität durch den gesetzesstolzen Paulus ist damit verbunden, dass Paulus einen unbewussten Konflikt mit sich selbst auf die Christen projizierte: Er sieht bei den Christen eine Freiheit gegenüber dem Gesetz und eine Offenheit gegenüber den Heiden, die er bei sich selbst unterdrückt. Er bekämpft in ihnen ein Stück seiner selbst, und der Kampf gegen die Christen hilft ihm zugleich, diesen 'Schatten' in sich selbst zurückzudrängen" (2000, 296).

Für Paulus bringt das Damaskuserlebnis die große innere Wende. Die ein „Sein in Christus" ermöglichende Geisterfahrung öffnet nun die engen partikularen Grenzen seines Religionsverständnisses hin zur beschneidungsfreien Heidenmission, und gleichzeitig scheint der Geist Christi die Menschen zu befähigen, eine von Gott gewollte Ethik ohne einen ausdrücklichen Rückgriff auf die Gebote der Tora zu leben. Für ihn war dies ein mit hohen Emotionen besetztes inneres Befreiungserlebnis. Von daher erklärt sich seine heftige Reaktion auf das Vorhaben der in „seinen" galatischen Gemeinden wirkenden Missionare. Seine große Leistung bestand darin, das vor Damaskus Erlebte nun in eine theologische Begrifflichkeit mit dem Ziel zu gießen, zu Gunsten der Christusoffenbarung die Gesetzesoffenbarung zu relativieren. Jahre später während seiner Haftzeit in Rom reagiert Paulus nochmals in ähnlich emotionaler Weise auf den Versuch judenchristlicher Missionare, in der Gemeinde in Philippi die Beschneidung und kultische Speisegebote (Phil 3,19) als Identifikationsmerkmal der Christen einzuführen. Bis auf das Äußerste erregt bezeichnet er die militanten Judenchristen als „Hunde", nennt sie „böse Arbeiter" und führt wie im Galaterbrief argumentativ auch seine eigene jüdische Biographie ins Feld (Phil 3,2–11). In Phil 3,9 nimmt er die Rechtfertigungsterminologie aus dem Galaterbrief auf, um deutlich zu machen, dass der Christ vom Geist Gottes und nicht von dem Wunsch, Gerechtigkeit auf Grund des Gesetzes zu erlangen, bestimmt ist.

Ein weiteres Zentrum paulinischer Wirksamkeit war Ephesus. Ephesus war in neutestamentlicher Zeit eine reiche Handelsstadt und das Zentrum zahlreicher heidnischer Kulte. Herausragend war die Verehrung der Artemis, deren Tempel unter die sieben Weltwunder der Antike gerechnet wurde. Paulus besuchte die Stadt gegen Ende seiner 2. Missionsreise (ca. 52–55 n. Chr.). Neben zahlreichen dort wohnenden Juden traf er auch auf einige Christen jüdischer Herkunft. Wie auch in Korinth predigte dort der alexandrinische Judenchrist Apollos ein geistgewirktes Christentum, das besonders auf die Lehre Jesu bezogen war. Wahrscheinlich war er der Gründer der ephesinischen Gemeinde. Paulus trieb dort drei Jahre Missionsarbeit (1Kor 16,9). Nach späterer Tradition hat nicht nur Paulus, sondern auch der Apostel Johannes viele Jahre in Ephesus gelebt. Die Apostelgeschichte berichtet eine wahrscheinlich anekdotische

Episode über einen Konflikt mit der heidnischen Umwelt, auf Grund dessen Paulus die Stadt überstürzt verlassen musste (Apg 19,23–40): Ein Silberschmied namens Demetrius zettelt einen Volksaufruhr gegen Paulus an, weil der Absatz seiner der Artemis gewidmeten Devotionalien stark rückgängig war. Das paulinische Evangelium wirkte sich offensichtlich geschäftsschädigend aus. Dies ist nur ein eher amüsantes Beispiel für die vielen Konflikte, die Paulus mit seiner heidnischen Umwelt durchstehen musste. Diese bestärkten ihn in der Erfahrung, dass sie seinen selbstgesteckten Auftrag, das Evangelium rasch unter den Heiden zu verbreiten, behindern, ja gefährden konnten. Bereits in der Frühzeit seiner missionarischen Tätigkeit kam es zu einem heftigen Zusammenstoß mit dem Ethnarchen des Nabatäerkönigs Aretas IV. Paulus musste Damaskus fluchtartig verlassen (2Kor 11,32 f.). Ob er durch missionarische Tätigkeiten unter den heidnischen Nabatäern Anstoß erregte, oder ob seine Predigt zu Denunziationen aus jüdischen Kreisen führte (vgl. Apg 9,22–25) bleibt ebenso offen wie die genauen Motive der Verfolgung. Doch handelt es sich bei diesem Zwischenfall um den ersten uns bekannten Zusammenstoß zwischen staatlichen Gewalten und Paulus auf Grund seiner Missionsverkündigung. Im Laufe der weiteren Missionstätigkeit kam es dann zu teils lebensbedrohenden Konflikten mit staatlichen Gewalten, vor denen Paulus auch durch sein römisches Bürgerrecht nicht geschützt war. Innerhalb einer Aufzählung seiner erlittenen Leiden berichtet der Apostel selbst, dreimal die staatliche Auspeitschung erduldet zu haben (2Kor 11,25). Erzählungen aus der Apostelgeschichte können wegen ihres recht genauen Lokalkolorits Hinweise auf die Ursachen der Konflikte geben: Apg 16,19 ff. nennt als Motiv, dass Paulus und Silas Unruhe in die Stadt brächten (16,20). Vor dem Prokonsul Gallio wird Anklage wegen Verstoßes gegen die Gesetze erhoben (Apg 18,12–17). Der erhobene politische Tatbestand wird mit dem Vorwurf aus Apg 17,7 vergleichbar gewesen sein: Dort wird der Vorwurf des Gesetzesverstoßes insbesondere dadurch konkretisiert, dass man die (nicht anwesenden) Missionare anklagt, diese behaupteten, einem anderen als dem Kaiser gebühre der Titel „König". Damit versetzten sie das Volk nicht nur in Unruhe, sondern brächten es zum Aufstand (Apg 17,8). Im Kern wird den Christen hier unterstellt, sie würden dem römischen Imperator die Weltherrschaft bestreiten.

Ob Paulus auf Grund solcher Vorwürfe in Ephesus *ad bestias* verurteilt wurde oder ob er sich in 1Kor 15,32 nur übertragener Rede-

weise bediente, kann nicht eindeutig entschieden werden. Zumindest spricht er in 2Kor 1,9 von einem Todesurteil, das in der Provinz
Asia über ihn verhängt wurde, indem er den technischen Ausdruck
damaliger Amts- und Gerichtssprache für das Strafmaß verwendet.
Hintergrund all dieser Vorkommnisse bildet die Religionspolitik des
Kaisers Claudius (41–54 n. Chr.), die einerseits von Anstrengungen
zur Wiederbelebung des altrömischen Kultes als einer die Völker-
vielfalt verbindenden „Zivilreligion" bestimmt war, andererseits
aber auch deutlich um Toleranz gegenüber den zahlreichen Religio-
nen seines Weltreichs bemüht war. Allerdings fand, wie den War-
nungen in den an die Juden gerichteten Toleranzedikten zu entnehmen ist, die Duldung des Kaisers dort ihre Grenze, wo der politische
Frieden durch religiöse Gruppen gefährdet wurde. Besonders sah
der Kaiser in magischen und astrologischen Praktiken orientalischer
Kulte eine Gefährdung seiner Stellung, was bei seiner Haltung gegenüber dem Christentum immer mitzubedenken ist. Mit dieser
Haltung konnte er sich auf die unter Augustus und Tiberius erlasse-
nen Edikte gegen Astrologen und Wahrsager berufen.

Paulus reagiert auf die dauernde Gefährdung seines Auftrages mit
einer Strategie der größtmöglichen Konfliktvermeidung gegenüber
den staatlichen Gewalten. Bereits in den Paränesen des 1. Thessalo-
nicherbriefes als ältestem erhaltenen Paulusbrief findet sich eine ausgeprägte Tendenz zum allgemeinen Respektieren der gesellschaft-
lichen Ordnung (s. 1Thess 4,12: „… damit ihr anständig vor denen
draußen euer Leben führt"; 5,12–15) trotz einer virulenten Naherwartung innerhalb der Gemeinde. Umstritten ist, ob Paulus darüber
hinaus in 1Thess 4,11 vor politischen Aspirationen warnt. Eine solche
politische Interpretation wurde in der Forschung häufiger vertreten.
Es ginge dann Paulus darum, die Gemeinde davor zu warnen, Staats-
und Stadtangelegenheiten nach einem eigenen eschatologischen Programm regeln zu wollen. Festzuhalten bleibt jedoch, dass der Apostel
seine Gemeinden zu einem Respektieren der weltlichen Strukturen
immer wieder aufgerufen hat (so auch 1Kor 7,17–21; 14,40). Besonders konkret wird diese Haltung in der paulinischen Sicht der Skla-
venfrage, die Paulus auf Grund eines konkreten Einzelfalles im Phi-
lemonbrief anspricht. Wie auch sonst unterscheidet der Apostel hier
zwischen dem Binnenverhältnis des Zusammenlebens von Christen
in ihren Gemeinden und der Haltung der Christen nach außen: die
bestehenden staatlichen Rechtsverhältnisse werden nicht in Frage
gestellt; andererseits bittet Paulus Philemon, seinen Sklaven wieder
brüderlich in seine Hausgemeinde aufzunehmen, ja er bietet sogar

Schadenersatz an (Phlm 19). Die bestehenden Verhältnisse werden
nicht einfach negiert, sondern in ihrer eschatologischen Endlichkeit
respektiert und im internen Zusammenleben der christlichen Gemeinden transzendiert. In 1Kor 6,1–11 lehnt es Paulus mit allem
Nachdruck ab, dass Christen zur Bereinigung von internen Rechtsstreitigkeiten die staatlichen Gerichte anrufen. In dieser Ablehnung
wird das Selbstbewusstsein der frühen Christenheit aus paulinischer
Sicht deutlich. Man kann diese Haltung als „eschatologische Souveränität" beschreiben, sollte allerdings bedenken, dass es auch innerhalb des Judentums vorgeschrieben war, die eigene Zivilgerichtsbar-
keit in Anspruch zu nehmen. Auch propagiert Paulus keine Welt-
flucht, denn im 1. Korintherbrief (5,10) hält er den folgenden
Grundsatz unzweideutig fest: „Ihr sollt nicht aus der Welt herausge-
hen." Bis heute eine Schlüsselstelle für das Verhältnis der Christen
zu den staatlichen Obrigkeiten ist eine Passage aus dem Römerbrief
(13,1–7), in der Paulus auf dem Hintergrund seiner Lebenserfahrun-
gen auf dieses Problem im Blick auf die römische Gemeinde und
deren Situation eingeht. Angesichts der Weigerung einiger römischer
Christen, Steuern zu zahlen, ruft Paulus angesichts des kommenden
Weltendes zur Unterordnung unter die staatlichen Organe auf. Dieser Konzeption ist sowohl ein missionsstrategisches als auch missionarisches Element inhärent. Missionsstrategisch weiß Paulus aus
seinen Erfahrungen mit staatlichen Gewalten, dass die Vermeidung
von Konflikten die Ausbreitung des Evangeliums vor der erhofften
eschatologischen Wende erleichtert. Daneben eröffnet die Konfor-
mität mit Wertmaßstäben der Umwelt die Möglichkeit, durch vor-
bildhaftes Verhalten Vorurteile abzutragen und nach außen missionarisch zu wirken.

Die theologisch primäre Antwort auf das Verhältnis der Christen
zum Staat gibt Paulus allerdings nicht in Röm 13,1–7, sondern in
Phil 3,20. Das dort verwendete griechische Wort „politeuma" sollte
nicht unscharf mit „Heimat" übersetzt werden, sondern mit „Staat"
bzw. „Staatswesen". Es handelt sich um einen staatsrechtlichen Ter-
minus, den Paulus übernimmt. Damit werden in Phil 3,18–21 in
einem bewussten Gegensatz diejenigen, die irdisch gesinnt und
Feinde des Kreuzes Christi sind, den Christen gegenübergestellt, die
von sich sagen können: „Unser Staat existiert im Himmel" (Phil
3,20). Paulus macht auf diese Weise deutlich, dass der irdische Staat
für Christen nicht der Staat schlechthin ist. Letztlich verpflichtet
sind die Christen dem himmlischen Staatswesen. Von daher erwarten sie auch ihren Retter.

Röm 13,1–7 ermahnt die Christen zum Gehorsam gegenüber den übergeordneten staatlichen Gewalten in vollem Bewusstsein dessen, dass die Welt ihrem Ende entgegengeht. Phil 3,20 spricht die erwartete letztgültige Perspektive an, die alle irdischen Bindungen relativiert, ohne sie bereits für obsolet zu erklären. Diese „dualistisch-eschatologische Staatslehre" ermöglicht es dem Christen auch, dort gegen die staatlichen Gewalten Widerstand zu leisten, wo diese ihm den Abfall vom Glauben abfordern wollen. Im Grunde hat Paulus bereits hier den späteren Gegensatz von *civitas dei* und *civitas terrena* vorgebildet.

Um 57 beabsichtigt Paulus nach Rom zu reisen, um von dort aus mit seiner Mission in Spanien zu beginnen. Doch zuvor möchte er den Jerusalemer Christen als Zeichen der Solidarität die von ihm gesammelte Kollekte überbringen, so wie dies auf dem Apostelkonzil beschlossen worden war. Über diese letzte Phase des paulinischen Wirkens sind wir ausschließlich durch die Apostelgeschichte unterrichtet; autobiographische Zeugnisse fehlen. Paulus reiste auf dem Landweg und per Schiff von Korinth über zahlreiche Stationen nach Jerusalem. Das religiöse Klima in Jerusalem ist ihm gegenüber feindlich. Jüdische Kreise werfen dem Apostel vor, den Abfall vom Gesetz zu lehren, auch beschuldigt man ihn, er habe den Tempel durch die Mitnahme eines Griechen verunreinigt. Der Herrenbruder Jakobus versucht zu vermitteln, doch kann auch er nicht verhindern, dass eine aufgebrachte Menge Paulus lynchen will. Der Kommandant der römischen Garnison sieht sich gezwungen, den Apostel in Schutzhaft zu nehmen. Kurze Zeit später bringt man ihn nach Caesarea, dem Sitz des römischen Statthalters. Historisch fest steht, dass der Statthalter Festus Paulus ca. 59 n. Chr. nach Rom überführen lässt. Paulus wollte sich offensichtlich als römischer Bürger vor einem kaiserlichen Gericht verantworten. In Rom angekommen, wird er unter Hausarrest gestellt, sodass er noch rund zwei Jahre in Rom missionarisch wirken kann. Warum der Prozess gegen Paulus letztlich so ungünstig für ihn ausging und wessen man ihn genau anklagte, bleibt im Dunkeln der Geschichte. Wahrscheinlich wurde er noch vor Petrus als römischer Bürger unter Nero ca. 62 n. Chr. mit dem Schwert hingerichtet.

Literatur: E. Lohse, Paulus. Eine Biographie, München 1996.

Charismatiker und Prophetinnen

Das frühe Christentum hatte viele Gesichter. Neben dem paulinischen Christentum, das mit seinen fast schon intellektualistischen Zügen und seinem stringenten argumentativen Aufbau einen rationalen und eher nüchternen Charakter hatte und von seiner Wirkungsgeschichte her sicherlich als ein Hauptstrang der Entwicklung zu bezeichnen ist, gab es in bestimmten Bereichen als einen Nebenstrang aber auch ein Christentum mit geradezu antirationalistischen Merkmalen: Hier dominierte das charismatisch-pneumatische Element; im Zentrum stand nicht die Wort-Verkündigung, sondern z. T. ekstatische Ausdrucksformen des Geistes wie pneumatische Translokationen, prophetisch-visionäre Himmelsreisen, geistgewirktes Zungenreden, Wunderheilungen und vor allem Exorzismen. Es ist daher keineswegs eine Überzeichnung, wenn man diese Variante des Christentums als exorzistische Bewegung kennzeichnet. Dass die Herrschaft der Dämonen gebrochen werde, stand hier im Mittelpunkt aller Heilserwartungen. Rettung und Erlösung bedeuteten hier: die Befreiung von den dämonischen Mächten, die Leib und Seele versklaven, niederdrücken und vernichten und gegen die von ihnen besessene Menschen allein machtlos sind. Die Dämonen weichen nur da, wo sie den Mächtigeren spüren – deswegen können sie nur mit der Kraft Gottes selbst vertrieben werden, die in seinem Geist gegenwärtig ist. Beim Exorzismus geht es „um einen qualifizierten Machtkampf" zwischen den unreinen Geistern und dem Geist Gottes (Berger, 1991, 71). Als Träger des Gottesgeistes ist der exorzistisch tätige Pneumatiker ein Repräsentant der evident überlegenen Macht Gottes, durch die Besessene dem Machtbereich der Dämonen entrissen werden.

Dieser Vorstellung liegt eine Anthropologie zu Grunde, die geradezu ein Gegenbild zu der neuzeitlichen Sicht des Menschen als eines autonomen Individuums darstellt. Der Mensch ist immer ein Besessener, von fremder Macht Getriebener, und es kommt daher alles darauf an, von welcher Macht er beherrscht wird, von der Macht der Dämonen oder von der Macht Gottes. Erlösung ist also nicht als Befreiung von Heteronomie zu verstehen, sondern als ein „endgültiger und unüberbietbarer Machtwechsel" (Berger, 1991,

68), als Eingliederung in die heilvolle Machtsphäre Gottes. Deswegen kann Jesus sagen: „Wenn ich aber die bösen Geister durch den Geist Gottes austreibe, so ist ja das Reich Gottes zu euch gekommen" (Mt 12,28 par. Lk 11,20).

Zu den Vertretern dieser charismatisch-pneumatisch geprägten Variante des Christentums gehörten u. a. auch die Trägerkreise des Markusevangeliums. Das Markusevangelium zeichnet Jesus als einen exorzistisch wirkenden Pneumatiker, dessen Erlösungsfunktion in der Überwindung widergöttlicher Mächte besteht. Ausgestattet mit dem Geist Gottes (Mk 1,10) erweist sich Jesus im Gegenüber zu Satan (Mk 1,12 f.) und den Dämonen bzw. den unreinen Geistern als Sieger und Befreier (Mk 1,23.26 f.; 3,11; 5,2.8.13; 7,25; 9,25). Dem entspricht, dass Markus „nur Heilung und Exorzismus als initiale Befreiungstat durch Jesus Christus (kennt), nicht aber die Taufe" (Berger, 1991, 67). Die Dämonen erkennen in Jesus den Sohn (Mk 3,11; 5,7) bzw. den Heiligen Gottes (Mk 1,24), d. h., sie sehen in ihm als Träger des Geistes den Repräsentanten Gottes, dessen Heiligkeit und Reinheit offensiv alles Unreine, Unheilige vertreibt. Hier geschieht – auf eine fast kultische Weise – Erlösung durch Reinigung im Kontakt mit der im Geistträger verborgenen Gegenwart Gottes. Jesus ist der Erlöser, weil er kraft einer ihm von Gott verliehenen Vollmacht Menschen aus der bindenden Macht unreiner Geister befreit.

Dies kann nach Mk 9,38–41 auch „in seinem Namen" geschehen, und zwar selbst dann, wenn die sich auf den Namen Jesu stützenden Exorzisten nicht zur engeren Jüngerschaft Jesu gehören, also in keinem direkten Schülerverhältnis zu Jesus stehen.

Neben die Exorzismen treten in der markinischen Zeichnung Jesu seine Lehre und seine Wunderheilungen als Ausdruck der Vollmacht, die er kraft der Geistverleihung besitzt (Mk 1,22–34). Jesus ist mithin – aus der Sicht des Markusevangeliums – durch sein gesamtes Auftreten als Pneumatiker ausgewiesen. Die Exorzismen sind dabei ein wesentliches, besonders betontes Merkmal der im Geistbesitz begründeten Vollmacht.

Wir begegnen hier einer Form des Christentums, die uns archaisch und fremd anmuten mag, deren Bedeutung für die Anfangszeit wir aber nicht unterschätzen sollten. Menschen wie der Seher Johannes, dem wir das letzte Buch der Bibel verdanken, oder der in Samaria wirkende Simon, den Lukas in der Apostelgeschichte polemisch als Magier apostrophiert (Apg 8,9), stehen ebenso für dieses charismatisch-pneumatische Christentum wie die frühchristlichen

Propheten, von denen uns Agabus, Judas und Silas (Apg 15,32; 11,28; 21,10) namentlich bekannt sind. Die besondere Betonung des Pneumatischen verband sich oft mit asketischen Tendenzen; kennzeichnend war darüber hinaus aber vor allem die herausragende Rolle, die Frauen hier spielten – dies vor allem vor dem Hintergrund der strikt patriarchalisch organisierten antiken Gesellschaft.

Der Blick für die große Bedeutung, die diese charismatisch-pneumatisch-prophetische Variante des Christentums in den ersten Jahrhunderten hatte, wird leicht dadurch getrübt, dass sie vor allem von solchen Gruppen weitergetragen wurde, die von der sich herausbildenden Orthodoxie als häretisch qualifiziert und damit aus der „Großkirche" ausgeschieden wurden. Man wird aber diesen später als ketzerisch ausgegliederten christlichen Gemeinschaften historisch nur dann gerecht, wenn man in Rechnung stellt, dass sie zumeist – über einen gewissen Zeitraum hinweg – in einer bestimmten Region die einzige Form des Christentums darstellten, also keineswegs von Anfang an Sonder- oder Randgruppen waren.

„Vielleicht ... sind gewisse Erscheinungen des christlichen Lebens, welche Kirchenschriftsteller als Ketzerei abtun, ursprünglich gar keine solchen gewesen, sondern, wenigstens da und dort, die einzige Form der neuen Religion, d.h. für jene Gegenden das Christentum schlechthin. Auch die Möglichkeit bleibt bestehen, dass ihre Bekenner die Mehrheit bilden und mit Hass und Verachtung auf die Orthodoxen heruntersehen, die für sie die Irrgläubigen sind" (Bauer, 1934, 2).

So wird man z. B. den Montanismus, der in der Mitte des 2. Jh. als eine stark prophetisch-pneumatisch geprägte Bewegung entsteht, als die im kleinasiatischen Raum in dieser Zeit dominante Form des Christentums zu betrachten haben – mit Wirkungen in den ganzen Mittelmeerraum hinein. Immerhin ist selbst der berühmte Kirchenvater Tertullian von Karthago im Alter zum Montanisten geworden.

Die historische Redlichkeit gebietet es mithin, Kirche und Ketzer, Orthodoxie und Häresie als „Erscheinungsformen einer geistigen Welt ... als Ausdrucksformen einer bestimmten ihnen übergeordneten Wirklichkeit zu begreifen, von der jeder Teil eine ganz bestimmte, in ihrem Wesen begründete Funktion auszuüben hat" und häretische Bewegungen zu begreifen als „Christentum, Christentum in denkbar stärkstem Maße, wie es von einem religiös lebendigen Menschen nicht anders zu erwarten ist" (Nigg, 1949, 15f.). Die Vertreter der Orthodoxie in der Alten Kirche hatten dafür – bei aller Gegnerschaft – noch ein Gespür. „Glaubt nicht, Brüder, dass Häresien entstehen könnten durch irgendwelche kleine Seelen. Nur große Menschen haben Häresien gemacht" (Augustinus); denn: „Keiner kann eine Häresie aufrichten, der nicht glühenden Geistes ist und Gaben der Natur besitzt, die vom Künstler Gott geschaffen sind" (Hieronymus).

Die Töchter des Philippus

Zu den bedeutendsten Autoritäten der Alten Kirche des Ostens gehören Frauen. Nicht nur in den häretischen Zweigen des frühen Christentums spielten Frauen eine zentrale Rolle, sondern auch in dem Bereich, den wir aus der Retrospektive den orthodoxen oder etwas euphemistisch den „großkirchlichen" nennen, genoss eine Gruppe von Frauen in den ersten Jahrhunderten in Kleinasien höchstes Ansehen: die Töchter des Philippus. In einem uns erhaltenen Brief, den Polykrates, der Bischof von Ephesus, im Streit um den richtigen Ostertermin um 190 n. Chr. im Auftrag der kleinasiatischen Bischöfe an den römischen Bischof Victor richtete, beruft er sich auf eine Reihe von bedeutenden Personen, die ihm als Gewährsleute der eigenen Position gelten und die Bedeutung der Ostkirche gegenüber Rom untermauern sollen. Dem Stolz der römischen Christen auf die Gräber der Apostelfürsten Petrus und Paulus in den Mauern ihrer Stadt setzt Polykrates den Hinweis auf die „Sterne Asiens" entgegen, die in Kleinasien der Auferstehung harren:

„Unverfälscht begehen wir den Tag (d. h. den 14. Nisan), wir tun nichts dazu und nichts hinweg. Denn auch in Asien haben große Sterne ihre Ruhestätte gefunden, welche am Tage der Wiederkunft des Herrn auferstehen werden. An diesem Tage wird der Herr mit Herrlichkeit vom Himmel kommen und alle Heiligen aufsuchen, nämlich Philippus, einen der zwölf Apostel, der in Hierapolis entschlafen ist, mit seinen beiden bejahrten, im jungfräulichen Stand verbliebenen Töchtern, während eine andere Tochter, die im Heiligen Geiste wandelte, in Ephesus ruht, ..." (Eus.h.e. V,24,2 = III,31,3).

Dass Philippus und seine Töchter von Polykrates an erster Stelle erwähnt werden und damit vor solch bedeutenden Autoritäten wie dem Lieblingsjünger Johannes und Polykarp von Smyrna, die der ephesinische Bischof im weiteren Verlauf seines Briefes ebenfalls unter die „großen Gestirne" Asiens rechnet, ist bemerkenswert. Da in antiken Texten eine Reihenfolge immer auch eine Rangfolge bedeutet, können wir daraus auf das besonders hohe Ansehen schließen, das die Töchter des Philippus in der Christenheit Kleinasiens am Ende des 2. Jh. genossen. Und die „Leuchtkraft" dieser „Sterne" wird keineswegs auf den kleinasiatischen Raum beschränkt gewesen sein, sondern dürfte auch die westliche Kirche erreicht haben. Das zeigt allein schon die Tatsache, dass Polykrates sie im Streit mit Victor von Rom ins Feld führen konnte; aber auch ihre Erwähnung in einem Dialog des römischen Presbyters Gaius mit dem Montanisten Proklus, der in der Zeit des Episkopats des römischen Bischofs Zephirinus (198–217 n. Chr.) entstanden sein dürfte und den Euseb von Caesarea in seiner Kirchengeschichte bewahrt hat, belegt ihre bis in den Westen reichende Bedeutung (Eus.h.e. III,31,4; vgl. h.e. II,25,6). Zugleich zeigt sich hier auch, dass den Töchtern des Philippus offensichtlich sowohl in der „Großkirche" als auch in häretischen Bewegungen wie den Montanisten höchste Achtung entgegengebracht wurde.

Wer waren diese Frauen, die in der Alten Kirche ein solch „ökumenisches" Ansehen genossen? Eine Antwort auf diese Frage ist nicht leicht zu geben, denn Anzahl und Umfang der Zeugnisse, die uns von den Philippustöchtern erhalten sind, sind spärlich und stehen geradezu in einem umgekehrt reziproken Verhältnis zu ihrer Bedeutung im frühen Christentum. Für individuelle Lebensbilder reichen sie in keinem Falle; aber auch „im Kollektiv" lässt sich nur noch ein sehr schemenhaftes Bild gewinnen. Die Schwierigkeiten beginnen schon damit, dass wir die Namen dieser bedeutenden Frauen nicht kennen; in allen Zeugnissen, die uns von ihnen erhalten sind, bleiben sie namenlos und begegnen uns nur in der Sammelbezeichnung „Töchter des Philippus". Auch die Angaben über ihre Anzahl sind uneinheitlich: Mal ist – wie im Brief des Polykrates – von drei, mal von vier, mal sogar von fünf Töchtern die Rede.[49] Schließlich werden auch unterschiedliche Orte mit ihnen in Verbindung gebracht: Caesarea, Hierapolis und Ephesus begegnen in den Quellen.

Das Neue Testament erwähnt die Töchter des Philippus nur in Apg 21,9. Am Ende der dritten Missionsreise, auf dem Weg von Milet nach Jerusalem, machen Paulus und seine Begleiter in Caesarea Station und verbringen dort mehrere Tage im Haus des Philippus, der hier als einer der Sieben, also als Mitglied des Führungszirkels der Hellenisten (Apg 6), des sog. Stephanuskreises, bezeichnet und damit deutlich von dem Apostel Philippus des Zwölferkreises abgesetzt wird. Von ihm wird erzählt, er habe vier Töchter gehabt, die Jungfrauen (oder: Frauen in heiratsfähigem Alter) waren und prophetische Begabung besaßen. Diese Nachricht kommt nicht nur

relativ unvermittelt, sie bleibt auch für den weiteren Erzählverlauf
seltsam folgenlos. Denn nicht die prophetischen Philippustöchter,
sondern der aus Jerusalem angereiste Prophet Agabus prophezeit
dem Paulus dann mit einer Zeichenhandlung seine in Jerusalem zu
erwartende Festnahme.

Wenn wir diese älteste, aber doch recht unspektakuläre Nachricht
zum Ausgangspunkt nehmen, so enthüllt sich uns von daher zwar
noch nicht der Grund für das spätere Ansehen dieser Frauen, wir
gewinnen aber doch einige Hinweise, die sich im Sinne einer Spu-
rensuche weiter verfolgen lassen: Es handelt sich um vier Frauen, als
deren wesentliche Merkmale ihre Jungfräulichkeit, ihre prophetische Begabung sowie ihre Tochterschaft gegenüber Philippus hervorgehoben sind. Ferner erfahren wir, dass sie in Caesarea beheimatet sind, gemeinsam mit Philippus in einem Haus leben, zu dem auch
der Jerusalemer Prophet Agabus in enger Beziehung steht.

Machen wir uns zunächst ein Bild des Umfeldes, der Stadt, in der
die Philippustöchter lebten: Caesarea, an der phönizischen Küste
zwischen Dora und Joppe gelegen, war zu dieser Zeit ein bedeutender wirtschaftlicher und politischer Verbindungspunkt zwischen
dem Vorderen Orient und der römischen Welt; auf Grund ihres
großen und durch einen ins Meer gebauten Wellenbrecherwall
gegen die tückischen Westwinde sicheren Hafens galt die Stadt als
„Fenster zum Westen". Der Hafen war im Zuge des umfangreichen
und aufwändigen Ausbaus der Stadt unter Herodes dem Großen
(74–4 v.Chr.) entstanden. Die ehemals von Alexander Iannaios
(103–76 v.Chr.) im Zuge seiner Eroberungszüge für das Makka-
bäerreich gewonnene Stadt, die ursprünglich Stratonsturm hieß, war
unter Pompeius (106–48 v.Chr.) wieder verloren gegangen. Für ihre
Rückgabe durch Augustus (63 v.Chr. – 14 n.Chr.) revanchierte sich
Herodes durch ihre Umbenennung in Caesarea, vor allem aber
durch den prächtigen Ausbau der damals ziemlich heruntergekommenen Stadt im Stil hellenistisch-römischer Stadtanlagen. Neben
dem Hafen, der nach den Angaben des jüdischen Historikers Flavius Josephus größer war als der von Piräus, große Flotten aufnehmen konnte und von zahlreichen Gewölben, die als Unterkünfte für
die Besatzungen der eingelaufenen Schiffe dienten, sowie einer
breiten Uferpromenade gesäumt wurde (bell. I,21,5–7; vgl. ant.
XV,341), entstanden glanzvolle Königspaläste aus weißem Marmor,
ein Theater aus großen Felsquadern, eine Rennbahn, ein der Hafen-
einfahrt gegenüber auf einem Hügel liegender Tempel, der dem
Kaiser und der Stadt Rom geweiht war und eine Bildsäule der

Roma und des Caesar beherbergte, die „ihrem Vorbild, dem Zeus in Olympia, in nichts nachgab" (Jos.bell. I,21,7), ein Amphitheater, das ungeheure Menschenmengen zu fassen vermochte und so günstig gelegen war, dass man von den Rängen einen freien Blick aufs Meer genießen konnte, sowie Marktplätze und zahlreiche Wohnhäuser; alle Bauten wurden aus weißen Steinen errichtet, was der Stadt ein prachtvolles Aussehen verliehen haben muss. Wegen des Baumaterials und der kunstreichen Bauweise genoss sie hohes Ansehen. Die Baumaßnahmen unter Herodes dem Großen, die sich über 12 Jahre hinzogen und sehr kostspielig waren, da die Baumaterialien von weit her angeliefert werden mussten, machten aus dem heruntergekommenen Städtchen Stratonsturm eine blühende hellenistisch-römische Metropole, die durch ihren neuen Namen, durch ihren Tempel, ihre Theater und nicht zuletzt durch die von Herodes gestifteten, alle fünf Jahre stattfindenden Kampfspiele, die ebenfalls nach dem Kaiser benannt waren, ihrer Loyalität gegenüber Rom ebenso Ausdruck verlieh wie durch ihre hellenistische Lebensart und ihren großen Hafen zum führenden Handelszentrum der gesamten Region heranwuchs. Es ist daher nicht verwunderlich, dass sie die römischen Prokuratoren seit 6 n. Chr. zu ihrer Residenz und zur Hauptgarnisonsstadt wählten. Die Bevölkerung der Stadt war mehrheitlich heidnisch, jedoch gab es auch einen beträchtlichen jüdischen Bevölkerungsanteil.

In dieser Stadt, in der sich die Dynamik einer Neugründung, die Weltläufigkeit und Prosperität eines Handelszentrums, die prunkvoll-protzige architektonische Nachahmung hellenistischer Kultur und griechischen Geistes und die religiöse Demonstration römischer Macht und Herrlichkeit mischten, die in alledem aber doch etwas Epigonenhaftes und Künstliches an sich hatte, das die Vorläufigkeit all der Pracht, die hier stolz präsentiert wurde, ahnen ließ – in dieser Stadt, in der wir sicherlich auch die hellenistisch-römische Liberalität in Dingen der Religion vermuten dürfen nebst der entsprechenden synkretistischen Vielfalt, haben wir das Umfeld zu sehen, in dem Philippus und seine Töchter fast 20 Jahre – von der Mitte der 40er-Jahre des 1. Jh. bis zum Jahr 62 n. Chr. – lebten. Hier wehte – jedenfalls in religiöser Hinsicht – ein ganz anderer Geist als im strengen Jerusalem.

Aber zurück zu den Angaben der Apostelgeschichte. Beginnen wir mit den scheinbar unauffälligsten Nachrichten, nämlich dass die Frauen Töchter des Philippus sind und mit ihm in einem Haus leben. Das klingt zunächst nach einem familiären Idyll, so als habe

Philippus nach den wilden Jahren der Wandermission (Apg 8) schließlich den Schritt zu einer bürgerlichen Existenz als Familienvater und Hausbesitzer getan. Aber das würde heißen, die Dinge durch die Brille moderner Kategorien zu betrachten, und schon das auffällige Fehlen einer Mutter bzw. einer Frau des Philippus, das sich übrigens durch alle Zeugnisse über die Philippustöchter hindurch fortsetzt, muss demgegenüber stutzig machen. Hinzu kommt, dass die in den Quellen durchgängige Bezeichnung der Frauen als „Töchter" keineswegs so eindeutig ihr Verwandtschaftsverhältnis zu Philippus bezeichnet, wie es uns scheinen mag. Für antike Ohren klang hier noch ein anderer Bedeutungsgehalt mit. Aus prophetischen und auch aus pharisäischen Kreisen kennen wir eine metaphorische Verwendung des Kindschaftsverhältnisses zur Bezeichnung der Schülerschaft; so werden die Schüler des Propheten Elia z. B. „Prophetensöhne" genannt (2Kön 3,2.5.7.15), und auch wenn Jesus nach Mt 12,27 (par. Lk 11,19) den Pharisäern gegenüber von ihren „Söhnen" spricht, sind damit nicht leibliche Kinder, sondern Anhänger oder Schüler der Pharisäer gemeint. Ähnliches könnte auch für die Philippustöchter gelten; wir hätten sie dann nicht nur als Kinder eines relativ berühmten Vaters zu sehen, sondern als dessen Schülerinnen und damit als Frauen, die die Gültigkeit und die Glaubwürdigkeit einer sich auf Philippus gründenden christlichen Traditionslinie verbürgen.[50] Damit gewinnen diese Frauen einen ganz anderen Rang, der ihre spätere Verehrung verständlicher erscheinen lässt.

Und auch das „Haus", in dem sie mit Philippus in Caesarea leben, erscheint dann in einem anderen Licht: Es ist nicht die Wohnstätte eines allein erziehenden Vaters und seiner heiratsfähigen Töchter, sondern eine Art Schulzentrum. Solche „Schulen" sind in der damaligen Umwelt eine durchaus geläufige Erscheinung. Das betrifft nicht nur die vielfältigen Philosophenschulen des Hellenismus, sondern auch die für das antike Judentum kennzeichnende Einrichtung des „Lehrhauses". Solche Lehrhäuser waren Stätten der geordneten Weitergabe bestimmter Lehrtraditionen, die jeweils auf eine Lehrautorität zurückgeführt wurden; so gab es z. B. das „Haus Henochs", das sich der bewahrenden Weitergabe der Lehrinhalte verpflichtet wusste, für die Henoch als Lehrautorität galt. Freilich ging es dabei nicht um eine rein kognitive Vermittlung theoretischer Lehrinhalte. Charakteristisch für ein Lehrhaus war vielmehr der enge Zusammenhang von gemeinsamem Leben und Lehre, sodass das Lehrer-Schüler-Verhältnis hier durchweg als Vater-Sohn-Verhältnis bezeichnet werden konnte. Zudem bedurfte es einer mit der Besonderheit der Lehrinhalte gegebenen speziellen Form der Vermittlung; So ging es im Haus Henochs, der im Frühjudentum als Apokalyptiker galt, um die Weitergabe der von ihm geschauten Visionen, was als gemeinsamer Schlaf geschildert werden konnte, in dem der „Vater" (Lehrer) dem „Sohn" (Schüler) die im Traum gemeinsam geschaute Vision (Lehre) deutet (vgl. aeth.Hen. 83–84). Wir müssen uns Lehrhäuser also eher als spirituelle Zentren vorstellen und nicht als pädagogische Einrichtungen im modernen Sinn einer Schule. Und entsprechend sind die hier notwendigen Voraussetzungen des Lehrens und Lernens eher charismatisch-pneumatischer Natur.

Die Annahme, dass es sich bei dem „Haus" des Philippus in Caesarea um ein solches Lehrhaus gehandelt hat, liegt nahe. Dazu passt auch die Kennzeichnung der Töchter als Prophetinnen. Prophetische Begabung ist – jedenfalls in der auf die alttestamentlichen Propheten Elia und Elischa zurückgehenden prophetischen Tradition, die in dem von Philippus repräsentierten Christentum zentrale Bedeutung hatte (siehe das Lebensbild über Philippus) – wesentlich durch die Gabe des Heiligen Geistes bestimmt; als Prophetinnen waren die Töchter Geistträgerinnen (vgl. Eus.h.e. V,24,2) und besaßen damit die spirituelle Ausstattung, die eine Voraussetzung für das „Lernen" im Lehrhaus war. Gerade das „Lernen" der „Lehre" des Philippus bedurfte solch spiritueller Begabung, stand er doch für ein durch und durch charismatisch geprägtes Christentum, das sich in einer Linie mit der Prophetentradition eines Elia und Elischa sah.

Dass wir dem Jerusalemer Propheten Agabus im Haus des Philippus begegnen, ist mithin auch kein reiner Zufall, sondern weist dieses „Haus" als ein auch über die Grenzen Caesareas hinaus bekanntes Zentrum eines prophetisch-pneumatischen Christentums aus. Frühchristliche Propheten und Prophetinnen scheinen im „Haus des Philippus" in Caesarea ein- und ausgegangen zu sein und dieses Haus als ihren geistlichen Haftpunkt betrachtet zu haben. Die in Apg 21 erwähnten vier „Töchter" bildeten dabei offensichtlich den engsten Schülerinnenkreis um Philippus, frühchristliche Prophetinnen, geistbegabte Frauen, die nach dem Schulhaupt wichtigsten Tradentinnen der „Lehre des Philippus", Gewährsfrauen der unverfälschten Tradition. Die Kollektivbezeichnung „Töchter des Philippus" ist also keineswegs nur Ausdruck patriarchalistischer Bemühungen, Frauen von einigem Rang hinter männlicher Autorität zurücktreten zu lassen, sondern eine Funktionsbezeichnung, die fast den Charakter eines Titels hat und die eigenständige Würde dieser

Frauen zu betonen in der Lage war; das wird nicht nur durch die bereits erwähnte „Spitzenstellung" der Töchter in der Rangliste der „Sterne Asiens" bei Polykrates unterstrichen, sondern auch durch die Tatsache, dass wir über sie in der kleinasiatischen Überlieferung weit mehr erfahren als über ihren „Vater" (Lehrer).

Das zweite hervorstechende Attribut der Töchter, ihre Jungfräulichkeit, erklärt sich freilich nicht einfach von ihrer Rolle als Schülerinnen eines Lehrhauses. Hier wird vielmehr eine Vorstellung greifbar, der wir später in montanistischen Kreisen wieder begegnen und derzufolge Geistbesitz und Ehe im Verhältnis einer einander ausschließenden Gegensätzlichkeit stehen; so haben nach einer Bemerkung des Apollonius (Eus.h.e. V,18,3) Prisca und Maximilla, die führenden Prophetinnen des frühen Montanismus, ihre Ehemänner verlassen, sobald sie vom Geist erfüllt wurden. Da es starke wirkungsgeschichtliche Linien von den Philippustöchtern zu den montanistischen Kreisen gibt, kann man vielleicht im Rückschluss für die Jungfräulichkeit der Töchter einen ähnlichen Begründungsrahmen vermuten. Der Eheverzicht wäre demnach eine zur spirituellen Begabung komplementäre Erscheinung.

In einer gewissen Spannung zu den Angaben der Apostelgeschichte über Caesarea als Wirkungsort der Töchter steht ihre Lokalisierung in Hierapolis in der gesamten kleinasiatischen Überlieferung bzw. in Ephesus für eine Tochter bei Polykrates (Eus.h.e. III,31,3 = V,24,2). Da wir keinen Anlass haben, die eine oder die andere Lokaltradition in ihrer Glaubwürdigkeit grundsätzlich anzuzweifeln, wird man am ehesten von einem Nacheinander der beiden (oder mit Ephesus der drei) Wirkungsstätten auszugehen haben. Den historischen Hintergrund für einen dann zu vermutenden „Umzug" der Schule des Philippus von Caesarea nach Hierapolis könnten die Wirren in der angespannten Situation der letzten Jahre vor dem Ausbruch des Jüdischen Krieges (66–70 bzw. 73 n.Chr.) bilden. Wir wissen, dass es in Caesarea in diesen Jahren zu antijüdischen Pogromen großen Ausmaßes gekommen ist; sie könnten der konkrete Anlass zur Flucht gewesen sein. Dann hätten wir davon auszugehen, dass Philippus und seine „Töchter" ab Mitte der 60er Jahre des 1. Jh. in Hierapolis weilten.

Hierapolis lag im Südwesten der kleinasiatischen Landschaft Phrygien, am Nordufer des Lykos, eines Nebenflusses des Maeander. Das Lykostal verband Hierapolis mit den Nachbarstädten Kolossae und Laodicea. Der Name Hierapolis (= Heilige Stadt) deutet darauf, dass es sich ursprünglich um eine Tempelstadt gehandelt haben könnte; von Eumenes II. von Pergamon wurde sie 190 v. Chr. zu einer Grenzfestung ausgebaut. Berühmt war Hierapolis in der Antike vor allem wegen seiner Heilquellen, die 35° heißes, kalk- und kohlesäurehaltiges Wasser hervorsprudeln ließen. Eine Folge dieser geologischen Besonderheit war allerdings, dass das Gebiet um Hierapolis und auch die Stadt selbst wiederholt von Erdbeben erschüttert wurden. Tacitus berichtet, dass die Nachbarstadt Laodicea – immerhin nur 10 km entfernt – im Jahre 61 n. Chr. von einem Erdbeben völlig zerstört wurde (Annalen 14,27)[51].

Durch Inschriften wissen wir, dass es in römischer Zeit in der Stadt eine Reihe von Gilden verschiedener Wirtschaftszweige gab; im Zentrum des Wirtschaftslebens stand jedoch eindeutig die ausgedehnte Wollwirtschaft, die der Stadt einen großen Einfluss in der gesamten Region sicherte. Die regen Handelsbeziehungen, die Hierapolis mit einer ganzen Reihe von Städten verband – unter ihnen die an der Westküste gelegenen Städte Ephesus, Smyrna und Pergamon –, wurden durch Abmachungen über gegenseitige Spiele begleitet. Die Bevölkerung sprach weitgehend Griechisch, jedoch gab es in Hierapolis wie auch in den Nachbarstädten Kolossae und Laodicea auf Grund der Ansiedlung durch den Seleukidenkönig Antiochus III. (233–187 v. Chr.) auch einen beträchtlichen jüdischen Bevölkerungsanteil. Die Pflege hellenistisch-römischer Kultur belegen die bei Ausgrabungen entdeckten Überreste von Thermen und Theatern. Ob die Stadt auch ein Hort philosophischer Bildung war, ist dagegen – trotz der Herkunft des berühmten Stoikers Epiktet (55–135 n. Chr.) aus Hierapolis – durchaus unsicher. Einen Namen hatte die Stadt vielmehr als religiöses Zentrum der phrygischen Mysterienkulte, vor allem des Kybele-Kultes (vgl. Strabo XIII,4,14). Der großen phrygischen Muttergottheit Kybele wurde in orgiastisch-ekstatischen Festen gehuldigt; ihre Ausstrahlungskraft reichte bis Rom, wo sie als Magna Mater verehrt wurde. In der 2. Hälfte des 1. nachchristlichen Jh. wurde der Kybele-Kult in Hierapolis allerdings langsam vom Apollo-Archegetes-Kult verdrängt, hatte also zur Zeit der Ankunft der Philippustöchter in der Stadt schon seinen Zenit überschritten. Als ältester Beleg für eine christliche Gemeinde in Hierapolis kann Kol 4,13 gelten, wonach der Kolosser Epaphras (missionierend?) in der Stadt tätig war.

Die Philippustöchter kommen Mitte der 60er Jahre in eine Stadt, die nicht nur immer wieder unter den Erschütterungen von Erdstößen bebt, sondern vor allem unter der religiösen Leidenschaft des Kybele-Kultes. Das mögen angesichts der langsamen Verdrängung der Muttergottheit nur noch Nachbeben gewesen sein, eine bestimmte geistig-religiöse Atmosphäre, die vor allem empfänglich für charismatisch-pneumatische und prophetisch-ekstatische Ausdrucksformen war, wird aber nach wie vor die „Heilige Stadt" geprägt haben. In solchem Umfeld konnten sich die Philippustöchter als geistbegabte Frauen, als Prophetinnen mit charismatischen Zügen leicht verwurzeln.

Bemerkenswert ist in diesem Zusammenhang eine (indirekte) „Dreiecksbeziehung" zwischen den „Töchtern", dem Kybele-Kult und den Montanisten: Von Montanus, dessen Prophetinnen sich auf die Philippustöchter beriefen, nimmt man an, er sei ehemals Priester der Kybele gewesen, deren Kultzentrum Hierapolis wiederum die neue Heimat der „Töchter" war.

Vermutlich werden wir uns die Wirksamkeit der „Philippustöchter" und ihres „Vaters" in Hierapolis ähnlich wie in Caesarea im Rahmen eines Lehrhauses vorzustellen haben. Aus der hierapolitanischen Periode besitzen wir Nachrichten, die uns wenigstens ein ungefähres Bild der „Lehrinhalte" vermitteln, die von den Schülerinnen des Philippus überliefert wurden.[52] Danach scheinen sie Tradentinnen besonders spektakulärer Wunderberichte gewesen zu sein; so verbürgten sie die Glaubwürdigkeit eines Berichts von der Totenauferweckung der Mutter eines gewissen Manaimos (= Menahem). Außerdem wird eine Wundertradition auf sie zurückgeführt, in der von einem Justus Barsabas erzählt wird, dass er, „von Ungläubigen auf die Probe gestellt, im Namen des Christus Schlangengift trank"[53] und durch Gottes Gnade unversehrt blieb. Vielleicht galten die „Töchter" auch als Zeuginnen für eine Überlieferung, nach der einige der von Jesus selbst auferweckten Menschen noch bis in die Zeit des römischen Kaisers Hadrian gelebt haben. Insgesamt scheint es sich bei dem mit den „Philippustöchtern" in Zusammenhang gebrachten Überlieferungsgut um Wunderberichte gehandelt zu haben, in denen es um die Auferweckung von den Toten bzw. um das wunderbare Am-Leben-Bleiben von sicheren Todeskandidaten ging, also um die Leben schaffende und Leben erhaltende Mächtigkeit Gottes. Dass es für die Weitergabe gerade dieser „Lehrinhalte" einer besonderen geistlichen Begabung bedurfte, mag mit der Vorstellung zusammenhängen, dass es der *Geist* Gottes ist, der Tote ins Leben ruft und überhaupt als die Leben schaffende Macht Gottes gilt; von dieser wunderbaren pneumatischen Wirksamkeit Gottes zeugen konnte offenbar nur, wer pneumatisch begabt war und damit selbst am Geist Gottes teilhatte.

Bei alledem bleibt es verwunderlich, dass Frauen in einer strikt patriarchalisch aufgebauten Gesellschaft solche Bedeutung gewinnen konnten. Handelt es sich bei den „Töchtern" des Philippus vielleicht nur um die berühmte Ausnahme, die die ansonsten durchgängig gültige Regel männlicher Dominanz bestätigt? Eine jüdische Schrift, die zwischen dem 1. vorchristlichen und dem 2. nachchristlichen Jh. entstanden sein dürfte, belehrt uns eines Besseren. Aus dem ›Testament Hiobs‹ erfahren wir von einer ähnlichen Erscheinung. Hier begegnen uns die „Töchter Hiobs"; sie werden wie die „Töchter des Philippus" als charismatisch-pneumatisch ausgestattete Frauen geschildert, als Garantinnen bestimmter Überlieferungen, die die himmlische Welt, die Schöpfungswerke Gottes sowie „das Vergangene und das Künftige" betreffen, also im weitesten Sinne prophetisch-apokalyptisches Wissen, in dessen Zentrum wiederum die Leben schaffende Macht Gottes steht; um die „Lehre" ihres „Vaters" Hiob nach dessen Tod weiterführen zu können, erfahren sie eine Art pneumatischer Verwandlung und bekommen die Fähigkeit, geistbegabt in der Sprache der Engel zu reden und zu singen, Wunder zu deuten und Einblicke in die himmlische Welt zu bekommen; als Prophetinnen mit ekstatischen Zügen haben sie Anteil an dem Wissen ihres „Vaters" um die Geheimnisse der Vergangenheit und der Zukunft.

Den „Töchtern Hiobs" wird also in ganz ähnlicher Weise wie den „Töchtern des Philippus" eine hervorragende Bedeutung beigemessen. Zwar weicht auch die Schilderung der „Hiobstöchter" deutlich von dem Bild ab, das üblicherweise in frühjüdischen Schriften von Frauen gezeichnet wird; aber gerade im hellenistischen Judentum, das auch die geistige Heimat der „Philippustöchter" gewesen sein wird, gibt es – wenn auch vereinzelt – durchaus positive Darstellungen von Frauen (vgl. dazu van der Horst, 1990, 94–110; ders., 1993, 77–93), ja aus diversen Inschriften (gesammelt bei Brooten, 1982) wissen wir, dass Frauen im religiösen Leben des Diasporajudentums nicht nur eine aktive Rolle spielen, sondern sogar spirituelle Führungsaufgaben übernehmen konnten. Dabei werden große prophetische Frauengestalten der biblischen Überlieferung wie Mirjam, Deborah und Hulda einen historischen Anknüpfungspunkt geboten haben; vielleicht waren aber auch der besondere Überlieferungsinhalt („Lehre") – die Leben schaffende Gottesmacht – und eine bestimmte Lebens- und Glaubensform ausschlaggebend, eben jene durch charismatische, prophetische, pneumatische und ekstatische Elemente gekennzeichnete Mischung, der wir sowohl bei den „Töchtern des Philippus" als auch bei den „Töchtern Hiobs" begegnen; vielleicht galten Frauen für die Bewahrung und Weitergabe solcher Tradition als in weit höherem Maße befähigt als Männer. Die schon erwähnte Bedeutung, die die „Philippustöchter" in der Mitte des 2. nachchristlichen Jh. als Gewährsfrauen für die weibliche Prophetie des Montanismus gewannen, kann diese Vermutung stützen.[54]

Die ungeheure Ausstrahlungskraft der „Töchter des Philippus" und die hohe Achtung, die ihnen in ganz Kleinasien und darüber hinaus entgegengebracht wurde – bis hin zur Verehrung ihrer Gräber –, mag mit dieser besonderen prophetisch-charismatischen Lehr- und Glaubenstradition zusammenhängen. Dass sie ein hohes Lebensalter erreicht haben, legt die Bemerkung über die „bejahrten Töchter" im oben zitierten Brief des Bischofs Polykrates nahe. Vielleicht hat Papias, der in der Zeit des römischen Kaisers Trajan (98–117 n.Chr.) den Bischofsstuhl in Hierapolis innehatte und dem wir einige wichtige Nachrichten über die „Töchter" verdanken, sie wirklich noch persönlich gekannt, wie Euseb berichtet (h.e. III,39,9). Jedenfall belegt der bereits erwähnte Dialog des römischen Presbyters Gaius mit dem Montanisten Proklus, dass sie Philippus überlebt haben (vgl. Eus.h.e. III,31,4). Auf ein sehr hohes Lebensalter der „Töchter" weist außerdem eine antimontanistische Streitschrift eines anonymen Autors aus dem Jahr 193 n.Chr. (Eus.h.e. V,17, 3–4), in der dieser eine offenbar von den Montanisten zur Legitimation der eigenen prophetisch-ekstatischen Praxis aufgestellte Liste zitiert, die eine lückenlose Sukzession von Prophetinnen und Propheten der Kirche bis hin zu Montanus, Maximilla und Prisca nachweisen soll. Die „Philippustöchter" bilden in dieser Liste das Verbindungsglied zwischen den Propheten der apostolischen Zeit Judas, Silas und Agabus und Amima aus Philadelphia und Quadratus, deren Wirksamkeit wir um die Mitte des 2. Jh. anzusetzen haben. Wenn diese Sukzessionsfolge nicht lückenhaft zitiert ist, was wir nicht ausschließen können, dokumentiert sie eine außerordentliche Langlebigkeit der „Töchter".

Literatur: A. von Dobbeler, Der Evangelist Philippus in der Geschichte des Urchristentums. Eine prosopographische Skizze, Tübingen 2000, 217–248.

Anmerkungen

[1] Wir orientieren uns dabei methodisch an der von Axel von Dobbeler entwickelten Vorgehensweise der *prosopographischen Skizze* (vgl. von Dobbeler, 2000).

[2] „Das Entscheidende an ihm (sc. dem Mordbefehl) ist, dass er von Herodes mit der Absicht ausgegeben wurde, den neugeborenen *Feind seines Königtums* zu töten. Der Glaube an die unmittelbar bevorstehende Ankunft oder Geburt des messianischen Königs lag damals in der Luft. Der argwöhnische Despot spürte überall Verrat und Feindschaft, und ein vages zu ihm gedrungenes Gerücht kann seinem kranken Geist sehr wohl den Gedanken eingegeben haben, die neugeborenen Kinder zu töten. Der *Befehl* hat somit nichts Unmögliches an sich. Wenn es der Herrschaft galt, kannte auch der sterbende Herodes keinen Scherz" (Schalit, 1969, 649 Anm. 11).

[3] Der Status verbündeter Könige war beschränkt: Sie durften die Hoheitsrechte (innere Verwaltung, Rechtspflege, Militär) innerhalb ihres Staates ausüben, ihnen waren aber eine eigene Kriegsführung und Bündnisse mit fremden Staaten nicht erlaubt. Auch im Bereich des Finanzwesens war ihre Souveränität eingeschränkt; den Klientelfürsten oblag lediglich das Recht, Kupfermünzen zu prägen. Gold- und Silbermünzen wurden in römischer Hoheit ausgegeben. Obwohl in der Kaiserzeit wahrscheinlich keine regelmäßigen Tributzahlungen verlangt wurden, waren die verbündeten Könige zur Stellung von Hilfstruppen für Rom verpflichtet; vgl. E. Schürer, Geschichte des jüdischen Volkes im Zeitalter Jesu Christi, Bd.I 1901, 402–404.

[4] Bereits die Bekämpfung messianischer Gruppen in Galiläa in der Phase des Erringens seiner Herrschaft (39–37 v.Chr.) macht diese Grundeinstellung überaus deutlich. Typisch ist, dass die Aufständischen noch im Angesicht des Todes Herodes wegen seiner niederen Herkunft schmähen (Jos.bell. I,16,4).

[5] Die Übersetzungen dieses und der folgenden Josephustexte stammen aus: Mayer, 1998.

[6] Übersetzung aus: Mayer, 1998, 262. Die Inschrift ist publiziert bei: W. Dittenberger, OGI Bd.2, Nummer 458. Vgl. hierzu auch die berühmte 4. Ekloge bei Vergil, in der die Geburt eines Weltheilandes vorausgesagt wird.

[7] Ein berühmtes Beispiel ist die Apotheose des Demetrius Poliorketes in Athen im Jahr 290 v.Chr.; vgl. Schalit, 1969, 452f.

[8] Tacitus nennt in Annalen XV, 44 Pilatus einen Prokurator. Hier handelt es sich um eine Rückübertragung der erst ab 44 n.Chr. in Judäa üblichen Bezeichnung Prokurator auf Pilatus. Laktanz befördert im 3. Jh. Pilatus zum Legaten von ganz Syrien (Divinae Institutiones IV,18,4).

[9] Das ›Testimonium Flavianum‹ wird bei Theißen/Merz, 2000, 75–82 ausführlich diskutiert.

[10] Den Nachweis, dass es die Volksversammlung der Aufständischen war, die Josephus zum Strategen berief, führt K.-S. Krieger, Josephus – ein Anhänger des El'azar ben Hananja, in: Münsteraner Judaistische Studien 2 (1997) 94 f.

[11] Vgl. zum Folgenden: Stemberger, 1991; Maier, 1990. Die wichtigsten antiken Quellen zur religiösen Welt Palästinas zur Zeit Jesu sind die Schriften des jüdischen Historikers Flavius Josephus und des jüdischen Religionsphilosophen Philo von Alexandrien.

[12] Jos.ant. XIII,10,5–6 beweist jedenfalls die Existenz dieser Gruppe für das 2. vorchristliche Jahrhundert.

[13] Seit dem 6. Jh. begegnet En Kerem (Ain Karim) in der altkirchlichen Tradition als Geburtsort Johannes' des Täufers; vgl. Corpus scriptorum ecclesiasticorum latinorum, hrsg. von der Berliner Akademie der Wissenschaften, Berlin 1897 ff., 39.140; Dalman, 1924, 58 ff.

[14] Die Erwartung eines priesterlichen Messias begegnet in den Testamenten der Zwölf Patriarchen (Test. Lev. 18) und in Qumran (CD XII,23 f.; XIV,19; XIX,10 f.; XX,1).

[15] Vielleicht handelt es sich hier um einen Übersetzungsfehler, und ursprünglich war gemeint, dass Johannes kein Fleisch aß; vgl. O. Böcher, Aß Johannes der Täufer kein Brot? (Luk. VII 33), in: NTS 18 (1971/72), 90–92.

[16] Flavius Josephus bestreitet hingegen, dass die Johannestaufe überhaupt etwas mit der Sündenvergebung zu tun hatte; sie habe den Täuflingen „nur zur Heilung des Leibes, nicht aber zur Sühne für ihre Sünden" gedient (ant. XVIII,5,2). Das mag damit zusammenhängen, dass Josephus durchgängig bemüht ist, apokalyptisch oder eschatologisch bestimmte Strömungen im Judentum zu verschweigen, weil sie ihm aus römischer Sicht als politisch gefährlich erschienen. Jedenfalls ist den Evangelienberichten in diesem Punkt eher zu trauen als Josephus; vgl. Lupieri, 1978, 453 f.

[17] Eine kritische Übersetzung dieses Textes findet sich in Schneemelcher, Apokryphen I, 330–349.

[18] In Joh 6,42 wird die Meinung des unwissenden Volks über Jesu Herkunft wiedergegeben; der Leser des Evangeliums weiß es besser.

[19] Übersetzung nach H. Kraft (Hrsg.), Eusebius von Caesarea: Kirchengeschichte. Übers. von Ph. Haeuser, durchges. von H. A. Gärtner, [3]1989 (Neudruck 1997).

[20] Dieser Begriff aus der neueren Politikwissenschaft wurde von A. Merz und G. Theißen in die Jesusforschung eingeführt: Theißen/Merz, 2000.

[21] Soziale Not lindern: „Sprich, dass diese Steine Brot werden"; die nationale Souveränität wiederherstellen: „Dies alles will ich dir geben"; die religiösen Garantien einlösen: „Wirf dich hinab von der Zinne des Tempels; denn Gott wird seinen Engeln deinetwegen Befehl geben, und sie werden dich auf den Händen tragen"; so: Ev. Erwachsenenkatechismus, 6. Aufl. 2000, 193.

²² Lediglich der ausschließlich bei Johannes erwähnte „Lieblingsjünger" stand mit den Frauen unter dem Kreuz.

²³ Zuletzt hat Gerd Theißen, 1996, 323–343, diese Frage erwogen.

²⁴ So übereinstimmend Papias (Eus.h.e. III,39,9), Polykrates (h.e. III,31,3; V,24,2), der allerdings eine Tochter in Ephesus begraben sein lässt, und der Montanist Proklus (h.e. III,31,4).

²⁵ Ein eindeutiger Beleg einer solchen Verschmelzung ist die Notiz aus dem Martyrium des Andreas (Act.Andr.Mart. 1,2 = AAAp II,1,47), in der der *Apostel* Philippus zum Missionar Samariens gemacht wird.

²⁶ Auch in Joh 12,21 wird Bethsaida als Herkunftsort des Philippus genannt, dort mit dem Zusatz „aus Galiläa". Bethsaida lag jedoch östlich vom Einfluss des Jordan in den See Genezareth auf dem Gebiet des Tetrarchen Philippus; ein zweites galiläisches Bethsaida auf dem Gebiet des Herodes Antipas gab es nicht. Wahrscheinlich erklärt sich der Zusatz in Joh 12,21 dadurch, dass Galiläa als heidnisch durchsetztes Gebiet galt und Philippus sich deswegen als Ansprechpartner für die heidnischen Griechen (12,20) besonders eignete.

²⁷ Die Bezeichnung Jesu als „Sohn Josephs" findet sich sonst nur im Munde von Gegnern, vgl. Joh 6,42; Lk 4,22.

²⁸ Vgl. die Bezeichnung Jesu als „Sohn Josephs" und als den, „von dem Mose und die Propheten geschrieben haben", durch Philippus in Joh 1,45.

²⁹ Strobel, Armenpfleger 'um des Friedens willen' (Zum Verständnis von Act 6,1–6), in: ZNW 63 (1972) 271–276, hier: 275, verweist auf mehrere Abschnitte aus der Tosefta.

³⁰ Vielleicht ist es ja nicht zufällig ein Pilger, dem Philippus auf der Straße nach Gaza begegnet; das Schriftstudium des Äthiopiers könnte dabei die Weise sein, in der ein Einzelner das nachvollzieht, was nach Josephus Pilgergruppen in der gemeinsamen Doxologie praktizierten.

³¹ Zu Lebzeiten Jesu verhielt sich seine Verwandtschaft offensichtlich distanziert zu ihm (Mk 3,21–31–35; Joh 7,1–10).

³² Aus der auf dem Konvent beschlossenen Kollekte lässt sich kein kirchenleitendes Aufsichtsrecht des Jakobus über die Gesamtkirche herleiten; seine Stellung zur Zeit des Konvents kommt darin zum Ausdruck, dass er zusammen mit Petrus und Johannes ein Säulenkollegium bildet, innerhalb dessen keine hierarchischen Abstufungen zu erkennen sind; vgl. Pratscher, 1987, 63–66.

³³ So deutet es der sog. westliche Text, der in Apg 18,25 ergänzt: „der in seiner Heimatstadt im Wort des Herrn unterrichtet worden war".

³⁴ Vgl. Riesner, 1994, 286, der den Zeitraum 52–55 n.Chr. annimmt; Hengel/Schwemer, 1998, 475, geben die Jahre 53–56 n.Chr. an.

³⁵ P. van Deun, Sancti Barnabae laudatio auctore Alexandro Monacho, in: Hagiographica Cypria, CChr SG. 26, Brepols 1993, 80–122 (griech. Text); deutsche Übersetzung in Auszügen bei B. Kollmann, Joseph Barnabas. Leben und Wirkungsgeschichte (SBS 175), Stuttgart 1998, 83–93.

³⁶ Die Laudatio des Alexander Monachus ist ein literarischer Reflex des

aus Sicht der zyprischen Kirche positiven Ausgangs einer langen Auseinandersetzung um die Apostolizität der Kirche Zyperns und ihre Selbstständigkeit gegenüber dem Bischof von Antiochia, die von Kaiser Zeno (474–491 n. Chr.) nach Auffindung des Barnabasgrabes auf Zypern bestätigt worden war.

[37] Ähnlich auch schon bei Clemens von Alexandrien, Stromateis II,116,3.

[38] Der hier verwandte griechische Ausdruck kann sowohl „Neffe" als auch „Vetter" bedeuten.

[39] Erst nachdem Paulus aus der Schusslinie genommen und nach Tarsus abgereist ist, haben die Gemeinden in Judäa „Frieden" (Apg 9,31).

[40] Das Geburtsdatum des Paulus wird um die Zeitenwende angesetzt (vgl. z. B. Gnilka, 1996, 23). Da die Menschen in Lystra Barnabas für Zeus und Paulus für Hermes halten (Apg 14,12), kann man vermuten, dass Barnabas der Ältere war und im ausgehenden 1. Jh. v. Chr. geboren wurde; vgl. Kollmann, 1998, 13.

[41] Dass es freilich auch zum Judentum konvertierte Heiden (Proselyten) in Antiochien gab, zeigt das Beispiel des Nikolaus (Apg 6,5); dies wird aber eine Minderheit gewesen sein.

[42] In seiner Schrift ›Gegen Apion‹ setzt sich Flavius Josephus mit solchen Gerüchten auseinander: (II, 80) und (II 89–95); vgl. E. Bickerman, 1980, 225–255.

[43] „Die Mission der Griechisch sprechenden 'Hellenisten' wird schon aus sprachlichen Gründen in den Dörfern bei den syrischen Fellachen kaum großen Widerhall gefunden haben" (Hengel/Schwemer, 1998, 397).

[44] Vgl. Riesner, 1994, 112–121, der zwölf regionale Hungersnöte unter Claudius aufführt.

[45] Da Paulus in seinem Selbstzeugnis Gal 1 von dieser Reise nichts berichtet, ist sie in der Forschung häufig als unhistorisch betrachtet worden. Aber selbst wenn dies für Paulus zutreffen sollte, spricht nichts gegen eine Reise des Barnabas zur Überbringung der antiochenischen Kollekte.

[46] Gemeint ist damit wahrscheinlich der Verzicht auf Ehen innerhalb bestimmter Verwandtschaftsgrade.

[47] Man griff damit auf Bestimmungen zurück, die nach Lev 17 gleichermaßen für Juden und in Israel lebende Nicht-Juden gelten.

[48] Für die paulinische Chronologie stütze ich mich auf den Vorschlag von Riesner, 1994.

[49] Von vier Töchtern wissen Apg 21,9 und der Montanist Proklus (Eus.h.e. III,31,4); fünf sind es nach einem Kompendium biblischer Prophetie aus dem beginnenden 4. Jh. („prophetiae ex omnibus legibus collectae", St. Galler Kodex 133).

[50] Dafür spricht auch die Tatsache, dass die Philippustöchter nur an einer einzigen Stelle eindeutig als leibliche Töchter des Philippus gekennzeichnet sind, und zwar bei Clemens von Alexandrien , der schreibt, neben Petrus habe auch Philippus Kinder gezeugt und seine Töchter dann auch verheiratet (strom. III,52,5f.). Die Glaubwürdigkeit dieser Nachricht wird jedoch

eingeschränkt durch die Tatsache, dass sie sich im Kontext einer polemischen Auseinandersetzung mit christlichen Ehegegnern findet, denen eine
mögliche Berufung auf die Apostel verwehrt werden soll. Hier wird eindeutig eine Überlieferung mit hohem Bekanntheitsgrad für ein bestimmtes
Argumentationsziel zurechtgeschnitten. Wir haben daher keinen Anlass,
Clemens einfach zu folgen und uns auf ein Verständnis von „Tochter" im
Sinne der leiblichen Kindschaft festzulegen.

51 Nach Euseb sind dabei auch die Städte Kolossae und Hierapolis zerstört worden; aber es ist unsicher, ob diese Nachricht stimmt.

52 Bei Eus.h.e. III,39,9 und bei Philippus Sidetes, Fr. in Cod. Baroccianus
142 (TU 5,2,170).

53 Übersetzung nach Körtner, 1983, 64.

54 Auch die besondere Rolle der Maria Magdalena als erste Auferste-
hungszeugin in bestimmten Bereichen des frühen Christentums könnte sich
so erklären; vgl. das entsprechende Lebensbild.

Ausgewählte Literatur

Alt, F.: Jesus – der erste neue Mann, 1989.
Bader, D. (Hrsg.): Maria Magdalena. – Zu einem Bild der Frau in der christlichen Verkündigung, 1990.
Barrett, C. K./Thornton, C.-J.: Texte zur Umwelt des Neuen Testaments, ²1991 (UTB 1591).
Bauer, W.: Das Leben Jesu im Zeitalter der neutestamentlichen Apokryphen, Bd. I, 1909.
Ders.: Rechtgläubigkeit und Ketzerei im ältesten Christentum, 1934/1964.
Beatrice, P. F.: Apollos of Alexandria and the Origins of Jewish-Christian Baptist Encratism, in: ANRW II 26.2, 1995, 1232–1275.
Becker, J.: Johannes der Täufer und Jesus von Nazareth (BSt 63), 1972.
Berger, K.: Theologicgeschichte des Urchristentums, 1994.
Ders.: Historische Psychologie des Neuen Testamentes (SBS 146/147), 1991.
Berger, K./Colpe, C. (Hrsg.): Religionsgeschichtliches Textbuch zum Neuen Testament (NTD Textreihe Bd. 1), 1987.
Bernet, A.: Ich, Pontius Pilatus. Die Memoiren eines Unschuldigen, 1999.
Bickerman, E.: Ritualmord und Eselskult, in: Ders., Studies in Jewish and Christian History II (AGAJU IX), 1980.
Bienert, W. A.: Jesu Verwandtschaft, in: W. Schneemelcher (Hrsg.), Neutestamentliche Apokryphen I, ⁵1987.
Bietenhard, H.: Die Handschriftenfunde vom Toten Meer, ANRW II 19/2, 1979, 730 ff.
Blinzler, J.: Die Brüder und Schwestern Jesu (SBSt 21), 1997.
Böcher, O.: Art. Petrus I. Neues Testament, in: TRE 26 (1996) 263–273.
Bösen, W.: Der letzte Tag des Jesus von Nazareth. Was wirklich geschah, ²1994.
Ders.: Galiläa als Lebensraum und Wirkungsfeld Jesu, ²1985.
Botermann, H.: Das Judenedikt des Kaisers Claudius. Römischer Staat und Christiani im ersten Jahrhundert, 1996.
Dies.: Paulus und das Urchristentum in der antiken Welt, in: ThR 56 (1991) 299–305.
Brooten, B. J.: Women Leaders in the Ancient Synagogue, 1982.
Bultmann, R.: Jesus, ³1977.
Cotton, H. M.: Recht und Wirtschaft. Zur Stellung der jüdischen Frau nach den Papyri aus der judäischen Wüste, in: ZNT 6 (2000) 23–30.
Cullmann, O.: Petrus. Jünger, Apostel, Märtyrer, 1967.
Dalman, G.: Orte und Wege Jesu (BFCH.Th.M. 1. Bd.) ³1924.
Demandt, A.: Hände in Unschuld. Pontius Pilatus in der Geschichte, 1999.
Deun, P. van: Sancti Barnabae laudatio auctore Alexandro Monacho, in: Hagiographica Cypria, CChr SG. 26, 1993, 80–122.

Dietzfelbinger, C.: Apokryphe Evangelien aus Nag Hammadi, ²1989.

Dobbeler, A. von: Der Evangelist Philippus in der Geschichte des Urchristentums. Eine prosopographische Skizze (TANZ 30), 2000.

Ders.: Die Restitution Israels und die Bekehrung der Heiden. Das Verhältnis von Mt 10,5b.6 und Mt 28,18–20 unter dem Aspekt der Komplementarität. Erwägungen zum Standort des Matthäusevangeliums, in: ZNW 91 (2000) 18–44.

Dobbeler, S. von: Die Bücher 1/2 Makkabäer, Neuer Stuttgarter Kommentar – Altes Testament 11 –, 1997.

Dies.: Das Gericht und das Erbarmen Gottes. Die Botschaft Johannes' des Täufers und ihre Rezeption bei den Johannesjüngern im Rahmen der Theologiegeschichte des Frühjudentums (BBB 70), 1988.

Dobschütz, E. von: Christusbilder, 1899.

Domagalski, B.: Waren die „Sieben" (Apg 6,1–7) Diakone?, in: BZ NF 26 (1982) 21–33.

Ernst, J.: Johannes der Täufer. Interpretation – Geschichte – Wirkungsgeschichte (BZNW 53), 1989.

Ervin, H. M.: Conversion-Initiation and the Baptism in the Holy Spirit, 1985.

Gnilka, J.: Das Evangelium nach Markus (EKK II/1), 1978.

Ders.: Paulus von Tarsus. Apostel und Zeuge (HThK.S 6), 1996.

Graetz, H.: Geschichte der Juden. Von den ältesten Zeiten bis auf die Gegenwart Bd. III/1, ⁵1905 (Nachdruck 1996).

Haag, H. u. a.: Maria. Kunst, Brauchtum und Religion in Bild und Text, 1997.

Haenchen, E.: Die Apostelgeschichte (KEK 3), ¹⁶1977.

Harnack, A. von: Die Mission und Ausbreitung des Christentums in den ersten drei Jahrhunderten, ⁴1924.

Ders.: Die Verklärungsgeschichte Jesu, der Bericht des Paulus (1Kor 15,3ff.) und die beiden Christusvisionen des Petrus (SAB.PH), 1922.

Heiligenthal, R.: Der verfälschte Jesus. Eine Kritik moderner Jesusbilder, ²1999.

Ders.: Der Lebensweg Jesu von Nazareth. Eine Spurensicherung, 1994.

Ders. u. a.: Einführung in das Studium der Evangelischen Theologie, 1999.

Heine, S.: Eine Person von Rang und Namen. Historische Konturen der Magdalenerin, in: G. Sellin u. a. (Hrsg.), Jesu Rede von Gott und ihre Nachgeschichte im frühen Christentum, 1989.

Hengel, M.: Judentum und Hellenismus. Studien zu ihrer Begegnung unter besonderer Berücksichtigung Palästinas bis zur Mitte des 2. Jhs. v. Chr. (WUNT 10), ³1988.

Ders.: Zwischen Jesus und Paulus. Die „Hellenisten", die „Sieben" und Stephanus (Apg 6,1–15; 7,54–83), in: ZThK 72 (1975) 151–206.

Hengel, M./Schwemer, A.: Paulus zwischen Damaskus und Antiochien. Die unbekannten Jahre des Apostels (WUNT 108), 1998.

Herbert, U.: Best. Biographische Studien über Radikalismus, Weltanschauung und Vernunft, 1903–1989, 1996.

Horn, F. W.: Der Verzicht auf die Beschneidung im frühen Christentum, in: NTS 42 (1996) 479–505.

Horst, P. W. van der: The Role of Women in the Testament of Job, in: Ders., Essays on the Jewish World of Early Christianity (NTOA 14), 1990, 94–110.

Ders.: Einige Beobachtugen zum Thema Frauen im antiken Judentum, in: BThZ 10 (1993) 77–93.

Jensen, A.: Maria von Magdala – Traditionen der frühen Christenheit, in: Bader, a.a.O. 33–50.

Kießig, M./Stempin, L./Echternach, H./Jetter, H. (Hrsg.): Evangelischer Erwachsenenkatechismus. Glauben, erkennen, leben, ⁶2000.

Klauck, H.-J.: Magie und Heidentum in der Apostelgeschichte des Lukas (SBS 167), 1996.

Kollmann, B.: Joseph Barnabas. Leben und Wirkungsgeschichte (SBS 175), 1998.

Ders.: Jesus und die Christen als Wundertäter. Studien zu Magie, Medizin und Schamanismus in Antike und Christentum (FRLANT 170), 1996.

Körtner, U. H. J.: Papias von Hierapolis. Ein Beitrag zur Geschichte des frühen Christentums (FRLANT 133), 1983.

Krieger, K.-S.: Josephus – ein Anhänger des El'azar ben Hananja, in: Münsteraner Judaistische Studien 2 (1997).

Ders.: Geschichtsschreibung als Apologetik bei Flavius Josephus (TANZ 9), 1994.

Lange-Eichbaum, W./Kurth, W.: Das Problem Jesus, in: Dies., Genie, Irrsinn, Ruhm, 1967.

Larsson, E.: Die Hellenisten und die Urgemeinde, in: NTS 33 (1987) 202–225.

Lincoln, H./Baigent, M./Leigh, R.: Der heilige Gral und seine Erben. Ursprung und Gegenwart eines geheimen Ordens, ⁶1993.

Lohse, E.: Paulus. Eine Biographie, 1996.

Lüdemann, G.: Paulus der Heidenapostel II. Antipaulinismus im frühen Christentum (FRLANT 130), 1983.

Lupieri, E. F.: John the Baptist in New Testament Traditions and History, in: ANRW 26/1, 1978, 439–461.

Luz, U.: Das Evangelium nach Matthäus II (EKK I/2), 1990.

Ders.: Das Evangelium nach Matthäus (EKK I/1), 1985.

Maier, J.: Zwischen den Testamenten. Geschichte und Religion in der Zeit des Zweiten Tempels, 1990.

Maisch, I.: Maria Magdalena. Zwischen Verachtung und Verehrung, 1996.

Mason, S.: Flavius Josephus und das Neue Testament (UTB 2130), 2000.

Ders.: An Essay in Character: The Aim and Audience of Josephus's Vita, in: Münsteraner Judaistische Studien 2 (1997) 31–77.

Mayer, G.: Art. Josephus Flavius, in: TRE 17 (1988) 258–264.

Mayer, R.: War Jesus der Messias? Geschichte der Messiasse Israels in drei Jahrtausenden, 1998.

Mitchell, S.: Population and the Land in Roman Galatia, in: ANRW II 7.2 (1980).

Moltmann-Wendel, E.: Frauen und Männer am Wege Jesu, in: H. Schmidinger (Hrsg.), Jesus von Nazaret, 1995.

Dies.: Art. Maria Magdalena, in: Wörterbuch der feministischen Theologie, 1991, 277–279.

Mulack, Chr.: Jesus – der Gesalbte der Frauen. Weiblichkeit als Grundlage christlicher Ethik, 1987.

Müller, P.: In der Mitte der Gemeinde. Kinder im Neuen Testament, 1992.

Neil, W.: The Acts of the Apostles (NCeB), 1981.

Niederwimmer, K.: Die Didache (KAV 1), 1993.

Nigg, W.: Das Buch der Ketzer, 1949.

Pesch, R.: Die Apostelgeschichte (EKK V/1–2), 1986.

Ders.: Simon-Petrus. Geschichte und geschichtliche Bedeutung des ersten Jüngers Jesu Christi (Päpste u. Papsttum 15), 1980.

Pratscher, W.: Der Herrenbruder Jakobus und die Jakobustradition (FRLANT 139), 1987.

Räisänen, H.: Jesus, Paul and Torah. Collected Essays, 1992.

Rau, E.: Von Jesus zu Paulus. Entwicklung und Rezeption der antiochenischen Theologie im Urchristentum, 1994.

Riesner, R.: Die Frühzeit des Apostels Paulus. Studien zur Chronologie, Missionsstrategie und Theologie, 1994 (WUNT 71).

Ritschl, D.: Die Erfahrung der Wahrheit. Die Steuerung von Denken und Handeln durch implizite Axiome, in: Ders., Konzepte, 1986, 147–166.

Robinson, J. A. T.: Wann entstand das Neue Testament?, 1986.

Roloff, J.: Die Apostelgeschichte (NTD 5), 1988.

Schalit, A.: König Herodes. Der Mann und sein Werk, 1969.

Schenke, H.-M./Fischer, K. M.: Einleitung in die Schriften des Neuen Testaments I: Die Briefe des Paulus und die Schriften des Paulinismus, 1978.

Schenke, L.: Die Urgemeinde. Geschichtliche und theologische Entwicklung, 1990.

Schille, G.: Die Apostelgeschichte des Lukas (ThHK 5), 1983.

Ders.: Die urchristliche Kollegialmission, 1967.

Schlichting, G.: Ein jüdisches Leben Jesu. Die verschollene Toledot-Jeschu-Fassung Tam u-mu ad. Einleitung, Text, Übersetzung, Kommentar, Motivsynopse, 1982.

Schmithals, W.: Die Apostelgeschichte des Lukas (ZBK.NT 3,2), 1982.

Schneemelcher, W.: Das Urchristentum, 1981.

Schneider, G.: Die Apostelgeschichte (HThK V/1–2), 1980. 1982.

Schrage, W.: Der erste Brief an die Korinther (1,1–6,11) (EKK VII/1), 1991.

Ders.: Der erste Brief an die Korinther (6,12–11,16) (EKK VII/2), 1995.

Schreckenberg, H.: Art. Josephus (Flavius Josephus), in: RAC 18 (1998).

Schreiner, K.: Maria. Jungfrau – Mutter – Herrscherin, 1994.

Schubert, K. (Hrsg.): Vom Messias zum Christus. Die Fülle der Zeit in religionsgeschichtlicher und theologischer Sicht, 1964.

Schürmann, H.: Das Lukasevangelium (HThK II/1), ³1984.

Schweitzer, A.: Geschichte der Leben-Jesu-Forschung, ⁹1984.

Sellin, G.: Hauptprobleme des ersten Korintherbriefes, in: ANRW II, 25.4, 1987, 2940–3044.

Ders.: Das „Geheimnis" der Weisheit und das Rätsel der „Christuspartei" (zu 1Kor 1–4), in: ZNW 73 (1982) 69–96.

Stegemann, E. W./Stegemann, W.: Urchristliche Sozialgeschichte. Die Anfänge im Judentum und die Christusgemeinden in der mediterranen Welt, 1995.

Stemberger, G.: Pharisäer, Sadduzäer, Essener, 1991.

Strack, H. L./Billerbeck, P.: Kommentar zum Neuen Testament aus Talmud und Midrasch, Bd. 1, ⁹1986.

Theißen, G.: Die Religion der ersten Christen. Eine Theorie des Urchristentums, 2000.

Ders.: Jesus – Prophet einer millenaristischen Bewegung? Sozialgeschichtliche Überlegungen zu einer sozialanthropologischen Deutung der Jesusbewegung, in: Ev. Theol. 59 (1999) 402–415.

Ders.: Hellenisten und Hebräer (Apg 6,1–6). Gab es eine Spaltung der Urgemeinde?, in: H. Cancik/H. Lichtenberger/P. Schäfer (Hrsg.), Geschichte – Tradition – Reflexion. FS M. Hengel, Bd. 3 (frühes Christentum), 1996, 323–343.

Ders.: Gruppenmessianismus. Überlegungen zum Ursprung der Kirche im Jüngerkreis, in: JBTh 7 (1991) 101–123.

Theißen, G./Merz, A.: Der umstrittene historische Jesus. Oder: Wie historisch ist der historische Jesus?, in: S. M. Saecke/P. R. Sahm (Hrsg.), Jesus von Nazareth und das Christentum. Braucht die pluralistische Gesellschaft ein neues Jesusbild?, 2000, 171–193.

Dies.: Der historische Jesus. Ein Lehrbuch, Göttingen 1996.

Thiessen, W.: Christen in Ephesus. Die historische und theologische Situation in vorpaulinischer und paulinischer Zeit und zur Zeit der Apostelgeschichte und der Pastoralbriefe (TANZ 12), 1995.

Walter, N.: Pseudepigraphische jüdisch-hellenistische Dichtung: Pseudo-Phokylides, Pseudo-Orpheus, Gefälschte Verse auf Namen griechischer Dichter (JSHRZ IV,3), 1983.

Wechsler, A.: Geschichtsbild und Apostelstreit (BZNW 62), 1991.

Weiser, A.: Die Apostelgeschichte (ÖTK 5/1), 1981.

Wilckens, U.: Der Ursprung der Überlieferung der Erscheinungen des Auferstandenen. Zur traditionsgeschichtlichen Analyse von 1Kor 15,1–11, in: W. Joest/W. Pannenberg (Hrsg.), Dogma und Denkstrukturen, 1963, 56–95.

Zahn, Th.: Das Evangelium nach Lucas (KNT III), ⁴1920.

Ders.: Das Evangelium des Matthäus (KNT I), ⁴1922 (Nachdruck 1984).

Zeitlin, S.: Who crucified Jesus, New York 1964.

Zöckler, O.: Diakonen und Evangelisten: Biblische und kirchenhistorische Studien, 1893.

Autorenregister

Antike Autoren

Moderne Autoren